路在何方

科学社会主义一路走来

周治滨◎著

中共中央党校出版社

图书在版编目（CIP）数据

路在何方：科学社会主义一路走来 / 周治滨著．--北京：中共中央党校出版社，2022.1

ISBN 978-7-5035-6922-7

Ⅰ.①路… Ⅱ.①周… Ⅲ.①中国特色社会主义-研究 Ⅳ.①D616

中国版本图书馆 CIP 数据核字（2020）第 201990 号

路在何方——科学社会主义一路走来

策划统筹 曾忆梦
责任编辑 王新焕
责任印制 陈梦楠
责任校对 王　微
出版发行 中共中央党校出版社
地　　址 北京市海淀区长春桥路 6 号
电　　话 （010）68922815（总编室）　（010）68922233（发行部）
传　　真 （010）68922814
经　　销 全国新华书店
印　　刷 北京盛通印刷股份有限公司
开　　本 710 毫米×1000 毫米　1/16
字　　数 250 千字
印　　张 19.75
版　　次 2022 年 1 月第 1 版　2022 年 1 月第 1 次印刷
定　　价 68.00 元

微 信 ID：中共中央党校出版社　**邮　箱**：zydxcbs2018@163.com

序　言
把社会主义置于现实的基础之上

2018年是马克思诞辰200周年，是《共产党宣言》发表170周年。全世界共产党人、马克思的崇拜者、各种左翼进步人士，甚至马克思的对手，都在以自己不同的心情和方式纪念这位国际共产主义运动的伟大先驱、科学社会主义的创始人、世界无产阶级与劳动人民的当然领袖和导师对人类和世界的丰功伟绩。笔者选择在这个具有重要纪念意义的年份开始撰写一本书稿，一方面是因为临近退休之际，尝试以此对自己40余年来从事国际共运和科学社会主义教学与研究的学术心得作一个系统的总结；另一方面也是为了缅怀马克思，纪念《共产党宣言》发表这一伟大的事件。

笔者写作之初原本打算将书稿命名为《把社会主义置于现实的基础之上》并分为上、下两册，上册副标题为“科学社会主义从理论到现实的发展”，下册副标题为“中国特色社会主义的艰辛探索和伟大贡献”。后来，在中共中央党校出版社的建议下将上、下册的书名分别改为了《路在何方——科学社会主义一路走来》和《路在脚下——中国特色社会主义一路走来》，并计划将二者作为姊妹篇进行出版。之所以作出这个改变，是因为笔者在40余年的教学与研究中深深体会到，马克思恩格斯之所以能够成为世界无产阶级的精神领袖和导师，将社会主义由空想变成科学，就在于他们将自己的研究深深地植根于现实，他们的所有理论，都是通过对当时资本主义现实状况进行深入细致的分析研究得出的结论，而不是仅凭头脑想象作出的猜想。列宁之所以能够领导俄国人民取得十月革命的胜利，将科学社会主义由理论变成现实，也在于他能够敏锐地观察到时代的变化，坚持从俄国具体国情和实际出发，创造性地发展了马克思恩格斯的科学社会主义理论并将之运用于指导俄国革命和建设实践。毛泽东和邓小平，一个能够成为新中国的开国领袖，一个能够成为新中国改革开放的总设计师，同样在于他们能够始终坚持从中国的具体国情和实际出发，解放思想、实事求是，探寻到了一条符合中国国情的新民主主义革命道路和中国特色社会主义建设道路，领导中国人民站了起来和富了起来。苏联社会主义模式之所以后来越来越僵化，新中国成立后之所以会出现“大跃进”和“文化大革命”，苏联东欧之所以会发生解体剧变，或者是因为思想封闭，或者是因为急于求成和形势判断错误，或者是因为盲目照搬西方价值和经验，但其背后所隐藏的实际上都是一个原因——脱离了时代变化和本国的国情实际。所以，今天总结国际共产主义运动的历史，总结中国社会主义革命和建设的历史，最根本的一条经验教训，就是必须始终把社会主义置于现实的基础之上，坚持从实际出发，解放思想、实事求是，不断创新和发展科学社会主义理论，不断探索和发展符合本国国情实际的革命和建设道路，只有这样，社会主义才能始终充满生机和活力，才能最终证明优于资本主义，引领人类和世界走向一个光明的未来。因此，以《路在何方——科学社会主义一路走来》和《路在脚下——中国特色社会主义一路走来》分别作为书名，不但不会影响到笔者写作的初衷，反而更为贴近书稿的主题，同时也更加通俗和吸引读者的注意。

社会主义作为一种社会思潮，一种改造社会的理想方案，存在着广义和狭义两种理解。广义的社会主义，包括一切主张消除剥削压迫、消除贫富对立的思想。由此，西方一些学者将其最早追溯到远古时代，从基督教的《圣经》中寻找社会主义的根源，将古代以色列王朝时期的牧羊人阿摩斯奉为“第一个社会主义者”。但更多的人追溯到古希腊，认为柏拉图是最早提出社会主义思想（在他的《理想国》中）的人。例如，1895—1897年在斯图加特出版的由伯恩斯坦、考茨基、拉法格、胡果、梅林、普列汉诺夫六人合著的《社会主义运动史概论》四卷本，第一卷就是从柏拉图写起的。把柏拉图作为近代社会主义的先驱，不仅在19世纪很普遍，就是到了20世纪80年代也大有人在。1984年由巴黎阿芒·高兰出版社出版，由法国共产党人、著名历史学家埃兰斯坦主编的轰动一时的《世界社会主义史》六卷本，也是从柏拉图写起的，一直写到马克思。狭义的社会主义，则被理解为一种与资本主义相对立的思潮和制度。它不是要反对一般的剥削和贫富对立，而是要消灭资本主义的剥削以及资本与劳动的对立，建立一个高于或优于资本主义的社会制度。持这种观点的学者认为社会主义只能产生于近代资本主义兴起之后，他们把英国人文主义者托马斯·莫尔1516年出版的《乌托邦》一书看作社会主义思想的起源。本书所要研究和讨论的社会主义，主要是狭义的社会主义。

科学社会主义也有广义和狭义之分。狭义的科学社会主义只是马克思主义的组成部分之一；广义的科学社会主义则是指马克思主义本身，包括了马克思主义哲学、政治经济学和科学社会主义三大组成部分。马克思主义经典作家把自己的理论称为科学社会主义，最早见于恩格斯的《论住宅问题》。其中，恩格斯首次提出了“德国科学社会主义”概念，以强调它同非科学的法国蒲鲁东主义以及德国米尔柏格的蒲鲁东主义的区别。后来，马克思在《巴枯宁〈国家制度和无政府状态〉一书摘要》中也使用了“科学社会主义”一词，以强调自己的理论与空想社会主义的区别。在这之前，马克思恩格斯一直倾向于把自己的理论称为共产主义。因为在马克思恩格斯看来，至少在1847年以前，“社会主义是中等阶级的运动，而共产主义则是工人阶级的运动”[①]。马克思恩格斯从一开始就鲜明地表明站在工人阶级一边，把工人阶级的解放作为自己毕生奋斗的事业，因此也就当然地把自己创立的理论称为共产主义。他们在改组正义者同盟，建立第一个马克思主义无产阶级政党时，自然也采用了“共产主义者同盟”这一称谓，而没有使用“社会主义者同盟”，党的纲领也被称为《共产党宣言》，而不叫《社会主义宣言》。只是后来，在1864年，在马克思恩格斯的参与下，国际工人协会（第一国际）成立，参加者有来自欧美16个国家的约40万名工人和各种工人组织，包括来自英国的工联派，法国的蒲鲁东派和布朗基派，意大利的马志尼派，德国的拉萨尔派，俄国、瑞士和西班牙的巴枯宁派等的各式各样的社会主义者。这时马克思主义在工人运动中尚不占主导地位。为了争取、团结和联合受各派社会主义者影响的广大工人，马克思、恩格斯在第一国际较少使用“共产主义”一词，而较多使用“社会主义”。这时，在国际工人运动中，“社会主义”与“共产主义”已被混用，成为同义语。在这样一种大背景下，为了将自己的理论与形形色色的社会主义区别开来，马克思、恩格斯才开始在自己的学说中引入“科学社会主义”这一概念。此后到20世纪20年代中叶，“社会主义”一词甚至取代“共产主

① 《马克思恩格斯选集》第1卷，人民出版社1995年版，第257页。

义”而广为流传。直到十月革命胜利，列宁领导建立共产国际（第三国际）以后，共产主义才又作为与其他社会主义流派相区别的运动蓬勃发展起来。但同时列宁并没有否定社会主义，而是将社会主义界定为马克思所称的共产主义的第一阶段。因而，本书为了尊重历史，有时用共产主义，有时用科学社会主义，实际都是一个意思。

在马克思主义三个组成部分中，马克思主义哲学是关于自然界、社会和人类思维一般发展规律的科学，它研究的重点是为各国无产阶级和共产党人提供科学的世界观和方法论；马克思主义政治经济学是关于社会生产关系，特别是资本主义和社会主义生产关系的本质及其发展规律的科学，它研究的重点是客观的经济规律及其在社会经济生活中的运用；科学社会主义是关于无产阶级解放运动发展规律的科学，它研究的重点是指明无产阶级解放斗争的性质、条件和一般规律。马克思主义哲学、政治经济学都是以科学社会主义作为其理论终点的，是为科学社会主义服务的。因此，科学社会主义又被称为“行动中的马克思主义”。作为“行动中的马克思主义”，科学社会主义不仅要研究无产阶级革命的道路、条件、手段、战略策略，而且要研究社会主义建设的道路、条件、手段和发展规律。本书所要研究和讨论的，重点是狭义的科学社会主义，同时也会不可避免地涉及马克思主义的其他两个组成部分，即马克思主义哲学和马克思主义政治经济学。

社会主义从诞生伊始，就存在着许多不同的派别和不同的理解。1924 年，英国学者格里菲斯在伦敦出版了一本名为《什么是社会主义》的论文集，一共列举了 260 多种关于社会主义的定义。马克思和恩格斯在《共产主义原理》和《共产党宣言》中，将当时的社会主义流派归纳为 3 类 6 种：第一，反动的社会主义，主要有（甲）封建的社会主义，（乙）小资产阶级的社会主义，（丙）德国的或“真正的社会主义”；第二，保守的或资产阶级的社会主义，主要指那些只希望对资本主义社会进行改良的社会思潮；第三，批判的空想的社会主义和共产主义以及民主主义的社会主义。如果加上马克思恩格斯主张的科学社会主义，实际上当时流行的共是 4 类 7 种社会主义。每一类、每一种社会主义思潮中，又存在着许多派别。例如，保守的或资产阶级的社会主义中存在着博爱主义、人道主义、蒲鲁东主义，民主主义的社会主义中存在着拉萨尔主义、工联主义，等等。19 世纪 70 年代以后，随着马克思主义在工人运动中的广泛传播，越来越多的工人阶级政党将马克思主义奉为自己的指导思想，马克思主义逐渐在国际工人运动中取得主导地位。但是，马克思主义的胜利，还是没有消除人们对社会主义认识上的分歧。即便是都信奉马克思主义的政党，也常常在对社会主义的理解和认识上产生重大分歧，发生激烈斗争，甚至兵戎相见。例如，第二国际的左派、中派、右派之间以及后来的共产国际、伯尔尼国际（社会党国际）和维也纳国际（考茨基的中派国际）之间的矛盾和冲突，这些矛盾和冲突不仅导致了国际工人运动和社会主义运动的分裂，而且往往导致一国国内的流血冲突，如第一次世界大战后德国社会民主党政府对德国左派工人起义的镇压以及十月革命胜利后俄国社会党人的反革命叛乱等。

第二次世界大战后，随着社会主义在世界范围的推进，社会主义的思潮和流派也越来越多，学者高放按它们的主要观点进行归纳整理，大体划分了大、中、小各三家。三大家中的第一家是共产党领导的科学社会主义，按照中国共产党的标准，这一家最多的时候，有各国共产党 120 多个，党员 8000 多万人，由共产党执政的国家有 15 个。三大家中的第二家是社会党领导的民主社会主义，苏东剧变前这一家大约有 80 多个党，2000 多万名党员，在 28 个国家执政。三大家中的第三家是亚非拉发展中国家民族主义政党所主张的民族社会主义，其顶峰时大约有 100 多个政党，2000 多万名党员，先后在约 40 个国家执政。三中家分别是无政府主义、托洛茨基主义、西方马克思主义。与三大家相比，三中家小多了，每家也就几万人，而且没有一家在任何国家执政过。三小家就更小了，分别是封建社会主义、资产阶级社会主义和空想社会主义，每家就几千人。以上所有社会主义相互之间观点大相径庭，每家内部观点也是相左相异。例如，民族社会主义，有的靠近苏联①，有的靠近中国，有的靠近社会党，还有的自立门户，如北非、中东的伊斯兰社会主义，缅甸和斯里兰卡的佛教社会主义，智利、秘鲁的基督教社会主义，以及一些国家的非洲社会主义、合作社会主义、军事社会主义等，真正说得上是五花八门。

社会主义虽然存在着各种各样的流派，甚至还有一些主张社会倒退或者打着社会主义旗帜行封建主义实质的反动社会主义，但总体来讲，社会主义作为一种主张消除剥削压迫、消除贫富分化、追求社会平等的社会思潮，在改造血腥的资本主义，推动人类社会文明进步方面的作用是十分巨大的。正因为这样，几百年来社会主义才获得了空前的发展。尽管 20 世纪 80 年代末 90 年代初的苏东剧变，使科学社会主义遭到空前挫折，社会主义一时

---

① 俄国十月革命胜利后，在原沙俄领土上先后产生了 6 个苏维埃共和国，即俄罗斯苏维埃社会主义联盟共和国、乌克兰苏维埃社会主义共和国、白俄罗斯苏维埃社会主义共和国、阿塞拜疆苏维埃社会主义共和国、亚美尼亚苏维埃社会主义共和国、格鲁吉亚苏维埃社会主义共和国。各苏维埃共和国均独立存在，都拥有自己的军队和货币。国内战争期间，各苏维埃共和国亲密合作、互相支持，逐渐建立起了联邦制同盟。1922 年 12 月 30 日，在列宁的倡导下，各苏维埃共和国的代表在莫斯科召开苏维埃社会主义共和国联盟苏维埃第一次代表大会，通过联盟成立宣言，宣告苏联成立。

陷入低潮，但仍然无法改变社会主义仍然是当今世界最有影响力的社会思潮的现实。

自1516年托马斯·莫尔的《乌托邦》问世以来的500多年，社会主义先后经历了由空想到科学、理论到现实、一国模式到多国模式的发展过程。空想到科学的标志是1848年《共产党宣言》的发表，主要由马克思完成。理论到现实的标志是十月革命的胜利，主要由列宁和俄国布尔什维克党完成。一国模式到多国模式发生在第二次世界大战以后，主要标志是南斯拉夫的自治社会主义、匈牙利的市场社会主义、中国的中国特色社会主义的形成，主要由各社会主义国家的共产党人完成。在社会主义从空想到科学、理论到现实、一国模式到多国模式的发展过程中，马克思的科学社会主义在世界社会主义运动中一直占据主导地位。20世纪初，在对待帝国主义战争和十月革命问题上，第二国际分裂为左、中、右三派，列宁率领第二国际左派从第二国际分裂出来，建立了第三国际，但这时的第二国际右派、中派还没有公开背叛马克思主义，甚至还以马克思主义的正统自居，指责列宁背离了马克思主义。但随着第二国际各党在思想上和行动上越来越远离马克思主义，直至第二次世界大战后新建社会党国际，主张思想多元化，宣称马克思主义只是其思想来源之一，公开打出民主社会主义的旗帜，科学社会主义的旗帜也就责无旁贷地落在了各国共产党人肩上。

尽管第二国际各党后来背离了科学社会主义，但当时并没有动摇科学社会主义在整个国际工人运动和世界社会主义运动中的地位。在20世纪80年代以前，共产党领导的科学社会主义一直在世界社会主义运动中占据头把交椅，是世界所有社会主义流派中成员最多、分布最广、势力最雄厚、影响力最大的社会主义流派。但是，随着20世纪80年代末90年代初苏东剧变的发生，科学社会主义这一流派遭受重大挫折，其在世界社会主义运动中的影响力急剧下降，而民主社会主义乘势而上，一度取代科学社会主义成为世界社会主义运动中势力最雄厚、成员最多、影响力最大的社会主义流派。

科学社会主义之所以遭受重大挫折，主要是因为20世纪30年代形成的苏联社会主义建设模式在第二次世界大战后越来越跟不上时代变化发展的步伐，暴露出越来越多的弊端和问题。在历史上，苏联社会主义模式曾一度展现出巨大优越性。当西方各国陷入30年代的经济危机焦头烂额的时候，苏联的社会主义建设却一日千里，仅用两个五年计划就完成了工业化，使苏联从十月革命前欧洲最落后的一个资本主义国家，迅速超过英国、法国、德国，成为仅次于美国的世界第二强国。然而，苏联模式的社会主义虽然取得了巨大的历史功绩，显示出了一定的优越性，但却远不是一个成熟、完善和科学的政治经济体制和发展模式。这一体制和发展模式，从一开始就存在着一系列严重的弊端。主要有：公权力配置过强过于集中，缺乏监督制约；民主与法制不健全，人治代替了法治；党和国家机构臃肿，官僚主义严重；干部选拔、管理制度不合理，任人唯亲现象严重；经济发展效益低下，缺乏内在活力和可持续发展能力。苏联社会主义模式中的这些弊端，如果说在建立之初还不十分严重的话，那么，随着苏共政治上的日渐保守、思想上的长期教条、体制上的日益僵化，越到后面，越发严重，逐渐成为后来制约苏联社会主义建设继续发展的决定性因素。第二次世界大战后建立的其他社会主义国家，由于都大同小异地照抄或借鉴了苏联20世纪三四十年代社会主义建设的经验，因而也在社会主义发展道路上多多少少遭遇了苏联社会主义模式同样的问题，甚至以1956年的波匈事件这样极端的形式爆发出来。

为了克服苏联社会主义模式的弊端，从20世纪50年代中后期开始，各社会主义国家相继开始了改革，试图探索一条社会主义建设的新路。但直到20世纪80年代，多数社会主义国家的改革基本上局限于对旧体制的修补完善和对发展战略的局部调整，所以改革的成效十分有限。进入80年代以后，社会主义国家的改革发展到一个新的阶段。改革的内容从经济体制延伸到政治体制、思想文化体制和社会管理体制，改革的深度和强度由简单的增量改革和局部调整深入到对旧体制的全面反思和发展模式的根本转变，改革的范围也从部分社会主义国家扩展到几乎所有社会主义国家。但是，由于苏联社会主义模式的弊病根深蒂固和旧的习惯势力造成的巨大障碍，社会主义国家的改革运动在深入发展的同时，面临的困难也越来越多，越来越大。对于如何克服这些困难，把改革继续推向前进，社会主义国家内部产生了种种不同的观点和主张。在苏联和东欧社会主义国家，80年代中后期以后，以戈尔巴乔夫的人道的民主的社会主义为代表的改革理论逐渐在党内占据统治地位。这个理论将苏联、东欧的社会主义改革演变成了对社会主义的“革命”，使改革偏离了正确的轨道和方向，加上西方敌对势力的和平演变攻势，最后导致这些国家的社会主义改革和建设事业一夜夭折，科学社会主义遭遇重大挫折。

面对科学社会主义遭遇挫折的困境，中国的改革却异军突起。中国共产党一方面坚决顶住了苏东剧变的冲击、西方敌对势力的和平演变和本国资产阶级自由化思潮的联合进攻；另一方面坚决顶住了否定改革开放，要求回到老路上去的“左”倾思潮，坚持将社会主义置于中国现实的基础之上，继续深化改革，发展生产，不断提高人民的生活水平、改善人民的生活质量，不断改进和加强自身建设，继续把社会主义改革和建设事业坚定不移地推向前进，逐渐形成了具有中国特色的社会主义发展道路。从

1990年到2012年，中国经济发展速度长期保持两位数的高速。2014年中国国内生产总值达到636138.7亿元，比1990年的18774.3亿元增加617364.4亿元；2014年人均国内生产总值达到46629元，比1990年的1654元增加44975元，经济总量跃居世界第二位。人民生活水平大幅提高，城镇居民2014年人均可支配收入达到28843.9元，比1990年的1518.2元增加27325.7元；农村人均可支配收入达到10488.9元，比1990年的686.3元增加9802.6元。教育、科技、文化、社会保障、社会服务、生态环保、城乡建设、军事国防等领域也取得了显著成绩。2002年党的十六大提出的全面建设小康社会的奋斗目标——人均国内生产总值超过3000美元、城镇居民人均可支配收入1.8万元、农村居民家庭人均纯收入8000元、城镇人均住房建筑面积30平方米、城镇化率达到50%、居民家庭计算机普及率20%、大学入学率20%、每千人医生数2.8人、城镇居民最低生活保障率95%以上——基本实现后，我国便奋力向全面建成小康社会目标迈进。2012年以来，我国经济进入调结构、去库存、转型升级的新阶段，面对极其错综复杂的国际国内形势，在以习近平同志为核心的党中央的领导下，我国经济再度跃上新台阶。从2012年到2017年，国内生产总值从54.0万亿元增加到82.1万亿元，占世界经济比重则从11.4%提高到15%左右，对世界经济增长贡献率提高到30%以上。财政收入从11.7万亿元增加到17.3万亿元。贫困人口减少6800多万人，易地扶贫搬迁830万人，贫困发生率由10.2%下降到3.1%。居民收入年均增长7.4%，超过经济增速，我国形成世界上人口最多的中等收入群体。出境旅游人次由8300万增加到1.3亿以上。社会养老保险覆盖9亿多人，基本医疗保险覆盖13.5亿人，我国织就了世界上最大的社会保障网。人均预期寿命达到76.7岁。棚户区住房改造2600多万套，农村危房改造1700多万户，上亿人喜迁新居。

中国特色社会主义取得的巨大成功，再次展现了科学社会主义的强大生命力和光明前途。我们坚信，只要始终坚持将科学社会主义与中国实际相结合，坚持从现实出发，中国特色社会主义道路就一定会越走越宽广，中国特色社会主义就一定会取得更大成绩。随着中国特色社会主义事业的继续发展，科学社会主义也一定会再现辉煌，世界社会主义运动也一定会因为科学社会主义的新生而展现出更加光明的前景。

周治滨

2018年11月

目　　录

第三章
苏联社会主义模式的特点与启示

第四章
赫鲁晓夫的破冰之旅

第五章
社会主义的多样化发展

第六章
戈尔巴乔夫与苏东剧变

结　语

第一章
马克思恩格斯对科学社会主义的理论论证

19 世纪上半叶的欧洲，资本主义发展的弊端已充分显现，人民苦难日益加深，工人运动风起云涌，各种各样改良社会、拯救社会的理论和方案也纷纷粉墨登场。立志为人类幸福献身的马克思和恩格斯通过对当时资本主义发展状况的深入研究，通过对工人运动的广泛接触和对各种自由主义、改良主义思潮的清理，逐渐形成了他们的辩证唯物主义的世界观和共产主义的政治立场，于 1844 年上半年分别通过不同途径完成了自身由唯心主义向唯物主义、革命民主主义向共产主义的转变，并由于信仰、爱好和理论观点的一致走到一起，开始了他们二人共同创立科学社会主义和为世界无产阶级解放事业奋斗的艰辛历程。1848 年 2 月，马克思和恩格斯合著的《共产党宣言》公开发表。《共产党宣言》是在马克思恩格斯科学社会主义理论指导下完成的无产阶级政党第一个周详的理论和实践的党纲。《共产党宣言》的发表，标志着科学社会主义的诞生。在科学社会主义理论的指导下，国际工人运动和人类历史由此掀开了新的篇章。

一、科学社会主义的创立

马克思，全名卡尔·海因里希·马克思。1818 年 5 月 5 日，马克思诞生于德国特里尔城的一个律师家庭。特里尔是德国自由主义运动比较发展的地方，马克思的父亲也是自由主义的积极分子。受家庭和社会环境的双重影响，马克思很小就十分关心时事，积极参加当地各种社会活动，还在中学读书的时候，就鲜明地表达和树立了长大后“为人类工作”的崇高理想。在他的博士毕业论文《论德谟克利特的自然哲学和伊壁鸠鲁的自然哲学的差别》中，他又高度赞扬了普罗米修斯为人类盗取火种而英勇献身的精神，并以普罗米修斯自许，表达了对人类自由热烈追求的坚定信念。

恩格斯，全名弗里德里希·恩格斯。1820 年 11 月 28 日，恩格斯诞生于德国巴门市（今伍珀塔尔市）一个工厂主家庭。与马克思的父亲不同，恩格斯的父亲思想保守，虔信宗教。他希望恩格斯能够继承他的事业，恩格斯在 1838 年中学尚未毕业时就被送去了不莱梅自家商行学习经商。不莱梅是当时德国自由主义思想比较发展的地方，正是在不莱梅，恩格斯确立了自由主义和革命民主主义的思想和立场。1842 年，恩格斯又被父亲安排到英国曼彻斯特自家公司做办事员，进一步学习经商。曼彻斯特被称为英国“工业之都”，不仅各种思想非常活跃，而且工人运动比较发展。对英国工人阶级生产生活状况的了解和对英国工人运动领袖的接触，促使恩格斯的思想再次发生转变，逐步由革命民主主义转向共产主义。

1844 年 8 月底，26 岁的马克思与 24 岁的恩格斯在法国首都巴黎再次相会。与他们俩 1842 年 11 月在德国科隆的首次见面不同，这时的马克思和恩格斯已分别通过不同途径完成了从唯心主义向唯物主义、从革命民主主义向共产主义的转变。在深入的交谈中，马克思和恩格斯发现他们“在一切理论领域中都显出意见完全一致”①。由此，他们开始了二人共同创立科学社会主义的艰辛历程和患难与共、守望相助的亲密友谊。

① 《马克思恩格斯文集》第 4 卷，人民出版社 2009 年版，第 232 页。

1844 年，虽然马克思和恩格斯都已完成了从唯心主义向唯物主义、从革命民主主义向共产主义的转变，但他们的思想多多少少都还残存着一些唯心主义和自由主义的痕迹，他们对共产主义的认识也还不够深刻和系统。因此，马克思和恩格斯开始合作后的第一个任务，就是进一步深刻批判唯心主义特别是旧“德国哲学思想体系”，全面清理各种自由主义和社会主义思潮，深入研究当时资本主义经济政治发展状况，建立唯物史观，揭露资本主义剥削的秘密，制定科学社会主义基本原理，对共产主义进行理论论证。

首先是对旧德国哲学思想体系进行清算，创立历史唯物主义。马克思恩格斯早年都深受德国古典哲学特别是黑格尔和费尔巴哈的影响，参加过青年黑格尔派的活动。直到 1844 年，马克思在两个转变完成后的第一部重要著作《1844 年经济学哲学手稿》，都还带有费尔巴哈人本主义的明显痕迹。因此，马克思恩格斯开始合作后的第一个任务，就是对以黑格尔、费尔巴哈为代表的旧德国哲学的影响进行清算。1844 年 9—11 月，马克思恩格斯合写了他们的第一部论战性著作《神圣家族》。在这部论著里，马克思恩格斯深刻批判了以鲍威尔兄弟为代表的青年黑格尔派的主观唯心主义及其对法国唯物主义史的歪曲和对共产主义的攻击，阐述了唯物主义的基本观点并运用辩证法初步阐述了无产阶级的历史使命和消灭私有制的历史必然性。1845 年春，马克思写下了《关于费尔巴哈的提纲》这一被称为“包含着新世界观的天才萌芽”[①] 的第一个文件。在这篇提纲里，马克思一方面着力清算了他自己思想中费尔巴哈人本主义的残余；另一方面将实践引入认识论，将它作为人类认识的基础、标准和目的，而且把它引入历史观，揭示了社会生活的本质，为历史唯物主义的创立奠定了基础。1845 年 9 月—1846 年 8 月，马克思恩格斯再次合作写下了他们合著的第二部巨著——《德意志意识形态》。

① 《马克思恩格斯选集》第 4 卷，人民出版社 1995 年版，第 213 页。

在这部书里，他们第一次系统地阐述了历史唯物主义的基本原理，揭示了社会结构和历史发展的规律与动力，指出了共产主义胜利的历史必然性。这部书的完成标志着马克思主义唯物史观的创立。唯物史观的创立是马克思的第一个伟大发现，为科学社会主义的诞生奠定了第一块基石。

其次是深入研究资本主义的生产过程和发展现状，揭露资本主义剥削的秘密。马克思是从哲学转向经济学研究的。促使马克思做出这一转变的原因，是1843年移居巴黎后他对在《莱茵报》工作时期因所遇到的实际问题产生的“苦恼疑问”以及法国工人运动面临的困境进行了理论思考。1844年4—8月，马克思完成了自己的第一部经济学哲学著作——《1844年经济学哲学手稿》。在这部书中，马克思通过对资本主义劳动条件下劳动者同自己的劳动、同劳动对象和劳动目的相异化的分析，形成了他自己的异化劳动理论，并以异化劳动的形式，揭示了资本主义社会的阶级关系，揭示了无产阶级和资产阶级的对抗。恩格斯由于职业的关系，比马克思更早开始着手经济学的研究，他于1844年2月在马克思和卢格合作创办的《德法年鉴》上发表的《政治经济学批判大纲》，甚至成为促使马克思转向经济学研究的一个重要因素。虽然马克思恩格斯在两人合作前已对经济学有过一定程度的研究，但他们深深感觉这些研究远远不够系统、深入，不能够充分支撑他们已经形成的政治理论观点，不能够唤起工人阶级的阶级觉悟，不能够推动欧洲工人运动向更深更广的方向发展。因此，马克思恩格斯两人开始合作后的又一个任务，就是继续深入进行经济学方面的研究，揭露资本主义剥削的秘密。在《神圣家族》和《德意志意识形态》中，马克思和恩格斯在对旧德国哲学进行清算的同时，也对经济学进行了大量研究，初步形成了他们的劳动价值论思想。1845年3月，恩格斯完成了他的《英国工人阶级状况》一书。在这部书里，恩格斯以唯物史观的基本思想对资本主义的经济制度和阶级关系作了全面的分析，初步揭示了资本主义必然灭亡的客观规律。1847 年上半年和年底，马克思完成了《哲学的贫困》和《雇佣劳动与资本》两部著作。在这两部书中，马克思虽然还没有系统形成自己的劳动价值论和剩余价值学说，但是已经远远超过了古典经济学的劳动价值理论。这不仅仅表现为马克思在这里形成了自己的生产关系理论，用“生产关系”这个科学概念代替了过去常用的“交往方式”概念，用“生产关系的总和构成的社会基础”的提法取代了过去“市民社会”的提法，更重要的是，在这两部书中马克思已经明确“知道‘资本家的剩余价值’是从哪里‘产生’的”，“已经非常清楚地知道它是怎样‘产生’的”。[①] 也就是说，在这两部书里，马克思的剩余价值思想已经初步形成。剩余价值思想的形成，揭示了资本主义剥削的秘密，阐明了无产阶级在资本主义制度下的社会地位和解放途径，奠定了科学社会主义诞生的第二块基石。

最后是批判工人运动中的各种机会主义思潮，系统制定和完善科学社会主义的基本原理。19 世纪上半叶的欧洲，思想空前活跃。针对资本主义发展初期产生的各种弊端，彼时的欧洲产生了各种各样的主义和学说。这些主义和学说自然也影响到工人阶级，在工人运动中产生了各种各样的主义和理论，成为阻碍工人运动深入发展的障碍。马克思恩格斯投身无产阶级解放运动伟大事业伊始，他们就一刻也没有停止过同工人运动内的各种机会主义思潮的斗争。基本可以说，一部马克思主义发展史，就是一部马克思恩格斯与工人运动中机会主义思潮的斗争史。

19 世纪 40 年代，在欧洲工人运动中影响比较大的机会主义流派有魏特林的空想社会主义、格律恩的“真正的社会主义”和蒲鲁东的改良主义的社会主义。魏特林不仅是个空想社会主义者，而且

---

① 《马克思恩格斯全集》第 24 卷，人民出版社 1972 年版，第 12 页。

是当时在工人运动中颇有影响力的正义者同盟的领袖。对于他，马克思曾给予很高的评价。但魏特林不懂得社会发展规律，对资本主义社会缺乏深刻的认识，并把自己的学说涂上了一层宗教色彩。为了争取他，马克思恩格斯做了大量工作，并吸收他参加共产主义通讯委员会。但是魏特林狂妄自大，继续坚持和宣传自己的错误观点。于是，马克思恩格斯不得不在共产主义通讯委员会中展开对魏特林空想社会主义的批判，直到 1847 年 6 月魏特林被开除出正义者同盟。

格律恩的“真正的社会主义”是德国小资产阶级的社会主义流派，这一流派鼓吹以超阶级的“博爱”“人性”等道德说教代替阶级斗争和无产阶级革命，企图把共产主义和社会主义消融于资产阶级的人道主义之中。1845 年马克思恩格斯在《德意志意识形态》中曾对“真正的社会主义”的哲学基础进行过深刻批判，但在 1846—1847 年“真正的社会主义”又获得了蓬勃发展。“真正的社会主义”的一个代表人物、正义者同盟的特使海尔曼·克里盖，在自己的刊物《人民论坛报》上大肆宣传“真正的社会主义”的“以‘爱’为基础、充满着爱、十分多情、陶醉于爱的共产主义”。针对这种情况，马克思恩格斯领导下的共产主义通讯委员会于 1846 年 5 月 11 日发布了《反克里盖的通告》。通告指出，克里盖把共产主义变成爱的呓语，大大地损伤了共产主义政党在欧洲和美洲的声誉。正义者同盟巴黎支部是“真正的社会主义”的重灾区，“真正的社会主义”在这里影响极大。1846 年 8 月，恩格斯同巴黎支部以格律恩为首的“真正的社会主义”展开了一场大辩论。通过辩论，恩格斯的观点得到了大多数与会者的赞同。1847 年，恩格斯又写了《真正的社会主义》一文，对“真正的社会主义”的各国流派进行了剖析、批判。经过马克思和恩格斯的坚决斗争，“真正的社会主义”在正义者同盟内部的影响被彻底肃清。

蒲鲁东的改良主义的社会主义是从小资产阶级的立场来批判资本主义社会的，宣传一种改良主义的观点，在法国工人运动中有很大影响。马克思于1847年发表了《哲学的贫困》，从哲学、政治经济学和社会主义三个方面对蒲鲁东的错误观点进行了深刻全面的批判。该书针对蒲鲁东在反对工人罢工和组成工人政治组织上的错误态度，论述了工人举行罢工、组织工会以及组成自己的政治组织的意义；针对蒲鲁东否认阶级斗争的谬论，论述了无产阶级革命就是要消灭一切阶级和阶级对立的根本原理；针对蒲鲁东反对暴力革命的谬论，论证了无产阶级暴力革命的必然性。马克思的《哲学的贫困》一书是科学社会主义形成过程中重要的里程碑之一，列宁把它称为“成熟的马克思主义的最初著作”①。通过对各种错误的社会主义思潮的批判，马克思和恩格斯科学地论证了自己的观点，使越来越多的有识之士相信和接受了科学社会主义，有力地推动了国际工人运动的发展。

马克思恩格斯在着力清除各种非科学社会主义思潮在工人运动中的影响，为科学社会主义的诞生进行理论准备的同时，也积极投身于欧洲的工人运动，为科学社会主义的诞生进行组织准备。19世纪40年代，欧洲工人运动风起云涌，但许多工人组织，如英国的宪章协会、法国的四季社和德国的正义者同盟在政治上、思想上、组织上都是非科学社会主义的，它们不可能领导工人运动正确向前发展。为此，马克思和恩格斯于1846年初在比利时布鲁塞尔建立了共产主义通讯委员会，一方面加强各国社会主义团体的联系，传播科学社会主义思想；另一方面为建立一个以科学社会主义思想为指导的无产阶级政党做思想和组织上的准备。

马克思和恩格斯通过共产主义通讯委员会了解了各国工人运动组织和社会主义团体的状况后，决定把建党的重点放在改造正义者

① 《列宁全集》第25卷，人民出版社1958年版，第388页。

同盟上。马克思恩格斯首先清除了同盟内部的魏特林主义、“真正的社会主义”等错误思潮，用科学社会主义思想改造了正义者同盟，接着又开始从组织上改造正义者同盟。1847年6月，正义者同盟在伦敦举行改组大会。根据马克思和恩格斯的提议，大会将正义者同盟改名为共产主义者同盟，将“人人皆兄弟”的口号改变为“全世界无产者联合起来”的新口号。大会还通过了恩格斯起草的《共产主义信条草案》。1847年10月底至11月，恩格斯受共产主义者同盟巴黎区部委员会的委托，为同盟起草了新的纲领草案——《共产主义原理》。但是恩格斯对文件的体裁不大满意，他在给马克思的信中希望放弃《共产主义原理》那种教义问答的形式，并建议将修改后的纲领叫作《共产党宣言》。1847年11月29日—12月8日，共产主义者同盟第二次代表大会在伦敦召开。大会通过长时间辩论，完全同意了马克思恩格斯提出的新理论和新原则，并委托马克思恩格斯起草同盟的新纲领——《共产党宣言》。在马克思恩格斯两人的共同努力下，《共产党宣言》于1848年2月正式面世。《共产党宣言》是国际共产主义运动史上无产阶级政党第一个周详的有关理论和实践的党纲，它的发表，标志着科学社会主义的诞生，人类社会历史从此翻开了新的一页。

二、科学社会主义的主要内容

马克思恩格斯关于科学社会主义的理论内容十分丰富，涵盖经济、政治、文化、社会、历史、军事、外交、国防、政党、民族、宗教方方面面，是一个庞大的思想体系。这些内容不但集中发表于一些公开出版的著作，同时还大量散见于他们的手稿、笔记和书信。其中比较重要的有马克思《1844年经济学哲学手稿》、马克思和恩格斯《德意志意识形态》、马克思和恩格斯《共产党宣言》、马克思《1848年至1850年的法兰西阶级斗争》、马克思《路易·波拿巴的雾月十八日》、马克思《〈政治经济学批判〉序言》、马克思《资本论》第一卷、马克思《法兰西内战》、恩格斯《论住宅问题》、恩格斯《论权威》、马克思《哥达纲领批判》、恩格斯《社会主义从空想到科学的发展》、马克思《给维·伊·查苏利奇的复信》，恩格斯《家庭、私有制和国家的起源》、恩格斯《法德农民问题》、恩格斯《卡·马克思〈1848年至1850年的法兰西阶级斗争〉一书导言》、恩格斯《1891年社会民主党纲领草案批判》，以及恩格斯晚年给保·恩斯特、康·施密特、奥·伯尼克、约·布洛赫等人关于历史唯物主义的几封书信等。在这些论著和书信里，马克思恩格斯深入地阐述了关于资本主义必然灭亡和共产主义必然胜利、无产阶级的历史地位和历史使命、无产阶级革命道路、无产阶级革命的战略策略、无产阶级政党建设、无产阶级专政和无产阶级国家政权建设、共产主义未来社会的社会特征等科学社会主义的主要原理和观点。马克思恩格斯所阐述的科学社会主义基本观点和基本原理，以其深邃的洞察力、严密的逻辑力、充分的说服力，彻底战胜了当时充斥于欧洲大陆工人运动中的各种机会主义思潮，有力地推动了欧洲工人运动和社会主义运动的发展，使科学社会主义理论迅速上升成为欧洲乃至世界工人运动和社会主义运动中居主导地位的意识形态。

（一）关于资本主义必然灭亡和社会主义必然胜利的理论

社会主义必然代替资本主义，这是马克思恩格斯运用历史唯物主义基本原理分析研究资本主义基本矛盾运动发展得出的科学结论，是不以人的意志为转移的客观历史过程。马克思恩格斯认为，生产力与生产关系的矛盾是人类社会的基本矛盾，生产力是生产方式中最活跃、最革命的因素，生产关系一定要适合生产力性质是人类社会发展的根本规律。当生产力与生产关系的矛盾达到尖锐化的程度时，代表生产力发展要求的革命阶级就会起来革命，用新的生产关系取代旧的生产关系，为生产力的进一步发展开辟广阔道路。人类社会就是这样在生产力与生产关系的矛盾运动中不断由低级向高级发展的，资本主义也不可能逃脱掉这个规律。

生产力与生产关系的矛盾运动在资本主义社会里具体表现为生产的社会化与生产资料的资本家私人占有之间的矛盾，这是资本主义社会的基本矛盾。这一基本矛盾又具体表现为个别企业生产的有组织性和整个社会生产的无政府状态之间的矛盾，以及无产阶级与资产阶级的对立。资本主义生产方式就在它固有的这两种表现形式中运动着，毫无出路地进行着傅立叶所说的“恶性循环”。而且，“这种循环在逐渐缩小；运动无宁说是沿螺线行进，并且必然像行星的运动一样，由于同中心相碰撞而告终”[①]。这种“恶性循环”的集中表现，就是资本主义的周期性经济危机。

为什么资本主义生产方式必然会在它的两种表现形式中毫无出路地进行着“恶性循环”并且必然最后以相碰撞而告终呢？这是因为，市场竞争和社会生产的无政府状态，是恩格斯说的资本家必须遵守的两个“强制性法令”。在这两个强制性法令的作用下，每个资本家都不得不在本企业内精心组织生产，改进技术，降低成本，多出产品。这就导致生产的无限扩张，而市场的扩张却远远赶不上生产的扩张。因为在资本主义制度下，资产阶级用来改进机器、节约成本的措施，反而是不断造成工人失业和贫困的根源。正如恩格斯指出的，“劳动资料的节约，一开始就同时成为对劳动力的最无情的浪费和对劳动职能的正常前提的剥夺；机器这一缩短劳动时间的最有力的手段，变成了使工人及其家属一生的时间转化为可以随意用来增殖资本的劳动时间的最可靠的手段”[②]。这就必然导致资本主

① 《马克思恩格斯选集》第 3 卷，人民出版社 1995 年版，第 747 页。

② 《马克思恩格斯选集》第 3 卷，人民出版社 1995 年版，第 748 页。

义生产的无限扩大和劳动群众有支付能力的需求相对缩小的矛盾，使社会生产在客观上要求的正常比例遭到破坏，使社会总产品的实现条件遭到破坏，从而导致资本主义生产过剩的经济危机周期性爆发。资产阶级用来对付危机的办法，恰恰又是加剧危机的“直接对立物”，即“每一个别生产企业中的生产作为社会生产所具有的日益加强的组织性”。[①] 这是一种什么办法呢？用马克思的话来讲，“这不过是资产阶级准备更全面更猛烈的危机的办法，不过是使防止危机的手段越来越少的办法”[②]。因此，资本主义经济危机的周期性爆发，用再也明显不过的事实表明：资本主义生产关系已经太狭隘了，再容纳不了它本身所创造的巨大社会生产力了。但是，资本主义生产力起来反抗资本属性的过程却反映了一种客观趋势，即“要求在事实上承认它作为社会生产力的那种性质”[③]，也就是说由社会主义的公有制代替资本主义的私有制，由社会主义的全社会的有计划生产代替资本主义社会生产的无政府状态。所以，资本主义必然灭亡，社会主义必然胜利，这“不是幻想家的臆造，而是现代社会生产力发展的最终目标和必然结果”[④]。

（二）关于无产阶级历史地位和历史使命的理论

列宁指出：“马克思学说中的主要的一点，就是阐明了无产阶级作为社会主义社会创造者的世界历史作用。”[⑤]

人类社会形态更替规律告诉我们，任何旧社会的灭亡和新社会的建立都既是生产力与生产关系矛盾运动客观发展的必然结果，同时也是先进阶级顺应社会发展趋势主观努力的结果。离开了先进阶

---

① 《马克思恩格斯选集》第 3 卷，人民出版社 1995 年版，第 747 页。
② 《马克思恩格斯选集》第 1 卷，人民出版社 1995 年版，第 278 页。
③ 《马克思恩格斯选集》第 3 卷，人民出版社 1995 年版，第 751 页。
④ 《列宁选集》第 1 卷，人民出版社 1995 年版，第 88 页。
⑤ 《列宁选集》第 2 卷，人民出版社 1995 年版，第 214 页。

级的主观努力，社会就只能在旧制度的一次次周期性危机中自我循环，就像中国几千年的封建王朝更替一样。马克思恩格斯能够使社会主义由空想变成科学，其中重要的一点就在于，他们不仅揭示了资本主义必然灭亡和社会主义必然胜利的客观规律，而且找到了践行这个规律的社会力量——无产阶级。马克思恩格斯指出，在资本主义社会，无产阶级和资产阶级是两个利益根本对立的阶级。因为资本主义生产方式存在的前提条件，一是大量的为资本家所掌握的资本和财富，二是大量的有人身自由但已失去了任何生产资料的无产者。资本的实质，就是尽可能多地攫取剩余价值。因此，资本主义越发展，无产阶级就越受剥削、越加贫困。“在一极是财富的积累，同时在另一极，即在把自己的产品作为资本来生产的阶级方面，是贫困、劳动折磨、受奴役、无知、粗野和道德堕落的积累。”① 无产阶级如果不从根本上改变资本主义的生产方式，就无法将自己解放出来。

马克思恩格斯不但看到了无产阶级与资产阶级的对立，更重要的是看到了无产阶级的先进性质。他们指出：“在当前同资产阶级对立的一切阶级中，只有无产阶级是真正革命的阶级。”② 因为无产阶级是机器大工业本身发展的产物，是先进生产力的代表。在资本主义制度下，随着大工业的发展，那些站在资产阶级和无产阶级中间的小工业家、小商人和农民，都将日趋破产、没落和灭亡，唯有无产阶级在不断发展壮大。此外，无产阶级不占有任何生产资料，除自己的劳动力外，一无所有。“无产者在这个革命中失去的只是锁链。他们获得的将是整个世界。”③ 因此，无产阶级最具有革命的坚定性和彻底性。再有，大机器生产的集中性和连续性，还将无产

---

① 《马克思恩格斯选集》第 3 卷，人民出版社 1995 年版，第 749 页。

② 《马克思恩格斯选集》第 1 卷，人民出版社 1995 年版，第 282 页。

③ 《马克思恩格斯选集》第 1 卷，人民出版社 1995 年版，第 307 页。

阶级像军队一样组织起来，使无产阶级成为最有组织性、纪律性的阶级。正是基于对无产阶级这些品格和特点的分析，马克思恩格斯将旧社会的掘墓人和新社会的建设者的历史使命赋予了无产阶级，指出，资产阶级不仅锻造了置自身于死地的武器——社会化的生产力，而且“产生了将要运用这种武器的人——现代的工人，即无产者”①。

（三）关于无产阶级革命和发展道路的理论

无产阶级的历史使命是做资本主义社会的掘墓人和共产主义社会的建设者。无产阶级怎样实现自己的历史使命呢？马克思恩格斯认为，无产阶级必须首先组织起来，建立自己的政党，然后在自己政党的领导下，夺取政权，建立无产阶级专政，“剥夺剥夺者”，将生产资料收归全社会占有，经过一段过渡时期以后，进入社会主义。那么无产阶级怎样才能取得政权和“剥夺剥夺者”呢？马克思恩格斯设想了暴力革命与和平发展两种方式。但针对 19 世纪中叶欧洲资产阶级反动统治和阶级斗争残酷激烈的现实，马克思恩格斯当时更多地强调暴力革命。1847 年 10 月，恩格斯在《共产主义原理》中回答“能不能用和平的办法废除私有制”这一问题时说道：“但愿如此，共产主义者当然是最不反对这种办法的人。”② 但紧接着他又强调：“几乎所有文明国家的无产阶级的发展都受到暴力压制，因而是共产主义者的敌人用尽一切力量引起革命。”③ 因此，在过后不久发表的《共产党宣言》中，马克思恩格斯公开向世界宣布：“共产党人不屑于隐瞒自己的观点和意图。他们公开宣布：他们的目的只有用暴力推翻全部现存的社会制度才能达到。让统治阶级在共产主

① 《马克思恩格斯选集》第 1 卷，人民出版社 1995 年版，第 278 页。
② 《马克思恩格斯选集》第 1 卷，人民出版社 1995 年版，第 239 页。
③ 《马克思恩格斯选集》第 1 卷，人民出版社 1995 年版，第 239 页。

义革命面前发抖吧。”[①] 但即便此时，马克思恩格斯也没有完全否定革命和平发展的可能。1872 年，就在法国资产阶级残酷地镇压了世界上第一个无产阶级政权——巴黎公社之后仅一年，马克思在阿姆斯特丹群众大会的演说中又指出：“工人总有一天必须夺取政权，以便建立一个新的劳动组织，……但是，我们从来没有断言，为了达到这一目的，到处都应该采取同样的手段。我们知道，必须考虑到各国的制度、风俗和传统；我们也不否认，有些国家，像美国、英国，——如果我对你们的制度有更好的了解，也许还可以加上荷兰，——工人可能用和平手段达到自己的目的。”[②] 19 世纪 80 年代以后，随着资本主义民主制度在欧洲发展、军事技术改进、城市街道扩宽以及德国社会民主党在选举和议会斗争中取得骄人成绩，恩格斯开始更多地强调革命和平发展的可能性。他指出，在 1848 年以前到处都起过决定性作用的街垒巷战方式已经陈旧了，无产阶级政党应该积极进行争取民主的斗争，应该利用普选权。“可以设想，在人民代议机关把一切权力集中在自己手里、只要取得大多数人民的支持就能够按照宪法随意办事的国家里，旧社会有可能和平长入新社会，比如在法国和美国那样的民主共和国，在英国那样的君主国……”[③] 他还高度肯定德国工人阶级对革命道路的新探索，称赞“他们给了世界各国同志一件新的武器——最锐利的武器中的一件武器，向他们表明了应该怎样使用普选权”[④]。

至于无产阶级革命发生的地点和时间，马克思恩格斯更多地倾向于资本主义比较成熟的国家，认为无产阶级革命应该在这些国家同时发生。为什么马克思恩格斯倾向于无产阶级革命首先在资本主义比较成熟的国家同时发生呢？这是因为，在马克思恩格斯看来，

---

① 《马克思恩格斯选集》第 1 卷，人民出版社 1995 年版，第 307 页。
② 《马克思恩格斯全集》第 18 卷，人民出版社 1964 年版，第 179 页。
③ 《马克思恩格斯选集》第 4 卷，人民出版社 1995 年版，第 411 页。
④ 《马克思恩格斯选集》第 4 卷，人民出版社 1995 年版，第 516 页。

资本压迫是世界性的，“以致每一国家的人民都受到另一国家发生的事情的影响”，因而“联合的行动，至少是各文明国家的联合的行动，是无产阶级获得解放的首要条件之一”。[①] 此外，马克思恩格斯还认为，无产阶级革命要取得胜利，还有赖于无产阶级自身变得强大和成熟，有赖于资本主义为社会主义准备好充分的物质条件。一般来讲，只有资本主义比较成熟的国家才能够提供这样的条件。因此，当有人问恩格斯无产阶级革命能不能单独在一个国家发生时，恩格斯明确地回答“不能”。“共产主义革命将不是仅仅一个国家的革命，而是将在一切文明国家里，至少在英国、美国、法国、德国同时发生的革命”[②]。但是，马克思恩格斯在强调无产阶级革命应当首先在资本主义比较成熟的国家同时发生的同时，并没有否定一些比较落后的国家在特定的历史条件下有可能超越资本主义发展阶段而直接进入社会主义社会。1881 年，马克思给俄国女革命家查苏利奇回信，在回答俄国农村公社的发展前途问题时就指出，在特定的条件下，“俄国可以不通过资本主义制度的卡夫丁峡谷，而把资本主义制度所创造的一切积极的成果用到公社中来”[③]。1882 年，马克思恩格斯在为普列汉诺夫翻译的俄文版《共产党宣言》作序时进一步明确指出：“假如俄国革命将成为西方无产阶级革命的信号而双方互相补充的话，那么现今的俄国土地公有制便能成为共产主义发展的起点。”[④]

（四）关于无产阶级专政和国家政权建设的理论

革命的根本问题是政权问题。无产阶级革命也是如此。马克思恩格斯认为，国家是阶级矛盾不可调和的产物，是从社会中产生又

① 《马克思恩格斯选集》第 1 卷，人民出版社 1995 年版，第 241、291 页。
② 《马克思恩格斯选集》第 1 卷，人民出版社 1995 年版，第 241 页。
③ 《马克思恩格斯选集》第 3 卷，人民出版社 1995 年版，第 765 页。
④ 《马克思恩格斯选集》第 1 卷，人民出版社 1995 年版，第 251 页。

高踞于社会之上的压迫力量，是寄居在社会身上的“寄生赘瘤”。国家最终是要走向消亡的。无产阶级的历史使命之一就是通过消灭阶级进而促使国家消亡，但这是将来共产主义高级阶段的事情。在无产阶级革命胜利之初，无产阶级不仅不能消灭国家，而且必须建立自己强大的无产阶级国家政权。这是因为，在资本主义社会和共产主义社会之间，有一个从前者转变为后者的革命转变时期。这个时期还存在着阶级、阶级矛盾和阶级斗争，无产阶级还不得不运用国家这个强制力量去镇压被推翻阶级的反抗，建立社会主义的经济基础和物质基础，保卫无产阶级革命的胜利果实。因此，“同这个时期相适应的也有一个政治上的过渡时期，这个时期的国家只能是无产阶级的革命专政”①。正是基于这样的认识，马克思恩格斯在《共产党宣言》里明确指出：“工人革命的第一步就是使无产阶级上升为统治阶级”，“无产阶级将利用自己的政治统治，一步一步地夺取资产阶级的全部资本，把一切生产工具集中在国家即组织成为统治阶级的无产阶级手里，并且尽可能快地增加生产力的总量”。②

但是，“工人阶级不能简单地掌握现成的国家机器，并运用它来达到自己的目的”③。无产阶级的国家政权必须是一种新型的国家政权。马克思恩格斯高度地评价了世界上第一个无产阶级政权——巴黎公社的伟大创举，称赞巴黎公社“实质上是工人阶级的政府，……是终于发现的可以使劳动在经济上获得解放的政治形式”④。通过对巴黎公社实践经验的总结，马克思恩格斯集中阐述了他们关于无产阶级国家政权建设的观点：第一，无产阶级国家政权必须是人民当家作主的新型政权。他们高度评价公社实行的直接普选制和随时罢免制，反对任何等级授衔制，认为公社是人民群众真正把国家政权重

---

① 《马克思恩格斯选集》第3卷，人民出版社1995年版，第314页。
② 《马克思恩格斯选集》第1卷，人民出版社1995年版，第293页。
③ 《马克思恩格斯选集》第3卷，人民出版社1995年版，第52页。
④ 《马克思恩格斯选集》第3卷，人民出版社1995年版，第59页。

新收回，用他们“自己的力量去代替压迫他们的有组织的力量”，使自己“获得社会解放的政治形式”。[①] 第二，无产阶级国家政权必须是在废除了资产阶级国家机器压迫职能基础上建立起来的为人民群众服务的新型政权。他们认为，无产阶级掌握政权以后，必须打碎资产阶级国家机器，但打碎、废除的不是资产阶级国家机器的全部职能，而是它的纯粹压迫的职能。“旧政权的纯属压迫性质的机关予以铲除，而旧政权的合理职能则从僭越和凌驾于社会之上的当局那里夺取过来，归还给社会的负责任的勤务员。”[②] 为此，他们高度肯定了公社废除资产阶级常备军和警察，代之以人民的武装的做法，认为这是公社能够生存的首要前提。第三，无产阶级国家政权应该是兼管行政和立法的新型政权。他们十分赞赏公社议行合一的领导体制，称赞“公社是一个实干的而不是议会式的机构，它既是行政机关，同时也是立法机关”[③]。他们认为，这种领导体制可以提高工作效率，降低行政成本，帮助各级公职人员增强责任心，摆脱官僚主义和空谈习气，形成自己的真正负责的和讲究效率的工作作风。第四，无产阶级国家政权应当是一个廉洁勤政的新型政权。他们高度肯定公社为防止国家公职人员在政治上、经济上产生特权而采取的两项措施：一是实行普选制和撤换制，所有公社成员都由选民普选产生，随时可以撤换；二是实行普通工人工资制，从公社委员到其他一切公职人员，都只领取相当于中等技术工人工资的薪金。他们认为，这是防止人们追求升官发财，防止国家和国家机关工作人员由社会公仆变为社会主人的有效办法。[④]

马克思去世以后，恩格斯根据资本主义民主制度的新发展和无

---

① 《马克思恩格斯选集》第3卷，人民出版社1995年版，第95页。
② 《马克思恩格斯选集》第3卷，人民出版社1995年版，第57页。
③ 《马克思恩格斯选集》第3卷，人民出版社1995年版，第55页。
④ 《马克思恩格斯选集》第3卷，人民出版社1995年版，第12—13页。

产阶级阶级斗争的新经验，对他和马克思的无产阶级国家政权建设理论作了新的发展，其中最重要的是提出了利用民主共和国作为无产阶级阶级统治的新形式的观点，认为“民主共和国甚至是无产阶级专政的特殊形式”①。1894年，他在致保·拉法格的信中再次强调了这个观点，他说：“对无产阶级来说，共和国和君主国不同的地方仅仅在于，共和国是无产阶级将来进行统治的现成的政治形式。”②

恩格斯关于利用民主共和国作为无产阶级阶级统治的新形式的观点具有十分重要的理论意义、实践意义。资产阶级的民主共和国都是不同程度地建立在行政、立法、司法三权分立的基础上的。因而，利用民主共和国作为无产阶级阶级统治的新形式，实际上修正了他和马克思在《法兰西内战》中关于无产阶级的国家政权应该采用议行合一的政权形式的思想。但后来的社会主义国家政权建设却忽视了恩格斯所作的这一重要修正，片面强调由巴黎公社创造、受到马克思高度肯定的议行合一原则，从而妨碍了对资本主义国家政权建设有益经验的借鉴与吸收，也就吃了不少苦头，走了许多弯路。

（五）关于无产阶级政党建设和发展的理论

马克思恩格斯认为，无产阶级要完成自己的历史使命，必须组织起来，建立自己的政党。首先，这个党必须是无产阶级的先进组织，由工人阶级中的先进分子组成。他们指出，共产党不是同其他工人政党相对立的特殊政党，共产党也没有同整个无产阶级利益不同的利益，但是，“在无产阶级和资产阶级的斗争所经历的各个发展阶段上，共产党人始终代表整个运动的利益”；“在实践方面，共产党人是各国工人政党中最坚决的、始终起推动作用的部分；在理

---

① 《马克思恩格斯选集》第4卷，人民出版社1995年版，第412页。
② 《马克思恩格斯选集》第4卷，人民出版社1995年版，第734页。

论方面，他们胜过其余无产阶级群众的地方在于他们了解无产阶级运动的条件、进程和一般结果”。[①] 也就是说，共产党应该比其他工人政党更具有革命的彻底性和坚定性，更能代表无产阶级的整体利益，因而在纲领目标、组织建设、思想建设等方面都应该有更高更严格的要求。

其次，这个党必须用一个先进的理论武装和统一起来。1859年，恩格斯在回顾1848年革命失败后工人运动的曲折发展经历时指出，“我们党有个很大的优点，就是有一个新的科学的观点作为理论的基础”[②]。这个“新的科学的观点”，就是马克思恩格斯创立的辩证唯物主义和历史唯物主义。恩格斯强调，“单是这一点，我们党就不可能堕落到像流亡中的‘大人物’那样深的程度”[③]。1879年，针对苏黎世三人团等一类小资产阶级代表企图篡改党的理论基础的行为，恩格斯在致奥古斯特·倍倍尔的信中再次强调，以科学社会主义作为党的指导思想“是任何一个无产阶级政党内根本不容讨论的问题。在党内讨论这些问题，就意味着对整个无产阶级社会主义提出怀疑”[④]，那就会造成极度混乱，就会使党丧失无产阶级的锐气。因此，一切加入无产阶级政党的人都必须无条件地掌握无产阶级世界观，彻底肃清资产阶级、小资产阶级偏见的残余。

再次，这个党必须有一个明确、积极的纲领。马克思恩格斯认为，党的纲领是党在全世界面前树立起的“可供人们用来衡量党的运动水平的里程碑”；“是一面公开树立起来的旗帜，而外界就根据它来判断这个党”。[⑤] 因此，党必须要有一个在理论上、路线上和斗

---

① 《马克思恩格斯选集》第1卷，人民出版社1995年版，第285页。

② 《马克思恩格斯选集》第2卷，人民出版社1995年版，第39—40页。

③ 《马克思恩格斯选集》第2卷，人民出版社1995年版，第40页。“大人物”是指1848年革命失败后其他工人组织的领袖人物。

④ 《马克思恩格斯全集》第34卷，人民出版社1972年版，第406页。

⑤ 《马克思恩格斯选集》第3卷，人民出版社1995年版，第296、325—326页。

争策略上正确反映无产阶级革命要求而又为全党所赞同的党纲，以使全党团结一致，共同为无产阶级的解放事业而奋斗。所以，马克思恩格斯从建党活动开始，就非常重视党纲问题，亲自动笔，前后三易其稿，历时将近一年，最后才形成《共产党宣言》——世界上无产阶级政党第一个周详而科学的党纲。1875 年，当德国社会民主党爱森纳赫派不顾马克思恩格斯的劝告，匆忙与拉萨尔派合并并发布了一个严重丧失原则的《哥达纲领草案》时，马克思马上放下手中的其他工作，抱病写下了《对德国工人党纲领的几点意见》即《哥达纲领批判》这篇不朽的纲领性文献，为我们树立了捍卫党的纲领的纯洁性、科学性的光辉典范。

最后，这个党必须按照民主集中制的原则组织起来。马克思恩格斯没有明确提出“民主集中制”这一概念，他们当时提出的是“民主制”。恩格斯在《关于共产主义者同盟的历史》中说道，共产主义者同盟“本身是完全民主的，它的各委员会由选举产生并随时可以罢免，……现在一切都按这样的民主制度进行”[①]。但是他们为共产主义者同盟制定的章程却体现了民主集中制的思想。章程规定，党的各级组织，从基层到中央委员会，都由民主选举产生，并可以随时撤换。代表大会是全党最高权力机关、立法机关，有权修改党章和一切决议；中央委员会是代表大会的执行机关，向代表大会负责并报告工作；党的地方组织也必须向代表大会报告工作，在代表大会闭会期间向中央委员会报告工作。章程还规定，党的组织机构由代表大会、中央委员会、总区部、区部、支部构成，各级党组织必须贯彻执行党的制度和纪律，保证党的任务的完成；每个党员必须定期向所在的支部、区部进行联系，接受组织的领导。这些规定，都既充分体现了民主，又保证了党的集中统一。到第一国际时期，马克思恩格斯在同巴枯宁分子分裂行为作斗争时，进一步强

---

① 《马克思恩格斯选集》第 4 卷，人民出版社 1995 年版，第 200 页。

调了集中和权威的必要性。他们认为，如果不强迫某些人接受多数表决的意见或领导机关的意志，就不可能有任何一致的行动，党就有可能成为一个松散的俱乐部，就不可能率领工人阶级开展对资产阶级的斗争。

（六）关于未来共产主义社会的理论

马克思恩格斯的科学社会主义与空想社会主义的一个重要区别，就在于马克思恩格斯不愿过分详细地讨论未来社会主义社会的具体特征。他们认为，那些未经实践而凭空设计的蓝图，“越是制定得详尽周密，就越是要陷入纯粹的幻想”①。所以，1893 年恩格斯接受法国《费加罗报》记者的采访，谈及他和马克思关于未来社会主义社会的看法时，他说道：“我们没有最终目标。我们是不断发展论者，我们不打算把什么最终规律强加给人类。关于未来社会组织方面的详细情况的预定看法吗？您在我们这里连它们的影子也找不到。当我们把生产资料转交到整个社会的手里时，我们就会心满意足了……”②

尽管马克思恩格斯不愿具体详细地讨论未来共产主义社会的具体特征，但是，从工人运动的需要出发，他们还是根据发达资本主义国家资本主义生产方式的矛盾运动和人类社会的发展规律，对未来共产主义社会的基本特征作过一些科学预测。他们认为，无产阶级革命胜利以后，经过一个不太长的过渡时期，人类社会就会进入共产主义社会。未来共产主义社会又分为两个阶段，即共产主义社会的第一阶段和共产主义社会的高级阶段。共产主义社会的第一阶段“是刚刚从资本主义社会中产生出来的，因此它在各方面，在经

---

① 《马克思恩格斯选集》第 3 卷，人民出版社 1995 年版，第 724 页。

② 《马克思恩格斯全集》第 22 卷，人民出版社 1965 年版，第 628—629 页。

济、道德和精神方面都还带着它脱胎出来的那个旧社会的痕迹”①。这一阶段社会的基本特征是：社会占有全部生产资料；人民成了社会的主人；商品、货币被废除，生产的无政府状态被消灭，社会生产按计划进行；消费品分配实行“各尽所能，按劳分配”；阶级消灭，国家开始消亡。但这一阶段整个社会的生产力还不够发达，产品还不够丰富，还存在工农差别、城乡差别、脑体差别这三大差别，还存在事实上的不平等。共产主义社会的高级阶段则是在它自身基础上发展起来的阶段，在这一阶段，旧社会的痕迹已完全消除，社会生产力高度发达，社会产品极大丰富，消费品的分配实行“各尽所能，按需分配”；工农之间、城乡之间、脑体之间的差别完全消失，存在的只是社会分工的不同；全体社会成员的共产主义思想觉悟和道德品质极大提高，劳动不再仅仅是谋生的手段，而成了生活的第一需要；阶级彻底消灭，国家完全消亡，人第一次成为自然界和社会的“自觉的和真正的主人”。

三、马克思恩格斯认识社会主义的视角和方法

学习、掌握马克思恩格斯科学社会主义理论的精神实质，仅仅了解马克思恩格斯对社会主义的字面论述是远远不够的。一方面，这只能知其然而不知其所以然；另一方面，更重要的是，社会是在不断变化发展的，我们不能指望马克思恩格斯在170多年前就洞察当前我们社会主义实践面临的新情况、新问题，给我们作出明确的指示。事实上，马克思恩格斯对社会主义的有关论述，与我们现实的社会主义实践的确存在很大的差距。如果我们一定拘泥于马克思恩格斯当年的具体论述，我们或者将陷入严重的教条主义，或者就只能得出马克思恩格斯社会主义理论已经过时的结论，二者必居其

① 《马克思恩格斯选集》第3卷，人民出版社1995年版，第304页。

一。因此，学习、理解马克思恩格斯的科学社会主义理论，就不能仅仅了解马克思恩格斯对社会主义的具体论述，更重要的是要了解马克思恩格斯当年是怎样认识社会主义的，也就是说要了解马克思恩格斯认识社会主义的视角和方法。只有这样，我们才能真正把握马克思恩格斯科学社会主义理论的精神实质并用之来指导我们今天的社会主义建设实践。

马克思恩格斯是怎样认识社会主义的呢？总体上讲，他们运用的是历史唯物主义和辩证唯物主义的世界观和方法论。恩格斯曾经讲过，“我们党有个很大的优点，就是有一个新的科学的观点作为理论的基础”①。这个“新的科学的观点”，就是历史唯物主义和辩证唯物主义的世界观和方法论。1888 年 1 月，恩格斯在《共产党宣言》1888 年英文版序言中写道，构成《共产党宣言》核心的基本思想是：“每一历史时代主要的经济生产方式和交换方式以及必然由此产生的社会结构，是该时代政治的和精神的历史所赖以确立的基础，并且只有从这一基础出发，这一历史才能得到说明”②。马克思恩格斯正是从这一基础出发来研究、论证“资本主义必然灭亡，社会主义必然胜利”和无产阶级的历史使命的，正是从这一基础出发来对未来社会进行科学预测的。但是，仅仅知道和掌握这一点还不够。因为每个人对任何问题的认识，除了有根本的指导思想、有整体的世界观和方法论外，都还有其自身对问题的具体的认识视角和方法，只有深入了解他们本人对问题的具体的认识视角和方法，才能更深刻地把握他们思想的内核和实质。那么，马克思恩格斯有哪些认识社会主义的具体视角和方法呢？笔者认为主要有如下三个。

第一，以生产力的先进与落后为根据，批判资本主义，论证社会主义的历史必然性。

---

① 《马克思恩格斯选集》第 2 卷，人民出版社 1995 年版，第 39—40 页。

② 《马克思恩格斯选集》第 1 卷，人民出版社 1995 年版，第 257 页。

马克思恩格斯一贯认为，先进生产力是推动社会发展的决定力量，生产力的先进与否是决定一切社会制度、一切政党先进与否的根本标准。他们多次指出："根据唯物史观，历史过程中的决定性因素归根到底是现实生活的生产和再生产。"[①] "社会制度中的任何变化，所有制关系中的每一次变革，都是产生了同旧的所有制关系不再相适应的新的生产力的必然结果。"[②]《共产党宣言》在论述"两个必然"理论时，深刻地阐明了这个道理。

《共产党宣言》开篇第一章首先深刻地揭露和批判了资本主义发展给社会带来的道德上的堕落和对广大人民群众的残酷剥削，指出，"资产阶级撕下了罩在家庭关系上的温情脉脉的面纱"，"抹去了一切向来受人尊崇和令人敬畏的职业的神圣光环"，把"宗教虔诚、骑士热忱、小市民伤感这些情感的神圣发作，淹没在利己主义打算的冰水之中"，"用公开的、无耻的、直接的、露骨的剥削代替了由宗教幻想和政治幻想掩盖着的剥削"。[③]但《共产党宣言》接着指出："资产阶级在它的不到一百年的阶级统治中所创造的生产力，比过去一切世代创造的全部生产力还要多，还要大。"[④] 它强调，正是资产阶级所创造的先进的巨大的生产力，成为资产阶级"用来摧毁一切万里长城、征服野蛮人最顽强的仇外心理的重炮"[⑤]。在资产阶级所创造的先进的巨大的生产力面前，一切国家和民族只有两个选择：或者灭亡，或者投降。面对资本主义的扩张和发展，不甘灭亡的封建地主阶级也曾试图负隅顽抗，为此不惜多次诉诸暴力。但是，正如马克思在《反革命在维也纳的胜利》一文中所指出的，"就算武器能帮助反革命在全欧洲复活，金钱也会促使它在全欧洲死

---

① 《马克思恩格斯选集》第 4 卷，人民出版社 1995 年版，第 695 页。
② 《马克思恩格斯选集》第 1 卷，人民出版社 1995 年版，第 238 页。
③ 《马克思恩格斯选集》第 1 卷，人民出版社 1995 年版，第 275 页。
④ 《马克思恩格斯选集》第 1 卷，人民出版社 1995 年版，第 277 页。
⑤ 《马克思恩格斯选集》第 1 卷，人民出版社 1995 年版，第 276 页。

亡。……刺刀尖碰上了尖锐的'经济'问题会变得象软绵绵的灯芯一样"[①]。在资产阶级强大的经济车轮面前，一切反抗都显得那样的软弱无力。它迫使乡村屈服于城市，迫使东方从属于西方，迫使农民的民族臣服于资产阶级的民族。总之，"它迫使一切民族——如果它们不想灭亡的话——采用资产阶级的生产方式"，推行资产阶级的"文明"，把自己"变成资产者"。[②]

马克思恩格斯以上分析充分说明，资产阶级之所以能够战胜封建阶级，资本主义之所以能够代替封建主义，并不是因为其在道德上多么伟大、高尚，而在于它创造了先进的巨大的生产力。同样，资本主义之所以必然灭亡，社会主义之所以必然代替资本主义，也不在于或也不仅仅在于资本主义在道德上多么堕落，社会主义在道德上多么进步，而根本在于资产阶级已不能继续驾驭它自己仿佛用符咒呼唤出的巨大生产力了，在于无产阶级和社会主义代表了先进生产力的发展方向和必然要求。对此，《共产党宣言》更是作了充分论述。

《共产党宣言》指出，资产阶级在创造出先进的生产力的同时，也制造出了一个它自己无法克服的根本矛盾，即社会化大生产与资本主义私人占有之间的矛盾。这一矛盾的直接结果是，资本主义经济危机周期性发生，而且频率越来越快，范围越来越广，程度越来越深，危害越来越大，逐渐从单个资本主义国家的经济危机发展成世界性资本主义经济危机。资本主义经济危机期间"总是不仅有很大一部分制成的产品被毁灭掉，而且有很大一部分已经造成的生产力被毁灭掉"[③]。社会仿佛发生了一场"瘟疫"、一次"饥荒"、一场"普遍的毁灭性战争"。资产阶级用来克服危机的办法，却不过是

---

① 《马克思恩格斯全集》第 5 卷，人民出版社 1958 年版，第 317 页。

② 《马克思恩格斯选集》第 1 卷，人民出版社 1995 年版，第 276 页。

③ 《马克思恩格斯选集》第 1 卷，人民出版社 1995 年版，第 278 页。

“准备更全面更猛烈的危机的办法，不过是使防止危机的手段越来越少的办法”[①]。这表明，资本主义社会“所拥有的生产力已经不能再促进资产阶级文明和资产阶级所有制关系的发展；相反，生产力已经强大到这种关系所不能适应的地步，它已经受到这种关系的阻碍；而它一着手克服这种障碍，就使整个资产阶级社会陷入混乱，就使资产阶级所有制的存在受到威胁”，“资产阶级用来推翻封建制度的武器，现在却对准资产阶级自己了”。[②] 社会化大生产强烈要求承认它的社会属性，即用社会主义公有制代替资本主义私有制。

紧接着，《共产党宣言》又指出，“资产阶级不仅锻造了置自身于死地的武器；它还产生了将要运用这种武器的人——现代的工人，即无产者”[③]。《共产党宣言》详细地论述了无产阶级产生、发展、壮大的历程，指出无产阶级是“大工业本身的产物”，“其余的阶级都随着大工业的发展而日趋没落和灭亡”。[④] 它强调，正因为无产阶级是“大工业本身的产物”，代表了先进生产力的发展要求，所以，“在当前同资产阶级对立的一切阶级中，只有无产阶级是真正革命的阶级”[⑤]，最具有革命的坚定性、彻底性和不妥协性；正因为资本主义生产方式使无产阶级像士兵一样被组织起来，并使其不断从所有阶级中得到补充，不断发展壮大，所以，只有无产阶级才有能力、有资格成为资产阶级的“掘墓人”和新社会的建设者。这样便又决定了无产阶级运动必然是大多数人的运动，并决定了无产阶级只有“废除全部现存的占有方式”，“摧毁至今保护和保障私有财产的一切”，代之以社会主义公有制，才能实现自己的彻底解放。[⑥]

---

① 《马克思恩格斯选集》第1卷，人民出版社1995年版，第278页。
② 《马克思恩格斯选集》第1卷，人民出版社1995年版，第278页。
③ 《马克思恩格斯选集》第1卷，人民出版社1995年版，第278页。
④ 《马克思恩格斯选集》第1卷，人民出版社1995年版，第282页。
⑤ 《马克思恩格斯选集》第1卷，人民出版社1995年版，第282页。
⑥ 《马克思恩格斯选集》第1卷，人民出版社1995年版，第283页。

马克思恩格斯曾经深刻地批判过空想社会主义的两大致命缺陷：一是局限于对资本主义的道德谴责，没能看到资本主义生产力与资本主义占有之间的深刻矛盾，也没能看到先进生产力对社会发展的决定性作用，因而不能科学地揭示出资本主义必然灭亡、社会主义必然胜利的客观规律；二是没有认识到无产阶级的历史地位和历史使命，在空想社会主义者看来，无产阶级只是受苦受难、等着他们解救的芸芸众生，因而他们没能找到推翻资本主义、实现他们理想的社会力量。因此，空想社会主义者对资本主义的道德谴责越尖锐，就越是显得苍白；对未来社会的理想描述越具体，就越是陷入空想。事实上，正如前面所分析的那样，资本主义当然是一个需要在道德上加以谴责的社会，因为资本一来到世上，每个毛孔都滴着鲜血。对于这一点，马克思恩格斯比任何人批判得都更尖锐。但是，只有把资本主义道德上的罪恶与其对先进生产力的阻碍作用结合起来时，资本主义的灭亡才具有必然性。社会主义当然是一个在道德上更加进步的社会，这一点，马克思恩格斯也比任何人都说得更清楚。但是，只有把社会主义在道德上的进步建立在先进生产力的基础之上，社会主义才不至于流于空想。

第二，以生产关系和制度特征为标准，划分不同社会形态，对社会主义进行科学预测。

马克思恩格斯指出："大体说来，亚细亚的、古代的、封建的和现代资产阶级的生产方式可以看作是经济的社会形态演进的几个时代。"① 马克思恩格斯是根据什么来划分这几个社会形态的呢？主要是生产关系和制度特征。1859年马克思在《〈政治经济学批判〉序言》中写道："我所得到的、并且一经得到就用于指导我的研究工作的总的结果，可以简要地表述如下：人们在自己生活的社会生产中发生一定的、必然的、不以他们的意志为转移的关系，即同他们的

① 《马克思恩格斯选集》第2卷，人民出版社1995年版，第33页。

物质生产力的一定发展阶段相适合的生产关系。这些生产关系的总和构成社会的经济结构，即有法律的和政治的上层建筑竖立其上并有一定的社会意识形式与之相适应的现实基础。”[①] 他还指出：“生产关系总和起来就构成所谓社会关系，构成所谓社会，并且是构成一个处于一定历史发展阶段上的社会，具有独特的特征的社会。古典古代社会、封建社会和资产阶级社会都是这样的生产关系的总和，而其中每一个生产关系的总和同时又标志着人类历史发展中的一个特殊阶段。”[②] 也就是说，马克思恩格斯一贯坚持用生产关系作为划分不同社会形态的首要标准。

基于这样一个划分标准，马克思恩格斯认为，奴隶社会、封建社会、资本主义社会这三者与原始社会的区别，在于原始社会的生产关系是氏族社会共同占有生产资料，这是一种在生产力极度落后基础上的原始公有制，而奴隶社会、封建社会和资本主义社会都是私有制社会。同为私有制社会的奴隶社会、封建社会、资本主义社会的区别又在于：奴隶社会的生产关系是奴隶主不仅占有生产资料，而且占有劳动者本人——奴隶。奴隶对奴隶主来说只是会说话的牲口，没有任何人身权利可言。奴隶主可以随意处置奴隶，包括他们的生命。封建社会的生产关系是封建地主占有生产资料，但已不能完全占有劳动者——农民，农民享有一定程度的受法律保护的私人财产权和生命权。然而农民对土地的依赖关系，又造成农民对封建地主的严重的人身依附关系。资本主义生产关系的特征是资产阶级占有全部生产资料，但却不仅不占有劳动者——工人，而且是以一个庞大的人身完全自由的无产者劳动大军作为其生产方式得以延续的前提条件的。如果没有这样一个人身完全自由的无产者劳动大军，资产阶级就必须想方设法去制造出这样一个劳动大军，就像

① 《马克思恩格斯选集》第 2 卷，人民出版社 1995 年版，第 32 页。
② 《马克思恩格斯选集》第 1 卷，人民出版社 1995 年版，第 345 页。

英国资本主义早期出现的“圈地运动”那样。

至于社会主义社会和共产主义社会、资本主义社会这二者之间的区别，马克思恩格斯认为也首先表现为生产资料占有关系的不同。他们明确指出，未来社会主义社会与资本主义社会的“具有决定意义的差别当然在于，在实行全部生产资料公有制（先是单个国家实行）的基础上组织生产”[①]。他们甚至强调：“共产党人可以把自己的理论概括为一句话：消灭私有制。”[②] 只有当社会占有全部生产资料后，才说得上废除商品、货币，由全社会组织生产，阶级和“三大差别”消失，国家消亡，人成为自然界和社会“自觉的和真正的主人”。正如恩格斯在《社会主义从空想到科学的发展》中所写：“一旦社会占有了生产资料，商品生产就将被消除，……社会生产内部的无政府状态将为有计划的自觉的组织所代替。……于是，人在一定意义上才最终地脱离了动物界，从动物的生存条件进入真正人的生存条件。”[③] 于是，人们才“第一次成为自然界的自觉的和真正的主人，因为他们已经成为自身的社会结合的主人了”[④]。

第三，以人的解放程度为中心，探讨社会主义的核心价值，论证社会主义的特殊性。

1894 年 1 月 9 日，恩格斯在应《新世纪》周刊记者卡内帕“用简短的字句来表述未来社会主义纪元的基本思想”的要求所写的回信中，引用了《共产党宣言》中的一段话，即“代替那存在着阶级和阶级对立的资产阶级旧社会的，将是这样一个联合体，在那里，每个人的自由发展是一切人的自由发展的条件”[⑤]，并强调除了这段话，再也找不到更合适的了。由此，恩格斯集中表达了他和马克思

① 《马克思恩格斯选集》第 4 卷，人民出版社 1995 年版，第 693 页。
② 《马克思恩格斯选集》第 1 卷，人民出版社 1995 年版，第 286 页。
③ 《马克思恩格斯选集》第 3 卷，人民出版社 1995 年版，第 757 页。
④ 《马克思恩格斯选集》第 3 卷，人民出版社 1995 年版，第 758 页。
⑤ 《马克思恩格斯选集》第 4 卷，人民出版社 1995 年版，第 730—731 页。

对未来共产主义社会的最高看法。

马克思恩格斯指出：唯物史观的“前提是人”，“是处在现实的、可以通过经验观察到的、在一定条件下进行的发展过程中的人”。[①] 人的发展、人的解放，是马克思恩格斯毕生思考的主题。正是对这一主题的思考，才导致马克思恩格斯深入分析人的发展的历史阶段、分析人的解放的历史条件，使他们最终形成了科学社会主义理论。

1835 年 8 月，马克思在他的中学毕业论文《青年在选择职业时的考虑》中，就满怀激情地表述道，选择职业时“应该遵循的主要指针是人类的幸福和我们自身的完美”，而“人们只有为同时代人的完美、为他们的幸福而工作，才能使自己也达到完美”。[②] 可见，还在少年时代，马克思就确立了为全人类的幸福而奋斗的人生观，这成了他终生理论探索与实践活动的起点。

1841 年 4 月，马克思在写作博士论文时，开始从哲学上探讨个人自由。不过，这时他对个人自由的探讨，还比较抽象和思辨。到了《莱茵报》时期，马克思开始走出这种抽象，旗帜鲜明地为备受压迫的劳动者的自由进行辩护，并提出理想的国家应该是“相互教育的自由人的联合体”，在这个“联合体”中，“个人以整体的生活为乐事，整体则以个人的信念为乐事”，人与人、人与社会和谐快乐的状态普遍存在。[③] 尽管这时马克思的这一概念中还没有涉及科学社会主义的内涵，但提出这一概念本身已清楚地表明了青年马克思所追求的社会理想。这是青年马克思思想发展过程中的一次跳跃。

《1844 年经济学哲学手稿》是马克思走向成熟阶段的起点。在

① 《马克思恩格斯选集》第 1 卷，人民出版社 1995 年版，第 73 页。
② 《马克思恩格斯全集》第 40 卷，人民出版社 1982 年版，第 7 页。
③ 《马克思恩格斯全集》第 1 卷，人民出版社 1995 年版，第 217 页。

这之前，马克思对人的自由的理论探讨主要局限在政治哲学层面，从这一手稿开始深入到经济学哲学领域，深入到解剖资本主义的生产方式，在批判资本主义社会的异化劳动、探讨扬弃异化的途径中，第一次对未来社会人的自由发展问题作了系统表述："共产主义是私有财产即人的自我异化的积极的扬弃，因而是通过人并且为了人而对人的本质的真正占有；因此，它是人向自身、向社会的（即人的）人的复归，这种复归是完全的、自觉的而且保存了以往发展的全部财富的。这种共产主义，作为完成了的自然主义，等于人道主义，而作为完成了的人道主义，等于自然主义，它是人和自然界之间、人和人之间的矛盾的真正解决，是存在和本质、对象化和自我确证、自由和必然、个体和类之间的斗争的真正解决。它是历史之谜的解答，而且知道自己就是这种解答。"① 稍后，马克思和恩格斯在《德意志意识形态》中又用形象的语言，生动地描述了共产主义社会"每个人的自由发展"的情景："……在共产主义社会里，任何人都没有特殊的活动范围，而是都可以在任何部门内发展，社会调节着整个生产，因而使我有可能随自己的兴趣今天干这事，明天干那事，上午打猎，下午捕鱼，傍晚从事畜牧，晚饭后从事批判，这样就不会使我老是一个猎人、渔夫、牧人或批判者。"②

在马克思关注每个人自由发展的同时，恩格斯也表达了同样的思想。这不仅表现在《德意志意识形态》这一他们两人的共同作品中，而且表现在恩格斯同时期的不同著作中。例如，1845 年 2 月 15 日，恩格斯在《在爱尔斐特的演说》中，就明确表述了他和马克思在《德意志意识形态》中表述的相同的观点。他指出，社会主义革命从一开始，就要"公正地处理社会问题，就应当尽一切努力使现代的奴隶得到与人相称的地位"，不仅如此，这一革命的最终目标，

① 《马克思恩格斯全集》第 42 卷，人民出版社 1979 年版，第 120 页。

② 《马克思恩格斯选集》第 1 卷，人民出版社 1995 年版，第 85 页。

是实现人的解放，“以便每个人都能自由地发展他的人的本性”。[①]在《共产主义信条草案》中，在回答什么是共产主义的目的时，他进一步谈道：“把社会组织成这样：使社会的每一个成员都能完全自由地发展和发挥他的全部才能和力量，并且不会因此而危及这个社会的基本条件。”[②] 这里，恩格斯非常明确地指出了“每个人的自由发展”是共产主义的最高目的。

可见，《共产党宣言》关于共产主义社会是“每个人的自由发展”的“联合体”的命题，绝非马克思恩格斯的一时之笔，而是他们自投身无产阶级革命事业以来一系列思想认识的合乎逻辑的理论创见。之后，马克思直到生命的最后一息都未停止相关探索。例如，他在《资本论》中就明确地指出，共产主义社会是比资本主义社会“更高级的、以每一个个人的全面而自由的发展为基本原则的社会形式”[③]，是人类社会由“必然王国”向“自由王国”的飞跃。恩格斯则在晚年进一步明确强调了《共产党宣言》关于“每个人的自由发展”的观点，由此表明了他和马克思关于未来社会的最恰当看法。

马克思恩格斯认识社会主义的视角和方法，给我们如下十分重要的启迪。

其一，必须抛弃仅仅从生产关系和制度特征的视角认识社会主义的方法，坚持从生产力、生产关系和人的发展这三个角度全面认识社会主义。

改革开放以前，我们在对什么是社会主义这一问题认识上的一个重大缺陷，就是往往只从生产关系和制度特征的角度认识社会主义，认为社会主义就是公有制、计划经济和按劳分配，把社会主义等同于所有制关系上的“一大二公三纯”，不顾实际地追求生产关

---

① 《马克思恩格斯全集》第 2 卷，人民出版社 1957 年版，第 626 页。
② 《马克思恩格斯全集》第 42 卷，人民出版社 1979 年版，第 373 页。
③ 《马克思恩格斯全集》第 44 卷，人民出版社 2001 年版，第 683 页。

系的变革，把商品、货币视为资本主义的洪水猛兽，认为生产资料的公有制程度越高、规模越大、纯度越高，计划经济和按劳分配越彻底，就越搞了社会主义。殊不知这样一来却违背了生产力的发展规律，制约乃至破坏了生产力的发展。改革开放以后，我们认识到了生产力的发展对社会主义的决定性作用，但部分同志又见物不见人，把生产力当作唯一标准，把国内生产总值的增长当作唯一指标，忽视了生产力的发展方式和发展成果由谁推进和由谁享受的问题。

马克思恩格斯认识社会主义的视角和方法告诉我们，社会主义是包括生产力、生产关系和社会价值在内的统一体。生产关系和在其基础之上的上层建筑是划分不同社会形态的重要标准，但共产党人的目标并不仅仅是建立一个与资本主义不同的社会制度，如果是那样，社会主义也就太简单、太容易了。社会主义是比资本主义更高级、更先进的社会形态，这种更高级、更先进的社会形态的基础，首先是拥有比资本主义更发达的生产力和更高的劳动生产率。如果生产力没有发展起来，就算我们建立起了单一的公有制和完全的计划经济，实现了彻底的按劳分配，这样的社会主义也只能是贫穷的社会主义和不合格的社会主义，其最终会在与资本主义的竞争中败下阵来。生产力水平的高低是衡量社会形态优劣的根本标准，但生产力有一个怎样发展和由谁来享受生产力发展成果的问题。资本主义之所以必然被社会主义取代，固然是因为其生产关系严重束缚了生产力的发展而其自身又无法克服其内在矛盾，但人们之所以向往和支持社会主义，却首先在于他们切身感受到资本主义的残酷剥削及其发展带来的不公正和种种社会弊端。如果社会主义的生产力发展上去了，严重的两极分化和精神文明的严重滑坡却出现了，广大人民群众并没有真正享受到生产力发展的成果，这样的社会主义显然也不符合马克思恩格斯的科学社会主义，也不能够得到人民的支持和拥护，也有可能在与资本主义的竞争中败下阵来。所以，我们应当按照马克思恩格斯认识社会主义的视角和方法，坚持从生产力、生产关系和人的发展这三个视角全面认识、理解和建设社会主义。只有这样，我们才能建立起一个比资本主义更优越的社会主义，我们的社会主义才能得到广大人民群众的衷心拥护而立于不败之地。

其二，必须抛弃仅仅从社会主义外在形式认识社会主义的方法，坚持以社会主义核心价值为中心，从社会主义本质属性角度认识社会主义。

在马克思恩格斯认识社会主义的三个视角中，人的发展处于核心地位。这是因为，人的发展揭示了社会主义的核心价值和最终目的，反映了社会主义的本质属性，是决定社会主义社会特殊性质的主要标准。在马克思恩格斯看来，社会主义之所以要消灭资本主义私有制，是因为资本主义私有制造成了人的异化或劳动的异化，造成了人们分为对立的阶级，造成了人不能成为社会的主人而社会也不能将人作为目的。所以，马克思说："共产主义是私有财产即人的自我异化的积极扬弃，因而也是通过人并且为了人而对人的本质的真正占有；因此，它是向作为社会的人即合乎人的本性的人的自身复归。"① 社会主义之所以要搞公有制和计划经济，是因为公有制和计划经济是社会化大生产的必然要求，只有搞公有制和计划经济才能打破资本主义生产关系对社会化生产力的束缚，才能进一步解放和发展生产力；社会主义之所以要大力发展生产力，是因为只有在高度发达的生产力基础上，才能实现人的自由而全面的发展，而只有实现了人的自由而全面的发展，才算达到了社会主义和共产主义的最高理想境界。

因此，与发展生产力相比较，生产关系和制度特征只是手段；与实现人的自由而全面的发展相比较，发展生产力则只是手段。生

① 马克思：《1844年经济学—哲学手稿》，人民出版社1979年版，第73页。

产关系的实现形式可以多种多样，生产力的发展路径可以千条万条，但是否选择的最高标准只能有一个，即是否符合人的发展——社会主义的核心价值。因此，一个国家是否真的搞了社会主义，是否真的搞对了社会主义，主要的不是看其采用了哪种公有制形式，选取了哪种经济社会发展的路子，而应重点看其所采用的公有制实现形式能否适应生产力的发展，其所选取的经济社会发展的路子能否给人民带来幸福。我们过去对社会主义认识上的又一个错误，就是把苏联模式的集体所有制和国有制看作社会主义公有制的唯一实现形式，将计划经济看作社会主义国家经济建设的唯一路径，拒绝探讨社会主义公有制的其他实现形式和发展社会主义生产力的其他方法，从而使得社会主义建设的路子越走越窄，极大地束缚了社会主义生产力的发展，也极大地妨碍了人民生活水平的提高。

其三，必须抛弃唯我是尊、以我划线认识社会主义的方法，坚持以对社会历史发展的作用为尺度，探讨社会主义实现形式的多样性。

社会主义无论作为思想、运动还是制度，自产生以来就从来没有中断过争论。不仅不同的社会主义流派互相争论，而且同一社会主义流派的内部也在争论。这一现象，在马克思主义于工人运动中取得主导地位后也没有停止过。争论的各方往往以我划线，引经据典，指责对方是反马克思主义或非科学社会主义。其结果，是造成了世界社会主义和国际共产主义运动的一次次分裂，造成了对马克思恩格斯社会主义理论的阉割，助长了各国共产党内的教条主义和经验主义，妨碍了对社会主义发展道路的深入探索。应当看到，由于各国经济文化发展水平的差异，由于各国历史、文化背景的不同，马克思恩格斯关于社会主义三维视角的实现方式和发展次序不但在不同的国家会有不同，就是在同一国家的不同发展阶段也会呈现出不同。由于资本主义发达国家已经初步具备了社会主义的物质基础，因此，社会主义革命胜利以后，其生产资料的社会占有程度可能会更高一些，对解决社会公正问题、满足人的发展需要的要求可能更急迫一些。但是对经济文化相对落后的国家来说，社会主义革命胜利后，其生产资料的社会占有程度可能会更低一些，发展生产力的任务则可能更急迫一些，其生产资料公有制的实现形式和发展生产力的方式方法，也会与发达国家呈现出很大的差异。但是，只要各个社会主义国家采取的形式、方式和方法，能够符合本国的实际，能够推动本国经济社会的发展，能够有利于社会主义核心价值的逐步实现，就应该是符合科学社会主义要求的。争论的各方就应该允许对方继续探索，而不要动辄批判对方是反马克思主义和假社会主义。只有这样，社会主义道路才会越走越宽广。

四、如何正确看待马克思恩格斯关于未来社会的设想

在马克思恩格斯的社会主义理论中，今天争议最大的是他们关于未来共产主义社会的设想。

基于对资本主义基本矛盾运动发展规律和无产阶级革命胜利条件的分析，马克思恩格斯认为，无产阶级革命应当首先在资本主义发达国家同时发生和取得胜利。由于资本主义发达国家的生产力和生产社会化都已经发展到相当高的程度，因此，胜利后的无产阶级只需要经过一个较短的过渡时期，通过无产阶级专政的国家政权实现生产资料的社会占有，就可以进入共产主义的第一阶段，即我们现在所说的社会主义。虽然社会主义还是“刚刚从资本主义社会中产生出来的”，“在经济、道德和精神方面都还带着它脱胎出来的那个旧社会的痕迹”，但它已经是与资本主义完全不同性质的社会。[①]这一阶段社会的基本特征是：社会占有全部生产资料；商品、货币

① 《马克思恩格斯选集》第 3 卷，人民出版社 1995 年版，第 304 页。

被废除，生产的无政府状态被消灭，社会生产按计划进行；消费品分配实行“各尽所能，按劳分配”；阶级消灭，国家开始消亡。

但是，后来的社会主义革命并没有像马克思恩格斯预言的那样在资本主义发达国家发生，而是在经济文化相对落后的东方国家——俄国和中国首先发生并取得了胜利。胜利后的俄国和中国虽然在经济上比照马克思恩格斯的设想建立起了单一的社会主义公有制和实现了统一计划下的有组织生产，但在政治上却还不得不保留无产阶级专政的国家政权，在消费资料的生产和分配上则保留一定的商品和货币。然而这种单一的公有制和严格的计划经济在取得初步成功后，却没能始终持续、有效地促进生产力的发展，渐渐暴露出体制上的巨大弊端，从而迫使这些国家对传统的计划经济体制进行改革。改革的方向和趋势是从尽可能地在旧体制的框架内承认生产的商品属性，到最后不得不用社会主义市场经济体制、公有制为主体多种所有制经济共同发展的经济制度、按劳分配为主体多种分配方式并存的分配制度来彻底取代旧的计划经济体制、单一的社会主义公有制和单一的按劳分配的分配制度。与此同时，以美国为首，资本主义发达国家发生了一场以信息技术为核心的新科技革命，这场革命以汹涌澎湃之势极大地促进了资本主义国家生产力的发展，空前地改变了这些国家的社会结构，再次展示了市场经济的巨大活力。这一切都同马克思恩格斯关于未来社会的设想表现出重大差异，从而引发了对马克思恩格斯关于未来社会的设想的重大争议。

怎样看待马克思恩格斯的未来社会设想同现实社会主义实践、时代发展的新趋势这二者之间出现的这些差异呢？我们认为要正确回答这一问题，就要做到以下五点。

第一，要看到马克思恩格斯对未来社会的设想是基于对人类社会发展的基本规律和资本主义基本矛盾的演变趋势进行的深刻分析所作出的科学预测，其设想中的一些不足并不能否定其对资本主义的整体批判和对人类社会发展总趋势的科学结论。事实上西方许多经济学家承认，马克思对资本主义的分析、批判切中了资本主义的要害，正是因为马克思对资本主义内在矛盾作出了深刻分析，给资本主义解决其社会问题指出了方向，当代资本主义才有了新发展。正是因为这样，所以在世纪之交，在英国和全球分别发起的评选“千年第一思想家”“千年伟人”的四次活动中，马克思有三次位居第一，只有一次以一分之差略逊于爱因斯坦。这一事实充分证明了马克思及其理论的伟大和不朽。

第二，要看到马克思恩格斯从来就不愿意给予未来社会过多的具体描绘，而致力于指出未来社会发展的趋势。在创建科学社会主义理论之初，马克思就强调：“新思潮的优点又恰恰在于我们不想教条地预期未来，而只是想通过批判旧世界发现新世界。”[①] 1893年，恩格斯接受法国《费加罗报》记者的采访，就他和马克思关于未来社会主义社会的看法说道：“我们是不断发展论者，我们不打算把什么最终规律强加给人类。关于未来社会组织方面的详细情况的预定看法吗？您在我们这里连它们的影子也找不到。当我们把生产资料转交到整个社会的手里时，我们就会心满意足了……”[②] 也就是说，在马克思恩格斯看来，关于未来社会的设想，从来不是他们社会主义理论的重要部分，自然也不需要人们简单照搬。他们理论的重点，是批判资本主义和指出未来社会的发展趋势。只要人们能够按照这个发展趋势去做，马克思恩格斯“就会心满意足”。至于采取什么形式和方法，那是次要的。

第三，要看到马克思恩格斯从来就反对死记硬背他们的观点，强调要根据实际情况灵活运用和不断发展。他们多次指出：“我们

① 《马克思恩格斯全集》第47卷，人民出版社2004年版，第64页。

② 《马克思恩格斯全集》第22卷，人民出版社1965年版，第628—629页。

的理论是发展着的理论，而不是必须背得烂熟并机械地加以重复的教条。"[①] "马克思的整个世界观不是教义，而是方法。它提供的不是现成的教条，而是进一步研究的出发点和供这种研究使用的方法。"[②] 他们强调《共产党宣言》所阐述的原理的实际运用，随时随地都要以当时的历史条件为转移。[③] 1893 年 6 月，恩格斯在《致菲力浦·屠拉梯》的信中，严厉批评了一些人将马克思观点绝对化的错误做法，他指出："杰维尔在许多地方把马克思的个别论点绝对化了，而马克思提出这些论点时，只是把它们看作相对的，只有在一定的条件下和一定的范围内才是正确的。"[④] 所以，我们在看待马克思恩格斯关于未来社会的设想时，一方面，要将其与本国的实际情况结合起来，具体运用，并根据新的情况不断发展；另一方面，应将重点放在他们认识社会主义的视角和方法上，运用这些视角和方法不断深化对社会主义的认识，而不是死记硬背他们关于未来社会的具体观点。

第四，要看到马克思恩格斯从来不回避他们理论中的不足，而是尽量根据实践发展不断修正他们关于未来社会的具体看法。马克思恩格斯是彻底的求是论者，他们尊重科学，尊重真理，从来不回避自己理论中的不足。《共产党宣言》是科学社会主义诞生的标志，列宁称赞其虽然"篇幅不大，价值却相当于多部巨著"。就是对这样一个全世界共产党人的纲领，马克思恩格斯也不避讳其中的不足。1872 年，他们在《共产党宣言》德文版序言中根据《共产党宣言》发表以来欧洲的变化发展，提出要对《共产党宣言》进行四个方面的修改。在他们看来，《共产党宣言》"第二章末尾提出的那些革命措施根本没有特别的意义"；《共产党宣言》应该把巴黎公社的经验

① 《马克思恩格斯选集》第 4 卷，人民出版社 1995 年版，第 681 页。
② 《马克思恩格斯选集》第 4 卷，人民出版社 1995 年版，第 742—743 页。
③ 《马克思恩格斯选集》第 1 卷，人民出版社 1995 年版，第 243 页。
④ 《马克思恩格斯全集》第 39 卷，人民出版社 1974 年版，第 79—80 页。

加入进去；《共产党宣言》“对于社会主义文献所作的批判在今天看来是不完全的”；《共产党宣言》“关于共产党人对待各种反对党派的态度的论述（第四章）虽然在原则上今天还是正确的，但是就其实际运用来说今天毕竟已经过时”。[①] 1895年，恩格斯在《卡·马克思〈1848年至1850年的法兰西阶级斗争〉一书导言》里，更是丝毫不留情面地对他和马克思关于1848年无产阶级革命形势的看法进行了深刻反思。他写道，“历史表明，我们以及所有和我们有同样想法的人，都是不对的。历史清楚地表明，当时欧洲大陆经济发展的状况还远没有成熟到可以铲除资本主义生产的程度”[②]。像这样对自己的理论进行反思和改正的例子，在马克思恩格斯一生中还有许多。

第五，要勇敢地抛弃马克思恩格斯理论观点中那些被实践证明为错的东西，大胆进行思想和理论的新的创新。前面讲过，马克思恩格斯是人不是神，难免会有犯错的时候。还在我国改革开放初期，党的十三大报告就指出，将科学社会主义同各国实践和时代发展相结合，“必然要抛弃前人囿于历史条件仍然带有空想因素的个别论断，必然要破除对马克思主义的教条式理解和附加到马克思主义名下的错误观点，必然要根据新的实践使科学社会主义理论得到新的发展”[③]。这里讲的“前人囿于历史条件仍然带有空想因素的个别论断”，就包括马克思恩格斯关于未来社会的设想中的某些论断。对于其中的一些论断，马克思恩格斯自身认识到了并进行了修改，但也有一些因为没有经过实践检验而没有被认识到却被后世的共产党人奉为信条。例如，基于马克思恩格斯的有关论断，后世的共产党人一度过高地夸大了商品经济对现代生产力的破坏性和对道德的负面作用，忽视了商品经济自身的活力和生命力以及它对人的价

---

① 《马克思恩格斯选集》第1卷，人民出版社1995年版，第248—249页。

② 《马克思恩格斯选集》第4卷，人民出版社1995年版，第512页。

③ 《十一届三中全会以来党的历次全国代表大会中央全会重要文件选编》（上），中央文献出版社1997年版，第490页。

值观念的积极一面，因而急于消灭商品和货币；又如，过高地估计了巴黎公社“议行合一”政权组织形式的优点，而忽视了这种政权组织形式有可能带来集权和腐败的风险；再如，过高地预估了公有制和计划经济对现代生产力的适应性，而没有意识到公有制和计划经济对资源配置和经济发展可能产生低效率、高成本、官僚主义甚至腐败等问题；等等。如果我们不能在这些问题上敢于解放思想，大胆创新，就不会有我们今天中国特色社会主义的辉煌成就。

所以，对于马克思恩格斯关于未来社会的设想，我们也应该像马克思恩格斯对待自己的学说那样，根据后天的实践检验其对错。对的，就坚持和发展；错的，就剔除或改正。不要因为是马克思恩格斯说的，就只能说“对”，不能说“错”。如果那样，坚持和发展马克思恩格斯的科学社会主义理论，就只可能是一个良好的愿望。

第二章
科学社会主义的初步实践和探索

19世纪末20世纪初，资本主义发展到垄断和帝国主义阶段。针对资本主义发展到垄断和帝国主义阶段后出现的新情况，列宁对无产阶级革命发展道路进行了新的探索，及时地提出了社会主义革命可以在一国数国首先胜利的新理论，领导俄国工人阶级和广大人民取得了十月革命的胜利。之后，列宁又针对俄国经济文化落后的现实，对社会主义发展道路和实现形式进行了新的探索，提出了通过新经济政策迂回向社会主义过渡的思想，初步回答了在俄国这样经济文化比较落后的国家如何建设和发展社会主义的问题。但是，十月革命和列宁对社会主义建设的初步探索，却受到了以马克思主义正统和权威自居的第二国际以考茨基为代表的中派、以伯恩斯坦为代表的右派以及党内部分同志的责难，争论的主要问题是如何看待和理解马克思恩格斯关于社会主义革命和建设的有关论述，从而客观上提出了如何对待马克思主义的问题。列宁和俄国布尔什维克党以十月革命和新经济政策的成功实践，为我们树立了灵活运用马克思主义指导革命和建设实践的光辉典范：第一，坚持马克思主义重要的是掌握马克思恩格斯观察和分析问题的方法；第二，坚持马克思主义必须从本国具体实际出发；第三，坚持马克思主义必须辩证地应用马克思主义；第四，坚持马克思主义必须不断发展马克思主义；第五，坚持马克思主义必须重点坚持马克思主义的价值取向。

一、列宁的新型社会主义革命理论与十月革命的胜利

19 世纪 70 年代，资本主义国家掀起了以电气化为先导的第二次科技革命。这次科技革命在推动资本主义生产力迅猛发展的同时，也促使资本主义生产关系发生了巨大变化，生产和资本的集中速度大大加快了。卡特尔、辛迪加、托拉斯、康采恩等各种垄断组织在欧美主要资本主义国家广泛建立起来，推动世界资本主义在 19 世纪末 20 世纪初逐渐由自由资本主义阶段发展到垄断资本主义和帝国主义阶段。列宁及时地捕捉到了资本主义发展到帝国主义阶段后出现的新变化，深刻地分析了帝国主义阶段资本主义基本矛盾的新特点，准确地作出了帝国主义是无产阶级革命的前夜的新判断，科学地提出了社会主义革命将可能在一国数国首先胜利的新思想。

列宁指出，帝国主义在经济上的根本特征是垄断。但帝国主义的垄断不但没有消灭竞争和经济危机，反而使竞争愈演愈烈，使经济危机越来越严重，并带来政治上的全面反动，带来生产、技术发展的相对停滞和腐朽。这不仅使资本主义基本矛盾越来越尖锐，而且使得由资本主义基本矛盾派生的三大矛盾——帝国主义国家之间的矛盾、帝国主义国家内部资产阶级与无产阶级之间的矛盾、帝国主义同殖民地和半殖民地人民之间的矛盾空前激化。特别是帝国主义国家之间的矛盾，更是上升为主要矛盾，导致帝国主义战争不可避免，成为引发无产阶级革命并使得社会主义有可能在一国数国首先胜利的主要原因。

因为，资本的本质就是攫取更多的利润。为了攫取更多的利润，资本主义社会每个企业、每个生产部门无时无刻不在进行激烈

的竞争。在竞争中，总有一些企业发展得快些，一些企业发展得慢些；一些企业扩大了，一些企业衰落了，发展的不平衡是绝对不可避免的。企业是这样，国家也是这样。在资本主义世界，总有一些国家走在前面，另一些国家后来又赶上来，各国经济发展不平衡是不以人的意志为转移的客观规律。但是，资本主义发展的不平衡，由于资本主义的垄断，在帝国主义时代加剧了，使得后起的资本主义国家能够跳跃式地赶上甚至超过老牌资本主义国家，导致资本主义国家在经济、军事上的力量对比发生变化，后起的资本主义国家纷纷要求按照新的经济实力、军事实力重新划分势力范围。然而，世界早已被老牌资本主义国家瓜分完毕，因此重新瓜分世界的帝国主义战争不可避免。战争不仅破坏了资本主义的国际联合，严重削弱了帝国主义本身，而且急剧地恶化了国内的经济形势，激化了国内的阶级矛盾和民族矛盾，造成了无产阶级革命的形势和资本主义链条上的薄弱环节，从而使得无产阶级革命有可能从这个薄弱环节首先取得突破，使社会主义在个别国家内的胜利成为可能。

列宁关于社会主义革命有可能在一国数国首先胜利的思想，最早见于他在 1915 年 8 月写成的《论欧洲联邦口号》。在这篇文章里，列宁写道："经济和政治发展的不平衡是资本主义的绝对规律。由此就应得出结论：社会主义可能首先在少数甚至在单独一个资本主义国家内获得胜利。"[①] 如果说在这里列宁还只是把社会主义一国胜利作为一种可能，那么，在 1916 年 8 月写成的《无产阶级革命的军事纲领》中，列宁则进一步明确和肯定了他的一国胜利的思想。列宁写道："资本主义的发展在各个国家是极不平衡的。而且在商品生产下也只能是这样。由此得出一个必然的结论：社会主义不能在所有国家内同时获得胜利。它将首先在一个或者几个国家内获得胜利，而其余的国家在一段时间内将仍然是资产阶级的或资产阶级以

① 《列宁选集》第 2 卷，人民出版社 1995 年版，第 554 页。

前的国家。”[①]

那么，帝国主义链条上的这个“薄弱环节”可能是哪个国家呢？布哈林曾经认为应该是资本主义发展“最弱”“最不发达”的国家，列宁明确指出，“不对：是从‘比较弱的’开始的”[②]。因为在列宁看来，社会主义革命发生的先后，固然不能由一个国家工业发展的程度高低和无产阶级人数的多少来决定，但资本主义经济的一定程度的发展及其拥有一定数量的无产阶级毕竟是社会主义革命的必要前提。因此，判断一个资本主义国家是否是帝国主义链条上的“薄弱环节”，一是看这个国家在帝国主义世界体系中所处的位置，是否是帝国主义各种矛盾的焦点；二是看这个国家及其反动统治是否已经陷于孤立，摇摇欲坠；三是看这个国家的无产阶级及其先锋队是否具有革命性，是否拥有广大的同盟者。资本主义发展比较弱的国家最容易同时具备上述三个因素，因而也最容易成为帝国主义链条上的薄弱环节。具体而言，资本主义发展比较弱的国家，国内发展最不平衡，压迫最为严重，无产阶级和广大劳动人民的反抗也最为激烈，反动统治阶级最容易陷入孤立，因而这样的国家最容易成为帝国主义各种矛盾的焦点。第一次世界大战爆发后，俄国国内形势的发展演变，充分证明了列宁的判断。

沙皇俄国自 1861 年废除农奴制后，国内资本主义加速发展，到 20 世纪初也发展到垄断资本主义。但与欧美发达资本主义国家比较，沙皇俄国又是最落后的。它在政治上继续维持沙皇专制统治，经济发展也极不平衡，资本主义工业主要集中于军事工业，农村实行的基本上还是封建地主所有制。此外，沙皇俄国还连年对外扩张，残酷压迫和剥削少数民族，成为“民族大监狱”，所以列宁称其为“军事封建帝国主义”。除了帝国主义的三大矛盾外，俄国还存在

① 《列宁选集》第 2 卷，人民出版社 1995 年版，第 722 页。

② 列宁：《对布哈林“过渡时期的经济”一书的评论》，人民出版社 1958 年版，第 61 页。

着地主阶级与农民阶级、专制制度与人民大众、大俄罗斯民族主义与各少数民族的矛盾。可见，在第一次世界大战前，俄国就已经成为帝国主义各种矛盾的焦点，革命形势日益具备。第一次世界大战爆发后，俄国约有 1400 万人被征调入伍，大批马匹和牲畜被征用，土地荒芜，工厂停工，粮价飞涨，物资奇缺，国家资源被消耗殆尽，广大工人、农民生活在水深火热之中，沙皇政府对人民的压榨到了无以复加的地步。与此同时，由于沙皇政府的腐败和官僚机器的无能，俄军在前线屡遭惨败，到 1917 年初，已牺牲了几百万人的生命。这一切急遽地加剧了俄国国内各种矛盾，广大工人、农民和士兵的革命情绪不断高涨，革命形势日渐成熟。

在革命的客观条件日益成熟的同时，革命的主观力量也在日益发展。早在 1895 年，列宁就在彼得堡创立了彼得堡工人阶级解放斗争协会。自那以后，列宁就一直在为建立一个新型的无产阶级革命政党而努力。1905 年 3 月，为了适应当时革命形势发展的需要，在列宁的倡导下，俄国社会民主工党第三次代表大会在英国伦敦召开，全党大多数组织排除孟什维克的干扰出席了这次大会。这次大会实现了俄国工人运动两大派别的统一，按照列宁的建党思想和民主集中制原则，建立起了世界上第一个新型的无产阶级政党——俄国社会民主工党（布尔什维克）。[①] 这个新型的无产阶级政党建立起来以后，立即全力投入了正在高涨的俄国 1905 年革命，并迅速成为革命的领导力量。这次革命最后虽然失败了，但锻炼了俄国工人阶级特别是其新成立的新型革命政党，为后来的十月社会主义革命的胜利做了良好的准备。正如列宁所说："没有 1905 年的'总演习'，

① 孟什维克，俄语音译，少数的意思；布尔什维克，俄语音译，多数的意思。俄国社会民主工党成立于 1898 年，但旋即遭到沙皇政府的破坏。1903 年恢复重建后，党内分为支持马尔托夫的少数派和支持列宁的多数派。从此，支持马尔托夫的被称为孟什维克，支持列宁的被称为布尔什维克。

就不可能有1917年十月革命的胜利。"[①]

第一次世界大战爆发后，列宁领导的布尔什维克党利用沙皇政府的危机和群众革命情绪的高涨，在群众中开展了大量宣传鼓动工作和组织工作。在布尔什维克党的教育和领导下，俄国工农群众和士兵反对沙皇战争、反对沙皇政府的革命运动迅速发展起来。布尔什维克党中央委员会的所在地彼得堡成为全国革命运动的中心。1916年，全国罢工1500多次，人数超过100万人，比前一年增加了一倍。士兵不愿为沙皇卖命而逃跑的事件也逐年增加，仅1916年逃兵即达150万人。农民也起来进行斗争，他们从地主手里夺回土地、粮食、牲畜和农具，烧毁庄园，撵走地主。同时，少数民族也频频发动反对沙皇民族压迫的起义，给沙皇政府以沉重打击。

日益蓬勃高涨的革命运动使沙皇政府惶恐不安。为了对付革命，沙皇决定把政权交给军事独裁者，并开始同德国进行秘密谈判，打算单独媾和，从而引起了协约国和俄国资产阶级的不满。在英法两国政府的支持下，俄国资产阶级图谋举行宫廷政变，改立皇帝，以求达到一箭双雕的目的：既控制政权，继续进行战争；又防止已经迫在眉睫的人民革命。

列宁指出，革命形势的成熟有三个特征：一是统治阶级已经不可能照旧不变地维持自己的统治；二是被压迫阶级的贫困和苦难超乎寻常地加剧；三是广大群众包括最落后的群众革命积极性大大提高，并卷入了政治运动。[②] 1917年的俄国就同时具备了这三个特征。

1917年初，沙皇俄国在前线连吃败仗，国内的经济破坏达到空前严重的地步，广大群众的革命情绪空前高涨，资产阶级也加紧了宫廷政变的步伐。但是，在资产阶级的计划尚未得逞之前，人民群众的革命风暴就已经爆发了。

---

① 《列宁选集》第4卷，人民出版社1995年版，第138页。

② 《列宁选集》第2卷，人民出版社1995年版，第460—461页。

1917年2月18日[①]，彼得格勒普梯洛夫工厂的工人开始罢工，罢工浪潮迅速遍及全城。2月23日，即公历3月8日国际妇女劳动节这天，彼得格勒的女工响应布尔什维克党的号召，举行游行示威，反对饥饿，反对战争，反对沙皇制度；男工也走出工厂，支援女工的行动。这一天，全城罢工人数达到9万人。第二天，示威游行更猛烈地蔓延开来，罢工人数增加到20万人。布尔什维克党中央抓住机会，号召立即举行总政治罢工，并将之转变为武装起义。2月25日，彼得格勒工人响应布尔什维克的号召，全市爆发总罢工。次日清晨，罢工转变为起义，迅速席卷全城，驻守彼得格勒的士兵拒绝向工人开枪，并转到革命方面来。一天之内，起义的士兵超过6万人。起义的工人和士兵逮捕了沙皇政府的大臣和将军，占领了监狱，释放了政治犯。彼得格勒起义胜利的消息很快传到全国，各地工人和士兵纷纷响应，投入摧毁沙皇政权的斗争，骑在俄国人民头上作威作福300多年的罗曼诺夫王朝迅速土崩瓦解，二月革命取得了决定性胜利。

但是，胜利后的俄国却出现了两个政权并存的局面，一个是资产阶级临时政府，一个是工兵代表苏维埃。在这两个政权中，资产阶级临时政府是主要的、实际的、掌握全部国家权力的政权，代表的是俄国资产阶级和英法帝国主义的利益；工兵代表苏维埃是补充的、附属的、监督性的政权，代表的是无产阶级和全体城乡贫苦人民的利益。工兵代表苏维埃虽然没有掌握国家权力，但是它掌握着人民武装，得到前线绝大多数士兵和后方工农群众的支持，因而仍具有一定的实际权力。两个政权并存，反映了二月革命后俄国阶级力量的对比关系：俄国无产阶级当时力量还不够强大，不能把政权掌握在自己手里；资产阶级虽然窃取了政权，却没有力量解散苏维

① 该日期为俄历，本书后面在讲述俄国1918年1月26日以前的历史时所使用的均为俄历。——编者注

埃而实现资产阶级执政的单一国家政权。这说明，俄国革命正处在一个过渡的、不稳定的阶段。两个对立的政权并存的局面不可能长期维持下去，形势的发展必然要求把政权集中到一方，或者集中到临时政府，或者集中到苏维埃。

在革命的这个关键时刻，当时寄居国外的列宁连续给布尔什维克党中央写了5封《远方来信》，对二月革命后的形势和党的任务作了精辟分析，指出，俄国革命必须从第一阶段过渡到第二阶段。为实现这一过渡，无产阶级必须“武装起来等待时机，武装起来为更高阶段打下更广泛的基础”①。1917年4月3日，列宁冲破帝国主义的重重阻碍回到彼得格勒。第二天，他在彼得格勒党的领导人会议上作了《论无产阶级在这次革命中的任务》的报告，即著名的《四月提纲》，就俄国革命面临的一系列重大问题作了回答，制定了党从资产阶级民主革命向社会主义革命转变的路线和具体计划。列宁深刻分析了二月革命后俄国时局的特点，指出俄国由民主革命向社会主义革命转变的时机已经来到了，但是由于资产阶级临时政府还受到相当一部分群众的信任和支持，如果立即用武装起义推翻它，党将有脱离群众的危险。因此，列宁在《四月提纲》和其他一些讲话、文章里为布尔什维克党制定了革命和平发展的策略方针，提出了通过和平方法使“全部政权归苏维埃”的策略口号。但同时列宁又反复强调必须保持武装，提醒人们记取1848年6月巴黎工人起义的历史教训。他指出：“无产阶级政党应当用全部精力向人民说明：必须组织和武装无产阶级，使它同革命军队结成最紧密的联盟；必须完全抛弃信任临时政府的政策，以防止发生类似1848年6月巴黎大规模枪杀无产阶级的那种严重的危险。”②

列宁为党制定的立即从资产阶级民主革命过渡到社会主义革命

① 《列宁全集》第47卷，人民出版社1990年版，第568页。
② 《列宁全集》第29卷，人民出版社1985年版，第402页。

的路线虽然遭到了党内外部分人的反对，但是得到了党内大多数同志的支持，在党的四月代表会议上被通过。在列宁正确路线的指引下，布尔什维克党广泛而深入地发动群众，揭露临时政府的反动本质，推动革命群众运动不断高涨，使阶级力量的对比越来越向着有利于无产阶级的方面发展。

面对广大群众不断高涨的革命情绪，临时政府企图通过在前线发动进攻来挽救危机，但是进攻很快遭到惨败。消息传来，彼得格勒群情激奋，1917 年 7 月 4 日，在布尔什维克党的领导下，有 40 多万工人和士兵参加的大规模的游行示威发生了，要求将全部政权归苏维埃。七月示威本来是一次和平示威，但是却遭到了临时政府的残酷镇压。临时政府调动军队，悍然向示威群众射击，当场打死 56 人，打伤 650 人，革命工人和士兵的鲜血染红了大地。接着，临时政府向布尔什维克党发起全面攻击，封闭、捣毁布尔什维克党的机关报和印刷所，解除工人赤卫队的武装，把彼得格勒驻军中的革命部队调往前线，下令通缉列宁和布尔什维克党的其他领袖，列宁被迫重新转入地下，后来转至芬兰。

七月流血事件表明，两个政权并存的局面已经结束，革命和平发展的可能已经消失，布尔什维克党开始着手组织武装起义。1917 年 8 月 25 日，正当布尔什维克党重新组织革命力量准备同资产阶级决战的时候，俄军总司令科尔尼洛夫公开发动暴乱，派克雷莫夫将军率领骑兵第三军团向彼得格勒进军，妄图把革命力量镇压下去，实行反革命军事独裁。面对科尔尼洛夫的叛乱，临时政府手足无措，全靠布尔什维克深入叛军内部展开宣传、说明真相，同时组织工人赤卫队、首都卫戍部队和波罗的海舰队拿起武器抵抗叛军，才迅速地平息了叛乱。科尔尼洛夫叛乱的平息表明，临时政府已经无力实施统治了，进行武装起义并将全部权力归苏维埃的各方条件已经基本具备。在这种情况下，列宁于同年 9 月连续给布尔什维克党中央写了两封信，指出通过武装起义夺取政权的时机已经成熟，并给出了详细的武装起义计划。1917 年 10 月 7 日，列宁从芬兰秘密回到俄国。10 月 10 日，布尔什维克党举行了具有历史意义的中央全体会议。会议通过了列宁起草的决议，明确表示“中央委员会认为，武装起义是不可避免的，并且业已完全成熟。中央委员会建议各级党组织以此为指针，并从这一观点出发讨论和解决一切实际问题”①。会议还决定成立以列宁为首的政治局，负责起义的政治领导；在彼得格勒苏维埃下成立革命军事委员会，负责起义的军事领导。

10 月 25 日（公历 11 月 6 日），武装起义开始。在列宁的亲自领导下，彼得格勒的工人赤卫队和革命士兵迅速地占领了火车站、电报局、政府机关、国家银行、发电站和其他战略要地。25 日深夜，起义工人和士兵向临时政府最后的堡垒——冬宫发起总攻，逮捕了临时政府人员，推翻了临时政府。

在攻击冬宫的同时，苏维埃第二次全国代表大会在斯莫尔尼宫召开。布尔什维克在大会上获得了多数，孟什维克和右派社会革命党在失败之后声明退出代表大会，从而使代表大会成了真正的工兵代表大会。大会通过了列宁起草的《告工人、士兵、农民书》，宣布：全部政权转归苏维埃，成立全国苏维埃政府。大会还通过了《和平法令》和《土地法令》，选举产生了第一届苏维埃政府即人民委员会，列宁当选为人民委员会主席。

彼得格勒武装起义的胜利，极大地鼓舞了俄国的无产阶级和人民群众，起义迅速向全国蔓延。到 1918 年初春，莫斯科周围地区、伏尔加河周边大部分地区、乌拉尔、顿河地区、北高加索以及西伯利亚，大都建立了苏维埃政权，十月革命取得了初步的决定性的胜利。

---

① 《列宁选集》第 3 卷，人民出版社 1995 年版，第 331 页。

十月革命的胜利具有伟大而深远的历史意义。十月革命冲破了世界帝国主义阵线，在一个资本主义大国中推翻了资产阶级的统治，建立了世界上第一个无产阶级专政国家，使社会主义第一次由理论变为现实，开创了人类社会由资本主义向社会主义过渡的新时代。十月革命的胜利极大地鼓舞了全世界无产阶级和被剥削被压迫人民，促进了被压迫民族争取民族独立和民族解放的斗争，使殖民地半殖民地的民族解放运动从世界资产阶级革命的一部分变成了世界无产阶级革命的一部分，改变了世界历史的发展方向，开创了人类历史的新纪元。

二、战时共产主义政策和列宁对社会主义发展道路的探索

十月革命的胜利，为在俄国建设社会主义提供了政治前提。但是，使俄国这样经济文化比较落后的国家顺利走上社会主义发展道路，却没有任何现成的经验可以借鉴。对此，列宁根据俄国的国情和十月革命后形势的发展变化，紧紧围绕社会主义的价值目标和价值取向，进行了艰苦而又灵活的深入探索，初步回答了在俄国这样经济文化比较落后的国家如何建设和发展社会主义的问题，极大地丰富和发展了马克思恩格斯的科学社会主义理论，也为我们树立了灵活运用马克思主义基本原理指导革命实践的光辉典范。

十月革命胜利后的俄国，形势十分严峻。国内面临严重饥荒、白匪叛乱、旧政权职员的消极怠工和被战争严重破坏了的经济，国外还处在与德国交战的状态。面对严峻的形势，首先，列宁动员工人赤卫队和革命士兵，坚决果敢地平息了克拉斯诺夫、杜鹤宁等白俄将军的军事叛乱；然后，在列宁的坚持和说服下，俄国于 1918 年 2 月 23 日与德国签订了布列斯特和约。这个和约对俄国非常苛刻。

根据和约，不仅德国占有了拉脱维亚、爱沙尼亚、波兰并使乌克兰成为德国的附属国，而且苏维埃俄国还必须向德国缴付巨额战争赔款和复员自己的军队。但是，和约的签订，毕竟使刚诞生的苏维埃政权获得了短暂的和平“喘息机会”。抓住这个机会，列宁开始认真考虑如何向社会主义过渡的问题。1918 年上半年，列宁相继发表了《苏维埃政权的当前任务》《关于苏维埃政权当前任务的六条提纲》《论“左派”幼稚性和小资产阶级性》等论著，初步形成了向社会主义迂回过渡和建设社会主义新经济的计划。

列宁首先深刻地分析了俄国向社会主义过渡的复杂性和艰巨性。十月革命胜利后的最初几个月，革命形势发展很快，全国绝大多数地区在短短几个月里便建立起了苏维埃政权，这一时期被列宁称为“全面胜利进军”时期。这一局面使党内很多同志产生了乐观情绪，他们以为向社会主义过渡也会十分容易，主张按照马克思恩格斯的有关论述立即直接过渡。1918 年 3 月，列宁在俄共（布）第七次（紧急）代表大会的报告中批评了这种乐观思想。他指出：“由于历史进程的曲折而不得不开始社会主义革命的那个国家愈落后，它由旧的资本主义关系过渡到社会主义关系就愈困难。这里除破坏任务以外，还加上了一些空前困难的新任务，即组织任务。”[①] 他分析道，组织建设与夺取政权是两种性质完全不同的任务。俄国无产阶级夺取政权之所以十分容易，是因为他们赶上了一个好的机遇，即帝国主义战争引起的巨大灾难“使各国人民吃尽了苦头”，因而革命情绪空前高涨，使“各交战国都陷入绝境”而无法分出身来对付俄国的无产阶级革命。因此，建立苏维埃政权，在很多地方都只要“换一块招牌，把‘苏维埃是工会组织’的字样擦掉，写上‘苏维埃是唯一的国家政权形式’就行了。可是在组织任务方面，情况就完全不同了。在这里，我们遇到了巨大的困难”，“这个斗争我们

① 《列宁选集》第 3 卷，人民出版社 1995 年版，第 436 页。

刚刚才开始。现在我们正处在这个斗争的第一阶段。我们还得经受严峻的考验。在这里，由于客观情况的不同，我们无论如何不能像过去和卡列金分子进行斗争时那样只用高举大旗胜利进军的方式。谁要想把这种斗争方式拿来解决摆在革命道路上的组织任务，作为政治家、社会主义者和社会主义革命活动家，他就会彻底破产”。[①]之后，在同月召开的苏维埃第四次非常代表大会和同年4月召开的全俄中央执行委员会会议上，列宁再次重复了这一思想。他强调："一个落后的国家开始革命比较容易，因为在这个国家里敌人已经腐朽，资产阶级没有组织起来，但是要把革命继续下去，就需要万分谨慎、小心和坚忍不拔。西欧的情况将会不同，那里开始革命要困难得多，要继续下去却容易得多。"[②]

在深刻认识俄国过渡时期的艰巨性、长期性和复杂性的基础上，列宁为俄国向社会主义过渡设计了一系列中间环节。十月革命胜利之后的几个月，苏维埃颁布了一系列法律法令，将银行和一些大企业收归国有，同时在农村进行了广泛的土地改革，彻底根除了农村的农奴制残余。列宁把这一时期称为"赤卫队对资本进攻"的时期。但是，列宁认为，"赤卫队对资本进攻"所实行的这些社会主义改造，只是解决社会主义经济基础这一最困难任务的开始。他指出："在完全摆脱资本主义并开始向社会主义过渡的道路上，我们刚刚迈出了最初的几步。我们不知道，而且也不可能知道，过渡到社会主义还要经过多少阶段。"[③] 为此，列宁在《苏维埃政权的当前任务》一文的初稿和正稿中为俄国"向社会主义建设进军"设计了一整套相互联系的措施。主要有：恢复被战争破坏了的生产力和发展国家的经济，对生产和产品分配实行国家计算和监督，建立新的

---

① 《列宁选集》第3卷，人民出版社1995年版，第438页。

② 《列宁全集》第34卷，人民出版社1985年版，第233页。

③ 《列宁选集》第3卷，人民出版社1995年版，第460页。

劳动纪律，吸收资产阶级专家参加工作，实现工业领导中的民主集中制原则和建立一长制，吸收群众参加生产管理，等等。

在列宁设计的向社会主义过渡的一系列中间环节中，最引人注目的是他关于利用国家资本主义的思想。在《论“左派”幼稚性和小资产阶级性》一文中，列宁严肃地批评了“左派共产主义者”关于国家资本主义是对苏维埃制度的威胁的观点。他指出，俄国存在着五种不同的社会经济成分，即宗法式的、在很大程度上的自然经济，小商品经济，私人资本主义，国家资本主义，以及社会主义。社会主义经济成分虽然已经存在，但它当时还未占优势，因而“国家资本主义在经济上大大高于我国现时的经济”，“我们的任务就是要学习德国人的国家资本主义，全力仿效这种国家资本主义”。[①] 在肯定国家资本主义的作用的同时，列宁还具体提出了利用国家资本主义的三条方针：粮食垄断、商业监督、利用资产阶级合作社。粮食垄断保证了苏维埃国家对粮食贸易的控制，制止了粮食投机和粮价上涨；商业监督控制了对苏维埃政权来说相当危险的小资产阶级自发势力的破坏；利用资产阶级合作社，则在工业与农业之间建立起了联系的基本途径。

在进行经济改造的同时，列宁对无产阶级专政的国家政权和社会主义民主政治建设也进行了深入思考，其基本思想是发展直接民主制。在十月革命前，列宁就十分推崇巴黎公社的经验和制度，把工兵代表苏维埃看成巴黎公社类型的国家。他在《国家与革命》等论著中对无产阶级国家管理制度的设想就是让“所有的人”都来参加管理，“不仅独立地参加投票和选举，而且独立地参加日常管理”。[②] 列宁指出：“人民需要共和国，为的是教育群众实行民主。不仅仅需要民主形式的代表机构，而且需要建立由群众自己从下面

---

① 《列宁选集》第3卷，人民出版社1995年版，第525、526页。

② 《列宁选集》第3卷，人民出版社1995年版，第217页。

来全面管理国家的制度，……不是从上面'实施'社会主义，而是发动广大的无产者和半无产者群众去掌握管理国家的艺术，去掌管全部国家政权。"[①] 列宁当时之所以这样考虑，是因为他认为，资本主义的发展本身为"所有的人"参加管理创造了条件，即扫除了文盲，国家和社会管理的职能也已被资本主义简化到了极点，而成为一种非常简单、任何一个识字的人都能胜任的监督和登记手续，只是"算算加减乘除和发发有关的字据"的手续，"整个社会将成为一个管理处，成为一个劳动平等和报酬平等的工厂"。[②]

十月革命胜利后，列宁即按照这一思路，与布尔什维克党一起，以极大的热情和巨大的努力，来唤起和组织人民群众积极参加新国家的管理工作。1918 年 3 月，列宁在党的七大上强调："苏维埃政权是群众立即开始学习管理国家和组织全国范围的生产的机关。……对我们来说，重要的就是普遍吸收所有的劳动者来管理国家。……社会主义不是少数人，不是一个党所能实施的。只有千百万人学会亲自做这件事的时候，他们才能实施社会主义。"[③] 根据列宁的指示，布尔什维克党在建立苏维埃政权机关的过程中选拔了大批优秀的工人和士兵进入国家机关，并让他们担任重要职务。当时的外交、内务、劳动和工商业人民委员部，就是分别由海军中的优秀战士、在十月革命中作出重要贡献的普梯洛夫工厂的先进工人、冶金工人、海员和河运工人参加组建的。曾经是五金工人的彼得罗夫斯基担任了内务人民委员，曾经是波罗的海工厂工人的巴普洛夫成为工商业人民委员部的领导成员，水兵马尔金成为外交人民委员部的领导人之一。在其他苏维埃国家机关和经济管理机关中，工人也占有很大比例。

① 《列宁全集》第 29 卷，人民出版社 1985 年版，第 287 页。

② 《列宁选集》第 3 卷，人民出版社 1995 年版，第 201—202 页。

③ 《列宁选集》第 3 卷，人民出版社 1995 年版，第 464 页。

但是，布列斯特和约留给苏维埃政权的“喘息时间”未能持续多久。从1918年夏季开始的由英、法、美、日等帝国主义国家策动的，为时3年之久的武装干涉和反革命叛乱，中断了列宁和布尔什维克党对社会主义发展道路的探索，使列宁没能继续沿着自己的思路走下去。当情况最危急的时候，苏俄有3/4的国土被侵占，粮食、燃料、原料等的产地被切断，新生的苏维埃政权处于生死存亡的紧急关头。在这种情况下，建设问题不得不被战争问题取代。为了保卫和巩固苏维埃政权，列宁发出了“一切为了前线，一切为了胜利”的号召，并开始实行一系列非经济的、带有某种军事性质的措施。这些措施后来被列宁称为“战时共产主义政策”。其主要内容为如下三点。

第一，实行余粮收集制。

余粮收集制是战时共产主义政策的主要特征和标志。面对严重的饥荒和保证战争的需要，苏俄中央执行委员会先后发布命令，授予粮食人民委员部特别的权力，对隐瞒粮食储存与进行粮食投机的人和行为进行坚决斗争，给予严厉惩治。1919年1月，内战形势更加危急，人民委员会发布了《关于国家收集各生产省的粮食和饲料》的命令，余粮收集制正式开始实行。余粮收集制有两个特点：一是强制性，即按国家需要，硬性规定粮食征收数量，摊派给农村基层，由城市工人组成的征粮队强制征收；二是阶级性，要求富农多征，中农少征，贫农不征。但由于征收任务艰巨，有时根本顾不上那么多，往往侵犯了中农的利益。这成为后来引发农民大规模反抗并导致战时共产主义政策终结的一个重要原因。

第二，实行彻底的企业国有化和工业的集中管理。

实行彻底的企业国有化和工业的集中管理是战时共产主义政策在工业方面的主要表现。1918年6月28日，人民委员会颁布法令，规定对全部大工业企业实行国有化。1920年初，中型工业企业也基本转入国家手中。1920 年 11 月 29 日，最高国民经济委员会又决定，凡拥有机器动力且工人数目超过 5 人，或者不拥有机器动力但工人数目超过 10 人的一切私人的和团体的工业企业都实行国有化。至此，苏维埃政权对全国大中小工业都实行了国有化。与此同时，最高国民经济委员会各部门共建立起了 52 个总管理局。各总管理局以垂直的行政领导方法管理下属企业，直接决定企业生产任务，调拨企业的人力物力，包括企业产品。

第三，取消商品生产与货币流通，实行实物配给制。

废除商品和货币，实行实物配给制，是战时共产主义政策在流通和分配领域的主要做法。1918 年 11 月 21 日，人民委员会颁布法令，规定由国营的和合作社的分配网点有计划地组织居民供应工作，一切工农业产品的采购和分配工作全部交给粮食人民委员部办理，并对私人的商业实行国有化。1918 年 11 月 26 日，最高国民经济委员会和粮食人民委员部又作出决议，食糖、糖果、茶叶、食盐、火柴、布匹、煤油、肥皂等重要商品实行国家垄断经营。这样，国家就掌握了全部农产品的采购、商品分配和居民供应工作，所有的商品流通和自由贸易都已被禁止。

代替商品流通和自由贸易的是严格的实物配给制。1919 年，列宁在《俄共（布）纲领草案》中指出："在分配方面，苏维埃政权现时的任务是坚定不移地继续在全国范围内用有计划有组织的产品分配来代替贸易。"[①] 按照列宁的指示，苏俄全体居民都被组织进了消费合作社，国家凭票证给居民分配工农业产品，实行"不劳动者不得食"的原则，非劳动人民也只有完成了劳动义务才能得到配给的物品。1920 年 12 月 4 日，人民委员会又规定，国营的和合作社的分配机构凭证免费发给劳动者食品。3 天之后，这一办法被推广到日用品上，接着又被推广到燃料上。次年 1 月 27 日，又规定职工的

① 《列宁选集》第 3 卷，人民出版社 1995 年版，第 728 页。

房租、水电、煤气、暖气也免费供给。这样，居民生活和消费的实物配给制就基本上实现了。

在经济上实行战时共产主义政策的同时，为了更有效地统一和调动全国的力量，使整个国内生活都服从于战争的需要，俄共（布）于 1918 年 11 月成立了以列宁为首的工农国防委员会。该委员会作为全国主要的军事工作、经济工作和计划工作的中心，全面领导国家的战时管理工作。在列宁的领导下，苏维埃政权体制逐渐由一个带有直接民主制、联邦分权制和地方自治等特点的政治体制，演变成了一个带有军事色彩、权力高度集中、实行严格统一管理的政权体制。其主要特点，一是实现了权力的高度集中。这个集中在横向方面，是沿着权力从代表机关（苏维埃）转到行政机关（人民委员会），从行政机关转到党的机关，从党的机关再集中到中央政治局这样一条路线完成的。在纵向方面，这个集中则是沿着两条路线完成的。一条是在党的关系方面，逐渐将过去各独立的共和国的共产党变成了隶属于俄共（布）中央的地方组织；另外一条是在国家权力层面，将过去相对独立的具有联邦分权性质的共和国苏维埃与具有地方自治性质的地方苏维埃变成了完全听命于中央的下级行政组织。二是对干部实行自上而下的委派制。前面讲道，十月革命前列宁曾十分赞赏巴黎公社的直接民主制，极力主张如下这一点：无产阶级国家的官员必须由群众选举产生，并一经群众要求就可以随时罢免。但是在经过 1918 年“立宪会议”选举事件之后，列宁认识到资产阶级和小资产阶级政党可能利用选举向苏维埃进攻，同时也为了服务和服从于战争的需要，从 1918 年下半年开始，列宁决定用委派制代替选举制。实行委派制后，俄共（布）中央陆续向党、苏维埃、红军、工会等各级各类组织以及经济部门派遣了大批领导干部。据统计，仅 1920 年 4—11 月，俄共（布）中央就任命了 37000 多名干部。三是实行极严格的“战斗命令制”。所谓“战斗命令制”，表现在党内关系和政权关系上，是要求全体共产党员、党的各级组织和各级苏维埃必须绝对地、无条件地服从和执行中央与上级领导机关的决议和指示，不得讨论；表现在经济方面，是在农村实行余粮收集制，在分配方面实行实物供给制，在工业生产上强化企业领导人的一长制；表现在思想文化领域，是取消了出版自由，几乎查封了孟什维克和社会革命党人的所有报纸，推行普遍的义务劳动制。

战时共产主义政策的实行，使俄国布尔什维克党在极端困难的情况下集中起了一切可以集中的资源，调动起了一切可以调动的力量，粉碎了国内白匪的叛乱和帝国主义的武装干涉，渡过了饥荒的威胁，巩固了新生的苏维埃政权。战时共产主义政策产生的巨大奇迹，使俄共（布）党内产生了一种普遍的乐观情绪，包括列宁在内的很多俄共（布）领导人都在想：既然使用非常措施能够取得战争胜利，捍卫苏维埃政权，为什么不能继续使用这些非常措施，将其当作建设社会主义的捷径，直接过渡到社会主义呢？

但是，战时共产主义政策虽然在保证战争的胜利上建立了不朽的功勋，但它毕竟是列宁和俄共（布）在战争这个特殊环境下为了应急而制定出来的，其自身存在着很大的局限性。如果说这一政策在战争条件下还可以勉强实行，一旦战争结束，它的局限性就会立即暴露出来，造成苏维埃政权与农民、广大市民之间关系的极度紧张，造成生产建设和经济恢复计划的全面受挫。对此，列宁曾作过深刻检讨。他说道："我们计划（说我们计划欠周地设想也许较确切）用无产阶级国家直接下命令的办法在一个小农国家里按共产主义原则来调整国家的产品生产和分配。现实生活说明我们错了。"① 在经济文化相对落后的俄国，怎样建设社会主义，怎样巩固和发展社会主义，成为战争结束后摆在列宁和布尔什维克党面前的新课题。

① 《列宁选集》第4卷，人民出版社1995年版，第570页。

三、新经济政策和列宁晚年对社会主义的反思

1920年秋冬，国内战争结束。这时苏维埃俄国的经济已经困难得不成样子，工农业生产衰退，通货膨胀，物资缺乏，遍地饥荒，国民经济濒于崩溃，人民的不满上升为怨气和骚动。特别是农民，对余粮收集制的不满演变为普遍的暴动。规模最大的一次暴动发生在西伯利亚，参加人数达6万人。农民的不满也影响到了工人和士兵，直接引发了1921年2月28日喀琅施塔得水兵的暴动。此时正值俄共（布）十大召开之际，代表大会被迫休会，6万红军出动，到3月18日才平息了兵变。

喀琅施塔得曾经是红色要塞，十月革命的支柱。喀琅施塔得水兵的暴动用再也清楚不过的事实表明：俄国国内存在的不满情绪已经到了危及革命政权的程度。终止战时共产主义政策，寻求新的经济政策，已成为最为紧迫的现实问题。

其实在1921年初，列宁就已经认识到变更经济政策的重要性。1921年2月8日，列宁在经过大量调查后写下了《农民问题提纲初稿》，提出：满足非党农民用粮食税代替余粮收集制的愿望；降低粮食税额，使其低于上年余粮收集制的数额；同意使税额与农民积极性相适应的原则；允许农民在本地范围内自由支配余粮。随后，《真理报》刊登了列宁的这一提纲，布尔什维克党内就这一提纲进行了广泛讨论。在喀琅施塔得水兵暴动的严峻形势下，俄共（布）十大于1921年3月16日一致通过了《关于以实物税代替余粮收集制》的决议。这标志着苏俄由战时共产主义政策向新经济政策转变的开始，也标志着苏俄进入了探索如何建设社会主义的一个新时期。

新经济政策的主要内容可概括为如下三点。

第一，用粮食税代替余粮收集制，巩固工农联盟的经济基础。

用粮食税代替余粮收集制，是新经济政策的开端和主要标志。粮食税的主要内容，是政府以征税的方式向农民收缴事先规定限额的粮食和农副产品，交税后的余粮和其他农副产品可由农民自由支配，可以在市场上自由出卖，可以用来交换农民所需的工业品。针对 1921 年春苏俄国内的政治危机，列宁认为首先要解决的问题是巩固工农联盟，巩固无产阶级专政的国家政权。要解决这个首要问题，就“要求必须立刻采取迅速的、最坚决的、最紧急的办法来改善农民的生活状况和提高他们的生产力”①。要改善农民的生活和提高他们的生产力，“就非认真改变粮食政策不可。这种改变就是用粮食税来代替余粮收集制”②。他指出：“粮食税，是从极度贫困、经济破坏和战争迫使我们所实行的特殊的‘战时共产主义’向正常的社会主义的产品交换过渡的一种形式。而正常的社会主义的产品交换，又是从带有小农占人口多数所造成的种种特点的社会主义向共产主义过渡的一种形式。”③ 粮食税的实行，得到了广大农民的拥护，因而工农关系得到迅速改善，农业生产也得以迅速恢复。

第二，大力发展商业，利用市场和商品货币关系来建设社会主义。

十月革命前，列宁曾坚持社会主义要消灭商品、货币。但是，战时共产主义的负面结果使列宁认识到，在一个小农国家里立刻消灭商品、货币是不可能的。正是从战时共产主义的挫折中，列宁认识到商业对社会主义经济建设的重要性。他指出，商业是社会主义建设整个“链条”上无产阶级国家政权和执政的共产党“必须抓住的环节”，是中心环节。因此，商品交换应被提到首要地位，应作为新经济政策的主要杠杆。在具体实践中，新经济政策在恢复商业

---

① 《列宁选集》第 4 卷，人民出版社 1995 年版，第 500 页。
② 《列宁选集》第 4 卷，人民出版社 1995 年版，第 501 页。
③ 《列宁选集》第 4 卷，人民出版社 1995 年版，第 501 页。

后，刚开始主要采取物物交换的形式，货币不参与其中，并且被限制在地方流转。后来，列宁看到了这种做法的弊端，遂逐渐打破了商品交换受地方流转范围限制的做法，改用货币形式的交换，从而开启了利用市场和商品货币关系为社会主义建设服务的历史。

第三，利用资本主义，尤其是国家资本主义来建设社会主义。

利用资本主义的有利因素为社会主义建设服务，是列宁新经济政策中突出的创新思想。早在1918年5月，列宁就曾对苏俄存在的五种经济成分进行分析，肯定了国家资本主义相较于苏俄当时的情况是一个进步，有了初步利用国家资本主义为社会主义建设服务的思想。在总结了战时共产主义的教训之后，列宁更加重视国家资本主义的作用。他指出："同社会主义比较，资本主义是祸害。但同中世纪制度、同小生产、同小生产者涣散性引起的官僚主义比较，资本主义则是幸福。既然我们还不能实现从小生产到社会主义的直接过渡，所以作为小生产和交换的自发产物的资本主义，在一定程度上是不可避免的，所以我们应该利用资本主义（特别是要把它纳入国家资本主义的轨道）作为小生产和社会主义之间的中间环节，作为提高生产力的手段、途径、方法和方式。"① 因此，"全部问题，无论是理论上的还是实践上的问题，在于找出正确的方法，即应当怎样把不可避免的（在一定程度上和在一定期限内不可避免的）资本主义的发展纳入国家资本主义的轨道"，并"保证在不久的将来把国家资本主义变成社会主义"②。为此，列宁给苏俄拟定了租让制、租借制、合作制和代购代销四种国家资本主义形式。发展国家资本主义，对苏俄的经济恢复和经济建设起到了积极的促进作用。

新经济政策的实施，迅速扭转了苏俄国内的经济政治形势。到1922年底，新生的苏维埃政权已经得到巩固，国民经济情况显著好

① 《列宁选集》第4卷，人民出版社1995年版，第510页。
② 《列宁选集》第4卷，人民出版社1995年版，第504页。

转，工农业生产得到发展，人民生活得到改善。到1923年底，苏俄的工农业产值已经恢复到战前水平，整个国民经济开始走上快速发展的轨道。

实践证明，列宁的新经济政策是完全正确的，它为我们提供了一个关于小农和小农经济占优势的国家在无产阶级政权建立以后，如何正确对待小农，正确利用资本主义，发展商品经济，通过国家资本主义这种特殊的过渡形式走向社会主义的成功范例；充分说明了围绕社会主义价值目标和价值取向，坚持将马克思主义基本原理与本国国情相结合，探索符合本国实际和发展阶段需要的社会主义革命和建设的具体道路、具体实现形式的重要性；对各国共产党人，尤其对不发达国家的无产阶级取得胜利后建设社会主义具有十分重要的指导意义。正如列宁所说，新经济政策为我们提供了“学习怎样在一个小农国家里进一步建设社会主义大厦”[①] 而不再犯急于过渡的错误的机会，“对于各国共产党也有头等重要的意义”[②]。

正当新经济政策取得显著成效，苏俄人民开始准备进行大规模社会主义建设时，列宁的身体状况趋于恶化，但他仍继续关心党和国家的命运。从1922年12月至1923年3月，他在疾病发作的间隙，口授了《日记摘录》《论合作社》《论我国革命》《怎样改组工农检察院》《宁可少些，但要好些》等五篇文章和一组信件。在这些文章和信件中，列宁深刻地总结了苏维埃政权建立以来的经验教训，进一步深化和丰富了他对社会主义建设和发展规律的认识。其主要内容包括如下五点。

其一，发展大工业，为社会主义奠定雄厚的物质基础。

列宁指出，社会主义的唯一物质基础就是同时也能改造农业的机器大工业。没有高度发达的大工业，就根本谈不上社会主义。为

---

① 《列宁选集》第4卷，人民出版社1995年版，第569页。

② 《列宁选集》第4卷，人民出版社1995年版，第720页。

了实现工业化的任务，必须依靠广大人民，开展社会主义劳动竞赛，提高劳动生产率；必须加强劳动纪律，采用最先进的科学管理方法；必须反对平均主义，实行按劳分配，实施奖金制度；必须掌握和运用先进的科学技术，充分发挥科学家和技术专家的作用，以及注意吸收外国资本和学习外国的先进技术；等等。

其二，发展合作制，引导农民走社会主义道路。

列宁指出，在俄国这样小农占人口多数的国家，处理好同农民的关系，引导农民走上社会主义道路，是社会主义革命获得胜利的重要条件之一。但是对农民不能强制，只能通过长期、缓慢、谨慎的组织工作来改造和教育他们，而成立合作社就是一个能“使农民感到简便易行和容易接受的方法”[①]。他深刻地分析和比较了合作社在资本主义制度和苏维埃制度下性质、作用的差别，指出，在资本主义制度下，合作社具有资本主义性质，而在苏维埃制度下，合作社已成为社会主义性质的企业，因此“现在我们有理由说，对我们来说，合作社的发展也就等于社会主义的发展”，“文明的合作社工作者的制度就是社会主义的制度”。[②] 从列宁关于合作制的论述可以看出，在列宁晚年，列宁对新经济政策的看法已有了很大改变，即把新经济政策由当初的向资本主义的“暂时退却”，发展为在经济文化落后国家进行社会主义建设的可供选择的道路。

其三，开展文化革命，提高劳动人民的文化水平。

列宁一贯重视文化和教育在社会主义建设中的作用。在十月革命胜利不久，他就指出：“在一个文盲的国家里是不能建成共产主义社会的。”[③] 他还不无遗憾地指出，苏维埃为俄国工人提供了管理自己国家最好的形式，但是文化上的落后却极大地妨碍了他们实现

① 《列宁选集》第 4 卷，人民出版社 1995 年版，第 768 页。

② 《列宁选集》第 4 卷，人民出版社 1995 年版，第 773、771 页。

③ 《列宁选集》第 4 卷，人民出版社 1995 年版，第 294 页。

自身的权利，因而俄国工人阶级还不得不通过自己的先锋队组织——共产党来管理国家。在晚年的几篇文章中，列宁再次强调了文化的作用，认为文盲是社会主义建设面临的“三大敌人之一”，强调发展文化教育事业是苏维埃政权当前最迫切的任务之一。为此，列宁提出了开展社会主义文化建设的广泛任务。其内容主要包括：大力发展国民教育事业，努力扫除文盲，普及文化知识，造就千百万掌握先进科学技术的经济建设人才和其他方面的专门人才，加强共产主义思想道德教育，等等。他还特别提出对文化革命要谨慎，要批判地继承人类历史上的优秀文化遗产，不能采取急躁冒进和虚无主义的态度。他还认为，要大胆使用来自旧社会的知识分子，重视人民教师队伍的成长，不断增加文化教育经费，为发展文化教育提供物质保证。

其四，反对官僚主义，改革国家机关。

十月革命胜利不久，列宁就意识到了苏维埃政权内的官僚主义，他提出了反对官僚主义的任务，但三年内战形成的高度集权的政治体制却进一步加剧了党和政府中的官僚主义。因此，内战一结束，列宁就把反对官僚主义再次提上议事日程，认为官僚主义已经渗透到党和国家机关的各个领域，成了“我们内部最可恶的敌人”[①]。他提出了废除战斗命令制，实行工人民主制，精简机构，加强人民群众对国家机关及其工作人员的监督等一系列反对官僚主义的措施，强调“如果不进行有步骤的和顽强的斗争来改善机构，那我们一定会在社会主义的基础还没有建成以前灭亡”[②]。针对党和国家机关内日益严重的官僚主义，列宁在晚年再次郑重告诫全党：“我们面前摆着两个划时代的主要任务。第一个任务就是改造我们原封不动地从旧时代接收过来的简直毫无用处的国家机关；这种机关，我们在

① 《列宁全集》第 43 卷，人民出版社 1987 年版，第 14 页。

② 《列宁全集》第 41 卷，人民出版社 1986 年版，第 376 页。

五年来的斗争中还来不及也不可能来得及认真加以改造。”[①] 为此，列宁提出了精简人员、精简机构、改进作风、联系群众、学习知识、提高素质、严格考核、选拔人才等一系列改造国家机关的举措和原则。首先是强调“宁肯少些，但要好些”的原则，认为只有这样才能提高工作质量和工作效率。其次是强调严格实行国家机关工作人员的培训和考核，提高干部的专业化水平。再次是强调必须明确划分和规定国家机关的工作内容和职责范围，提高国家机关工作人员的责任心和主动性。最后是改组工农检察院，注意从工人和农民中选拔新的监察委员，加强人民群众对国家工作人员的监督。

其五，加强党的建设，改善党的领导。

列宁认为，在俄国，工人阶级实际上是通过自己的先锋队组织——共产党来领导和管理国家的，共产党是国家的领导核心。巩固无产阶级专政，组织社会主义建设，首先必须加强党的建设，改善党的领导。针对夺取政权后党内表现出来的官僚主义、纪律涣散、派别活动，列宁在肯定、发展党内民主的同时，着重强调了保持党的团结和统一的重要性。他指出，党的思想上和组织上的统一对执政党来说具有特殊意义。党内应当允许批评和讨论，甚至可以在党报上开办专门的争论专页，但是党内不允许有派别活动，因为派别活动会破坏党的团结，造成党的分裂。他强调，应当强化党的政治纪律，这种纪律无论被领导者还是领导者都必须严格遵守；要纯洁党的组织，吸收新党员要注意质量，而不能追求数量；要密切关心群众的利益和愿望，加强党与群众的联系，防止脱离群众的危险。他还指出，党取得政权后，党的领导方式和工作方法应作相应改变。党应该领导国家政权的全部政治工作、经济工作，但是党不能代替政权，二者应有各自的职权范围。党必须坚持集体领导的最高原则，但同时要实行个人负责制度。在《给代表大会的信》中，

① 《列宁选集》第4卷，人民出版社1995年版，第773页。

列宁还建议对中央委员会实行改革，以防止最高领导人中存在分裂危险。

列宁晚年的这些丰富而深邃的思想，进一步指明了俄国社会主义革命和建设发展的道路，为科学社会主义理论宝库增添了新的财富。

四、十月革命和新经济政策的有关争论与启示

十月革命和新经济政策是列宁和俄共（布）灵活运用科学社会主义基本原理，在一个经济文化比较落后的国家探索社会主义革命和建设发展道路的经典之作，既充分展示了列宁对马克思主义基本原理和精神实质的深刻理解，又充分展示了列宁对时局时机变化发展的深刻洞察能力和高超的领导艺术，给我们以丰富的启示。

对于十月革命和列宁的新型无产阶级革命理论，当时俄国国内国外都有很大的反对声音。首先是第二国际中派和右派，指责列宁的新型无产阶级革命理论背离了马克思主义无产阶级革命的基本原理，声称帝国主义不是一个发展阶段而是一种政策，即金融资本"情愿采取"的政策。既然是一种政策，那就是可以随时修改的，因而列宁讲的帝国主义的三大矛盾也不存在，即使存在也是可以调和或改变的。考茨基还提出了"超帝国主义"的观点。他说，"从纯粹经济的观点看来，资本主义不是不可能再经历一个新的阶段，即把卡特尔政策应用到对外政策上的超帝国主义的阶段"[①]，但那将是帝国主义彼此联合而不是互相斗争的阶段。到那时，各国金融资本间的互相斗争将"为联合起来的国际金融资本对世界的共同剥削所代替"，人类将进入持久和平的"新纪元"，使"资本主义道德日益衰落的那些最坏的原因"也将会消失。因此，考茨基奉劝各国无产阶

① 《列宁选集》第2卷，人民出版社1995年版，第655页。

级不要受列宁“帝国主义是无产阶级革命的前夜”的蛊惑，不要“过早地”谈论资本主义的破产，而要等待“超帝国主义”的“新纪元”到来，等到帝国主义结成全世界的“国家联盟”以后，再去夺取政权。这样，无产阶级和人民大众将会少受许多痛苦和牺牲。十月革命前后，考茨基和普列汉诺夫等又指责列宁推动俄国革命由资产阶级民主革命向社会主义革命过渡的决策是“梦话”，认为“全部政权归苏维埃”“是在俄国土地上散布无政府主义混乱状态”，攻击列宁是“假革命”，是“布朗基主义者”，“同巴枯宁多少也有亲密的血缘关系”。布尔什维克党内的加米涅夫、李可夫等人也反对列宁的革命转变思想，认为俄国不具备进行社会主义革命的物质基础，主张将俄国革命局限在资产阶级民主革命范围之内。

对于考茨基、普列汉诺夫以及党内加米涅夫等人的责难，列宁当时就进行了有力的反驳。他指出：“考茨基的‘理论’的客观即真正的社会意义只有一个，就是拿资本主义制度下可能达到永久和平的希望，对群众进行最反动的安慰，其方法就是使人们不去注意现代的尖锐矛盾和尖锐问题，而去注意某种所谓新的将来的‘超帝国主义’的虚假前途。”① 针对俄国不具有进行社会主义革命的“客观经济前提”的谬论，列宁也进行了有力的驳斥。他在《论我国革命》一文中写道，“第二国际的一切英雄们”背得滚瓜烂熟、万古不变的金科玉律就是：“我们还没有成长到实行社会主义的地步，或像他们中间各种‘博学的’先生们所说的那样，我们还没有实行社会主义的客观经济前提。可是他们谁也没有想到问一问自己：面对第一次帝国主义大战所造成的那种革命形势的人民，在毫无出路的处境逼迫下，难道他们就不能奋起斗争，以求至少获得某种机会去为自己争得进一步发展文明的并不十分寻常的条件吗?”② 他还指出：

① 《列宁选集》第2卷，人民出版社1995年版，第679页。
② 《列宁选集》第4卷，人民出版社1995年版，第776—777页。

"既然建立社会主义需要有一定的文化水平（虽然谁也说不出这个一定的'文化水平'究竟是什么样的，因为这在各个西欧国家是不同的），为什么我们不能首先用革命手段取得达到这个一定水平的前提，然后在工农政权和苏维埃制度的基础上赶上别国人民呢？"[①]

十月革命的胜利，用铁的事实给考茨基和第二国际"英雄们"上了生动的一课，这就是：经济文化比较落后的国家的无产阶级政党，只要自身足够坚强，能够团结广大群众，具有果敢牺牲精神，善于抓住时机，是完全有可能率领本国无产阶级和广大劳动人民先于资本主义发达国家取得社会主义胜利的。背离马克思主义无产阶级革命基本原理的不是列宁，恰恰是第二国际的这些只知道把马克思恩格斯的一些具体结论背得滚瓜烂熟、奉为金科玉律的"博学先生"。

马克思恩格斯预言过社会主义革命将在资本主义比较发达的国家同时发生和取得胜利；他们还说过："无论哪一个社会形态，在它所能容纳的全部生产力发挥出来以前，是决不会灭亡的；而新的更高的生产关系，在它的物质存在条件在旧社会的胎胞里成熟以前，是决不会出现的。"[②] 但是马克思恩格斯也曾有过如下这样的思想：在一定条件下，俄国的农村公社有可能跨越资本主义发展阶段而直接成为社会主义的起点。他们也说过："按照我们的观点，一切历史冲突都根源于生产力和交往形式之间的矛盾"，但是"不一定非要等到这种矛盾在某一国家发展到极端尖锐的地步，才导致这个国家内发生冲突。由广泛的国际交往所引起的同工业比较发达的国家的竞争，就足以使工业比较不发达的国家产生类似的矛盾（例如，英国工业的竞争使德国潜在的无产阶级显露出来了）"。[③] 在致约·布

---

① 《列宁选集》第 4 卷，人民出版社 1995 年版，第 777 页。

② 《马克思恩格斯选集》第 2 卷，人民出版社 1995 年版，第 33 页。

③ 《马克思恩格斯选集》第 1 卷，人民出版社 1995 年版，第 115—116 页。

洛赫的信中，恩格斯还写道，“……根据唯物史观，历史过程中的决定性因素归根到底是现实生活的生产和再生产。无论马克思或我都从来没有肯定过比这更多的东西。如果有人在这里加以歪曲，说经济因素是唯一决定性的因素，那么他就是把这个命题变成毫无内容的、抽象的、荒诞无稽的空话。经济状况是基础，但是对历史斗争的进程发生影响并且在许多情况下主要是决定着这一斗争的形式的，还有上层建筑的各种因素：阶级斗争的政治形式及其成果”①。

由此可见，马克思恩格斯绝不是考茨基之流的庸俗经济决定论者。他们预言无产阶级革命应当在资本主义较发达国家同时发生和同时取得胜利，是在全面分析了自由资本主义时期资本主义经济政治文化发展特点和各国工人运动发展状况后作出的，绝非仅仅考虑了经济因素。正因为这样，他们也考虑到了落后国家实现跨越的可能，只不过他们给出的条件是发达国家无产阶级取得胜利并给予落后国家的无产阶级大力支持。马克思恩格斯没有提出社会主义可以在资本主义比较不发达国家首先取得胜利这一点，这是因为他们没有也不可能预见到资本主义发展到帝国主义阶段后的新情况新变化。但是他们用以分析无产阶级革命发生条件的方法，跟列宁的思路却是一致的。首先，列宁的新型无产阶级革命理论完全符合历史唯物主义关于生产关系必须适应生产力、上层建筑必须适应经济基础的基本观点。只不过这两对矛盾在资本主义发展到帝国主义阶段后表现出了新的特点，出现了如下新情况：资本主义经济政治发展不平衡规律加剧，帝国主义国家之间、帝国主义国家内部资产阶级与无产阶级之间、帝国主义国家与殖民地半殖民地人民之间的矛盾激化。这种新情况导致帝国主义战争不可避免，进而造成帝国主义链条上的薄弱环节，造成无产阶级革命首先从这个薄弱环节取得突破的可能。其次，列宁关于这个薄弱环节是资本主义发展“比较弱”

① 《马克思恩格斯选集》第4卷，人民出版社1995年版，第695—696页。

的国家的思想，完全符合马克思恩格斯关于“由广泛的国际交往所引起的同工业比较发达的国家的竞争，就足以使工业比较不发达的国家内产生类似的矛盾”① 的基本观点，因为俄国恰恰就是这样一个资本主义发展“比较弱”但却集聚了资本主义所有矛盾的国家。同时正因为俄国资本主义发展比较弱，所以其生产关系和上层建筑也就不可能完善，调节矛盾和危机的方法与手段也就比较弱，矛盾也就比较容易激化，而矛盾一旦激化，就很容易演变成危机，形成革命形势。最后，十月革命的发生，与恩格斯关于“对历史斗争的进程发生影响并且在许多情况下主要是决定着这一斗争的形式的，还有上层建筑的各种因素：阶级斗争的政治形式及其成果”② 的基本观点也是完全一致的。当时的俄国就是这样。二月革命后，俄国事实上形成了两个政权。资产阶级临时政府虽然控制了国家机关，但是苏维埃却掌握着武装。七月流血事件的发生和八月科尔尼洛夫军事叛乱的失败，一方面暴露了临时政府的脆弱和无能，另一方面暴露了临时政府的反动本质，彻底打消了人民群众对临时政府的幻想，广大工人、革命士兵的革命情绪空前高涨，革命形势完全成熟。在这种情况下，布尔什维克如果还不抓住机会，率领俄国无产阶级夺取政权，那就是对革命犯罪，就等于断送革命。

关于新经济政策的争论，主要发生在俄共（布）党内，以布哈林为代表的一批“左”派共产党人沉醉于战时共产主义取得的成绩，固守马克思恩格斯关于未来社会的设想，反对向农民让步。他们认为，实行新经济政策是放弃革命成果，退回到资本主义，会导致苏维埃政权的灭亡。列宁对这部分人开展了耐心的说服工作。他指出，新经济政策的实质是无产阶级同农民的联盟。新经济政策的实施，可能会造成资本主义的一定程度的活跃，但大家不用感到害

① 《马克思恩格斯选集》第 1 卷，人民出版社 1995 年版，第 115—116 页。
② 《马克思恩格斯选集》第 4 卷，人民出版社 1995 年版，第 696 页。

怕。因为无产阶级掌握着国家政权，掌握着银行、大工业、铁路水路运输业、对外贸易、土地等国民经济命脉。实行新经济政策绝不是要把社会主义阵地让给资产阶级，而是用“‘新的迂回方法’来夺取一些阵地，实行退却，以便更有准备地再转入对资本主义的进攻”①。新经济政策的成功实践，再次证明了列宁的正确。

十月革命的胜利和新经济政策的成功实践，就如何对待马克思恩格斯的科学社会主义理论这一问题给我们以如下丰富的启示。

第一，坚持马克思主义重要的是掌握马克思恩格斯观察和分析问题的方法，将其作为进一步研究的出发点。

正如恩格斯所说：“马克思的整个世界观不是教义，而是方法。它提供的不是现成的教条，而是进一步研究的出发点和供这种研究使用的方法。”② 恩格斯还指出：“如果不把唯物主义方法当作研究历史的指南，而把它当作现成的公式，按照它来剪裁各种历史事实，那它就会转变为自己的对立物。”③ 考茨基等人的错误，就在于只知道死背马克思恩格斯关于社会主义革命需要一定的经济条件、社会主义革命应当在资本主义发达国家首先发生的论断，而丝毫不去分析马克思恩格斯得出这些结论的方法，丝毫不管资本主义发展到帝国主义阶段后出现的新情况和新变化，从而把自己摆在了革命的对立面。列宁则正是运用了马克思恩格斯分析问题的方法，才得出了在帝国主义时代社会主义有可能在资本主义比较不发达国家首先取得胜利的科学结论，才敏锐地抓住了俄国革命形势成熟的时机，以高度的责任感和主动精神，率领俄国工人阶级和广大劳动人民取得了十月革命的胜利。

第二，坚持马克思主义必须从本国具体实际出发，探索符合本

---

① 《列宁选集》第4卷，人民出版社1995年版，第619—620页。

② 《马克思恩格斯选集》第4卷，人民出版社1995年版，第742—743页。

③ 《马克思恩格斯选集》第4卷，人民出版社1995年版，第688页。

国国情的革命和建设道路。

考茨基等人在攻击列宁的新型无产阶级革命理论的同时，还对俄国十月革命道路横加指责。1918 年 8 月，考茨基写了一本《论无产阶级专政》的小册子。在这本小册子中，考茨基大肆鼓吹用和平的、民主的方法向社会主义过渡，攻击布尔什维克党通过暴力革命夺取政权，就像一个孕妇愚蠢地激烈运动而生出早产儿，这样的孩子通常是活不成的。他还竭力美化资本主义民主，诋毁无产阶级专政，攻击苏维埃政权消灭民主、没有自由，指责列宁是“布朗基主义”。考茨基对列宁和十月革命道路的指责，实际上不外是以欧洲发达国家的现状来图解俄国和要求列宁。

事实上，列宁强调暴力革命是无产阶级革命的一般规律，强调无产阶级专政就是无产阶级不与任何人分掌而直接凭借群众武装力量来掌握的政权，强调必须建立一个以职业革命家为核心的具有铁的纪律的新型无产阶级政党，依据的都是俄国具体国情。在列宁看来，俄国是一个军事封建帝国主义国家，统治者十分凶残，俄国根本没有如西方无产阶级那样进行合法斗争的土壤和条件。在这种背景下，建立秘密政党，开展武装斗争，以革命暴力反对反革命暴力就成了必然选择。但即使这样，列宁并没有否认革命和平发展的可能，也没有放弃推动革命和平发展的努力。1917 年俄国二月革命后，俄国历史上难得一见的两个政权并存的局面出现了，列宁敏锐地看到这是推动俄国革命和平发展的一个机会，他在《四月提纲》里对布尔什维克党明确提出了革命和平发展的方针。即便在七月事变后，革命和平发展的可能几乎已经丧尽，列宁仍然认为“假如还有百分之一的机会，那还是值得来试一试把这种可能性变成现实的”[①]。甚至到了十月革命前夜，列宁都还提出，“我们的任务是尽

① 《列宁全集》第 25 卷，人民出版社 1958 年版，第 301 页。

一切可能保证不放过革命和平发展的'最后'一个机会"[①]。但是当革命和平发展的一切可能都被堵死，而武装起义的条件都已具备时，列宁当即指出，必须立刻发动起义，拖延起义就等于死亡，等于断送革命，是对革命的犯罪。十月革命胜利后，面对旧沙俄势力的反抗、白匪的叛乱、帝国主义的武装干涉，列宁的确十分强调无产阶级专政的暴力作用，但在形势稍微稳定后列宁又及时提出无产阶级专政的实质"主要不在于暴力。它的主要实质在于劳动者的先进部队、先锋队、唯一领导者即无产阶级的组织性和纪律性"[②]。所以，无论革命和平发展还是发动武装起义，无论强调坚决采用革命暴力对付反革命暴力还是指出无产阶级专政的实质主要不在于暴力，都是列宁和布尔什维克党根据俄国国情和不断变化的实际作出的正确选择。没有这种根据本国国情和实际作出的正确选择，而死抱住西方议会民主的想法，就没有十月革命的胜利，更没有社会主义从理论到现实的飞跃。

第三，坚持马克思主义必须辩证地应用马克思主义。

恩格斯指出："唯物主义历史观及其在现代的无产阶级和资产阶级之间的阶级斗争上的特别应用，只有借助于辩证法才有可能。"[③] 列宁在领导十月革命和探索俄国社会主义发展道路的时候，充分显示了他是辩证地应用科学社会主义基本理论的高手。例如，对于物质基础之于社会主义的重要性，列宁一点都不怀疑，因此，十月革命胜利后，只要一有机会，他就要求把工作重心转到恢复经济和组织社会主义建设上来。但是，列宁又不是一个庸俗的、教条的经济决定论者，而是果断地作出了如下战略决策：抓住俄国已然成熟的革命形势，先夺取政权，再利用无产阶级国家政权的力量和社会主义

① 《列宁全集》第 26 卷，人民出版社 1959 年版，第 43 页。

② 《列宁选集》第 3 卷，人民出版社 1995 年版，第 835 页。

③ 《马克思恩格斯选集》第 3 卷，人民出版社 1995 年版，第 691—692 页。

制度的优越性去创造社会主义的物质基础。如果列宁不是这样辩证地应用科学社会主义，十月革命就不可能发生，更不可能取得胜利。又如，在对待商品、货币和自由贸易问题上，列宁承认发展自由贸易有导致资本主义复活的危险，但是，他又看到了自由贸易对恢复经济和建立巩固的工农联盟的重要性，看到了在俄国通过发展商品、贸易迂回曲折地走向社会主义的必要性，从而才有了新经济政策的提出和后来实践的成功。

第四，坚持马克思主义必须不断发展马克思主义。

马克思主义是科学，但它是一门不断发展的科学。马克思恩格斯本人再伟大，也不可能精确地预测到他们身后可能发生的种种变化，这就要求我们在坚持马克思主义的同时，必须不断发展马克思主义。正如列宁指出的，“我们完全以马克思的理论为依据，因为它第一次把社会主义从空想变成科学，给这个科学奠定了巩固的基础”，但“我们决不把马克思的理论看作某种一成不变的和神圣不可侵犯的东西；恰恰相反，我们深信：它只是给一种科学奠定了基础，社会党人如果不愿落后于实际生活，就应当在各方面把这门科学推向前进”。[①] 十月革命的胜利，以生动的实践证明了这个道理。如果列宁和俄国布尔什维克党人像考茨基一样死抱住马克思恩格斯关于社会主义革命应当在资本主义发达国家首先发生的结论不放，而不是根据帝国主义时代的新情况新变化及时作出社会主义革命有可能在资本主义比较不发达国家首先取得胜利的科学判断并勇于实践，那就不可能有十月革命的发生和世界上第一个社会主义国家的诞生。

第五，坚持马克思主义必须重点坚持科学社会主义的价值取向。

科学社会主义的根本价值取向，是无产阶级和全人类的解放，是每个人的自由而全面的发展。消灭私有制，消灭商品、货币，实

---

① 《列宁选集》第 1 卷，人民出版社 1995 年版，第 273、274 页。

行计划经济等等都不过是实现这个价值取向的路径或手段。如果消灭商品和货币并不能促进无产阶级的解放和人的自由而全面发展，那就暂时不要去消灭它们，尽管这表面看起来好像不符合马克思恩格斯的观点，但是却符合了马克思主义的根本价值取向。从列宁与“左”派共产党人关于新经济政策的争论来看，“左”派共产党人的错误就在于把手段当成了目的，因而貌似坚持了马克思主义，实质上却背离了马克思主义；列宁的新经济政策虽然看起来不符合马克思恩格斯关于未来社会的预测，好像是在“向资本主义投降”，但由于符合了科学社会主义的根本价值取向，因而才是真正坚持了马克思主义，才取得了巨大的成功。

列宁是继马克思恩格斯之后世界无产阶级最杰出的领袖和导师。他不仅是一个思想家、理论家，更是一个实干家、操盘手。他亲手组建了俄国社会民主工党（布）这样一个新型的无产阶级政党，亲自领导和发动了十月革命武装起义，亲自领导俄国布尔什维克党、广大工人阶级、广大劳动人民粉碎了白匪的叛乱和英法美日等帝国主义国家的武装干涉，探寻到了符合俄国国情的向社会主义过渡的新路子，使科学社会主义在俄国由理论发展为现实，揭开了人类解放的新篇章，开创了人类历史的新纪元。列宁的许多新思想、新理论和新观点，如他的新型社会主义革命理论、新型无产阶级政党建设理论、新型无产阶级国家政权建设理论、新经济政策理论等等，极大地丰富和发展了马克思恩格斯的科学社会主义，把科学社会主义发展到了一个新的阶段。但是，列宁的思想和观点中也有一些不够成熟和带有空想的成分。例如，他的让全体受过教育的工人、农民都来参加国家管理的思想，让优秀的工农代表进入国家机关、进入中央委员会以防止和消除官僚主义的危害的思想等等，显然过分地低估了国家管理的专业性、复杂性，低估了权力的运行规律。又如，他断言帝国主义是资本主义的最高发展阶段，是垄断的、腐朽的、垂死的资本主义，是无产阶级革命的前夜，是资本主义到社会主义的入口，没有任何中间级。这个论断在当时看是正确的，但第二次世界大战后的世界历史进程表明，资本主义社会的发展，远不像列宁论述的这样简单，资本主义的生命力也远远没有走到尽头。时代在变化，实践在发展，各国的情况千差万异，思想和理论也应当不断发展和创新。随着时间的流逝，列宁留给我们的庞大思想遗产，也许最珍贵的将不再是他基于帝国主义时代和当时俄国实际而得出的那些观点、论断和结论，而是他对待马克思恩格斯科学社会主义的态度，即坚持用马克思主义的立场、观点和方法来观察世界、认识国情，既坚持科学社会主义的基本原理，又不拘泥于它的个别结论，始终把科学社会主义置于现实的基础之上，不断创新和发展科学社会主义，不断探索符合本国国情的社会主义革命和建设道路。

第三章
苏联社会主义模式的特点与启示

列宁逝世不久，联共（布）党内连续发生了三次关于苏联如何建设社会主义、如何巩固和发展社会主义的争论。三次争论的积极方面是统一了全党思想，保证了列宁开创的社会主义事业的继续。其消极方面，一是在联共（布）党内开了以多数简单压制少数，从而剪除政治对手的恶劣先例，为斯大林后来的个人专权埋下了伏笔；二是使苏联的发展偏离了列宁预设的道路并促进了党内“左”倾思想的发展，为苏联社会主义模式的形成准备了政治思想条件。苏联社会主义模式的特点，一是采取高度集权的政治体制；二是采取国家统制式经济体制；三是采取言论一律的思想文化管理体制；四是采取政治动员型发展机制；五是采取数量扩张型经济社会发展模式。苏联社会主义模式是国际共产主义运动史上第一个社会主义建设模式，这一模式在苏联20世纪30年代的社会主义建设中一度取得辉煌成就，在后来的卫国战争和战后的恢复时期也表现出巨大的优越性。但是苏联社会主义模式从一开始就存在着严重的弊端，这些弊端随着苏联社会主义模式的逐渐僵化而越来越严重，给人们以深刻的启示：第一，经济文化比较落后国家的无产阶级在取得政权以后，尤其需要根据马克思恩格斯关于未来社会的价值要求，探索符合本国实际的社会主义发展道路和实现形式；第二，经济文化比较落后国家的无产阶级在取得政权以后，尤其需要大力发展商品经济，为社会主义打下坚实的物质基础；第三，经济文化比较落后国家的无产阶级在取得政权以后，尤其需要重视反对封建主义思想残余的斗争，为社会主义打下良好的思想文化基础；第四，经济文化比较落后国家的无产阶级在取得政权后，尤其需要加强党内民主建设，为社会主义提供可靠的制度保证；第五，经济文化比较落后国家的无产阶级取得政权后，尤其需要创新对马克思恩格斯科学社会主义理论的认识，为社会主义提供科学的理论指导。

一、联共（布）党内关于社会主义发展道路的争论

1924 年 1 月 21 日，列宁因病不幸逝世。列宁逝世不久，联共（布）党内便连续发生了三次关于苏联如何建设社会主义、如何巩固和发展社会主义的争论。第一次是斯大林与托洛茨基关于苏联能否一国建成社会主义的争论；第二次是斯大林同季诺维也夫、加米涅夫关于苏联工业化总路线的争论；第三次是斯大林与布哈林关于苏联社会主义建设方法的争论。由于争论又掺杂进了个人权力之争，结果很快发展成为大规模的激烈的党内斗争。

（一）关于苏联能否一国建成社会主义的争论

列宁逝世后，联共（布）领导人纷纷发表文章，缅怀列宁的伟大功绩，同时也阐发了自己对如何继续列宁开创的社会主义伟大事业的看法。1924 年 4 月和 9 月，托洛茨基先后将自己怀念列宁的文章汇集成《论列宁》和《十月的教训》两部小册子出版。小册子以托洛茨基的"不断革命论"为根据，认为无产阶级掌握政权后，必然会因为继续社会主义事业而和农民发生尖锐的冲突，占俄国人口绝大多数的农民根本不可能成为无产阶级建设社会主义的同盟者，

国际分工和俄国对外国技术的严重依赖也使俄国难以保持经济上的独立，因而俄国不可能在本国一国内单独建成社会主义。俄国无产阶级要取得胜利，就只有实行不断革命，坚持民主革命发展到社会主义革命的不断性、社会主义革命的不断性和国际革命的不断性。几个先进国家的无产阶级共同取得胜利，才能建成社会主义。

斯大林对托洛茨基的理论进行了坚决驳斥。首先，斯大林指出，社会主义一国建成和社会主义最终胜利是两个不同的理论问题。一国建成社会主义，是指苏联无产阶级能够完全依靠自己的力量，在本国一国内战胜资本主义，但帝国主义武装干涉和资本主义复辟的危险仍然存在。社会主义最终胜利是指社会主义完全消除帝国主义的干涉和资本主义复辟的危险，这在一个国家内是不可能做到的，必须至少有几个国家无产阶级革命胜利的相互支持。因此，上述两种矛盾必须被明确区分，“第一种矛盾是完全可以用一个国家的努力来克服的，第二种矛盾却需要几个国家无产者的努力才能解决”[①]。其次，斯大林强调，苏联一国完全能够建成社会主义。这是因为，第一，在苏联，国营企业掌握着国家命脉，苏联农业的发展必须依赖工业的援助，苏联无产阶级可以通过大力支援农民和走合作化道路而与农民建立起同盟关系，引导农民走上社会主义的共同富裕道路。第二，苏联与资本主义国家经济上的依赖是相互的，苏联需要扩大对外经济贸易来加速本国的经济建设，资本主义国家也需要苏联的广阔市场和丰富资源。在这种交往和联系中，苏联能够保持自己经济上的独立性，绝不会沦为资本主义的经济附庸。

总体上看，在斯大林与托洛茨基的争论中，斯大林的观点是正确的。他作出的苏联一国能够建成社会主义的论断，尽管个别论据有待进一步研究和补充，但确实符合当时的客观实际，既丰富和发展了马克思特别是列宁的新型社会主义革命理论，又为苏联大规模

① 《斯大林全集》第 7 卷，人民出版社 1958 年版，第 101 页。

开展社会主义建设提供了理论根据，极大地坚定了苏联党和人民在一国范围内建设社会主义的信心。托洛茨基的错误则在于完全脱离俄国实际，机械地坚持马克思恩格斯的世界革命观点，不懂得如何将马克思恩格斯的革命理论与俄国国情相结合，探索符合俄国实际的革命和建设道路；不懂得虽然无产阶级革命目标只有一个，但无产阶级革命和社会主义建设的道路却可以有许多条，从而犯了理论上的教条主义、目标上的空想主义和行动上的冒险主义的错误。正因为如此，斯大林的观点得到了党内多数的支持。1925 年 1 月 17—20 日，联共（布）中央委员会和中央监察委员会召开联席会议，决定“给予托洛茨基最严厉的警告”，并认为“托洛茨基不能继续在苏联革命军事委员会中工作”。根据中央委员会和中央监察委员会联席会议的决定，1 月 26 日，苏维埃中央执行委员会主席团通过决议，宣布解除托洛茨基海军人民委员会和革命军事委员会主席的职务。至此，斯大林在与托洛茨基的斗争中取得了决定性胜利。

本来，党内出现认识上的分歧是很正常的，完全可以通过争论来达成共识，即使不能达成共识，也可以求同存异，留待实践检验来解决。联共（布）在列宁领导时期就是这样处理问题的。当时列宁的很多正确意见在党内都有反对者，有时后者的反应还非常激烈，包括托洛茨基在内。他们在许多问题上与列宁都存在着分歧，而列宁虽然对他们的批评非常尖锐，却又善于与他们共事，很少采取组织措施。这就既维护了党的统一，又保持了党内民主。这次联共（布）对托洛茨基的组织处理，表面看维护了党的团结和统一，但却在联共（布）党内开了以多数简单压制少数，从而剪除政治对手的恶劣先例，为斯大林后来的个人专权埋下了伏笔。

（二）关于苏联工业化总路线的争论

斯大林与托洛茨基关于苏联能否一国建成社会主义的争论刚刚

结束，苏共党内又爆发了斯大林与季诺维也夫、加米涅夫关于苏联工业化总路线的争论。斯大林与季诺维也夫、加米涅夫关于苏联工业化总路线的争论，实质上是斯大林与托洛茨基关于能否一国建成社会主义的争论的继续。在1925年初反对托洛茨基的斗争中，季诺维也夫和加米涅夫开始是站在斯大林一边，可是后来又认为托洛茨基有理，逐渐转向托洛茨基而反对斯大林。1925年12月18—31日，联共（布）召开了第十四次代表大会。这次代表大会之前，斯大林与季诺维也夫的裂痕已经公开暴露，两派分别得到了莫斯科和列宁格勒党组织的支持。联共（布）十四大在苏共历史上是一次工业化的代表大会。斯大林在会上代表党中央提出了苏联社会主义工业化的总路线。列宁格勒代表团不同意斯大林的报告，推荐季诺维也夫向大会作副报告，这标志着以季诺维也夫、加米涅夫为首的新反对派正式形成。副报告集中攻击了党的工业化总路线，认为苏联当时的国有工业不是社会主义工业而是国家资本主义工业，认为这种工业对工人的剥削继续存在，甚至更厉害，必须让工人组织起来反对国家剥削者；攻击一国胜利论是在为“民族狭隘性辩护”，强调如果没有世界革命的援助，一国建成社会主义是不可能的；指责中央多数派有“富农倾向”，要求加强对富农的压力，提高对富农的税收。针对斯大林担任总书记后的权力膨胀问题，新反对派还建议使中央政治局拥有政治上和组织上的全权，改组书记处，使书记处服从政治局，甚至要求撤销斯大林总书记职务而由季诺维也夫担任。

新反对派的观点、建议和行为受到了大会绝大多数代表的反对。1925年12月23日，代表大会以556票赞成、56票反对，通过了斯大林代表中央委员会作的政治报告。12月28日，大会又通过了几项有关新反对派的决议，谴责列宁格勒代表团犯了错误，由中央派人改组《列宁格勒真理报》，撤销加米涅夫向大会作的关于经济建设问题的报告。但是，新反对派不接受大会的批评，不服从大会的决议，并与托洛茨基联起手来，继续从事反对活动。1926 年 7 月 14—23 日，联共（布）中央委员会和中央监察委员会召开联席会议，季诺维也夫、加米涅夫和托洛茨基等人联合起来，抛出了一个《十三人声明》。该声明批评党的最高领导层日益脱离群众，官僚主义骇人听闻，指责当前的经济政策、农村政策、税收政策都是错误的。该声明的发表，标志着托季联盟的正式形成。有鉴于此，从 1926 年夏到 1927 年底，联共（布）党内又进行了反对托季联盟的斗争。

鉴于新反对派对中央的处理屡不服从，其派别活动有增无减，1927 年 10 月 21—23 日，联共（布）召开中央委员会和中央监察委员会联席会议，决定在全党进行公开辩论。经过辩论，在最后实行的党员投票中，99%以上的党员（约 724000 人）拥护中央路线，支持托季联盟的党员不足 1%（约 4000 人）。但是反对派仍不肯罢休，趁纪念十月革命十周年之际，于 11 月 7 日在莫斯科和列宁格勒组织了示威游行，将党内矛盾诉诸街头。在此情况下，中央委员会和中央监察委员会于 11 月 14 日召开联席会议，决定把托洛茨基、季诺维也夫开除出党。同年 12 月 2—19 日，联共（布）召开第十五次代表大会，决定把加米涅夫、皮达可夫、拉狄克等 75 名托季联盟骨干分子开除出党，并要求各级党组织努力纯洁自己的队伍，清除“一切不可救药的托洛茨基反对派分子”。至此，托季联盟在政治上、组织上彻底失败。

（三）关于苏联社会主义建设方法的争论

反对托季联盟的斗争结束不久，联共（布）党内又爆发了斯大林与布哈林关于农业集体化的争论。争论的直接导火索是 1927 年秋的粮食收购危机，围绕如何看待粮食危机以及怎样解决粮食危机等问题，党内出现不同意见。布哈林认为粮食收购方面出现的危机是经济原因造成的，主张用调整经济政策的办法加以解决。斯大林认为，粮食收购上出现的危机，主要是阶级原因造成的，是富农对苏维埃政权的反抗造成的。他主张，对富农采取坚决措施，并加紧实行集体化。

1927年12月，联共（布）召开第十五次代表大会。这次大会因决定在苏联实现农业集体化而载入史册。大会接受了斯大林的观点，通过了在苏联大力开展农业集体化的决议和向富农进行坚决进攻的方针。在这一方针的指示下，1928年春苏联的粮食收购问题和农村的紧张形势更趋严重，引发了布哈林、李可夫、托姆斯基等人的批评和反对。1928年4月，联共（布）中央委员会和中央监察委员会召开联席会议，讨论粮食问题。斯大林和布哈林分别在联席会议上讲话。争论的结果是，斯大林作了较大让步，答应取消粮食收购政策中的“非常措施”。但是，会议并没有弥合布哈林和斯大林之间的分歧。大会结束后，斯大林和布哈林各自按照自己的理解分别在党的两个最大的地方组织（列宁格勒党组织和莫斯科党组织）的积极分子会议上报告联席会议精神，观点完全对立。布哈林的观点得到了财政副人民委员和莫斯科市委的有力支持。1928年7月，联共（布）召开中央全会，斯大林和布哈林多次作了针锋相对的发言，两人的分歧进一步加剧，但尚未公开化。同年9月30日，布哈林在《真理报》上发表《一个经济学家的札记》一文，就斯大林强制推行工业化、贡税论等进行了批评，全面阐述了自己的市场经济平衡论以及关于社会主义建设的基本主张，引起全党强烈反响。同年10月19日，斯大林发表《论联共（布）党内的右倾危险》的演说，指出党内存在着向资本主义妥协的右倾危险。至此，斯大林与布哈林的分歧开始公开化和白热化。

斯大林与布哈林的争论，表面上看是由对发生粮食收购危机的原因和采取的对策看法不一致引发的争论，实质上是对苏联应当采取什么方法建设社会主义的争论，是关于苏联社会主义建设根本方针上的重大分歧。主要表现在以下三个方面。

第一，关于社会主义国家工业化道路问题。

斯大林主张优先发展重工业，并将此作为社会主义工业化道路区别于资本主义工业化道路的根本标志。他认为，面对资本主义的包围和威胁，苏联的工业化既不能通过优先发展轻工业积累资金，也不能通过海外殖民获得资金，只能通过依靠本国的节约和农民缴纳贡税积累资金，高速度地发展重工业来实现。布哈林则认为，用加重农民负担的方法实行工业化，会导致农民的不满和工农联盟的破裂，进而会把国家引向毁灭。他还指出，发展国民经济必须注意综合平衡，尊重客观规律。他认为，1928 年苏联出现的危机，就是经济平衡的各种条件遭到破坏的结果。他反对优先高速发展重工业化，主张农业、轻工业、重工业平衡发展。

第二，关于农业集体化问题。

斯大林主张对农业实行全盘集体化。他认为，苏联农业的出路就在于把“落后的分散的小农户转为有机器供应的、用科学成就武装起来的、能生产最大量商品粮食的联合的公共的大农庄”[①]。他要求立即把限制富农的政策改为消灭富农的政策，迅速实现集体化，以保证国家所需要的商品粮。布哈林则认为，把小农经济改造为集体经济这个方向没错，但是应当在个体经济充分发展的基础上有步骤地进行。他还引用列宁的合作制理论，强调即便推进农业集体化，也要以农民自愿为基础，反对用行政命令和行政手段强制改造农业，反对全盘集体化。在对待富农问题上，他反对只限于用专政和行政的手段，主张多一点经济斗争的手段，通过经济方法和发展经济去限制、排挤富农，引导他们“长入”社会主义。

第三，关于社会主义社会的阶级斗争问题。

斯大林片面夸大社会主义时期阶级斗争的严重性，认为苏联社

① 《斯大林全集》第 11 卷，人民出版社 1955 年版，第 77 页。

会主义建设中的一切成就都是阶级斗争的结果，强调社会主义越接近胜利，阶级斗争就越尖锐。这实际上是把党内决策中的不同意见都上升为阶级斗争。布哈林坚决反对这一观点，认为党在过渡时期的基本路线应该是阶级矛盾逐步缩小和最后消亡的路线；认为"社会主义愈是向前迈进，反抗愈是强烈"的观点，简直愚蠢无知；强调随着社会主义日益胜利，阶级矛盾将逐步缩小直至最后消亡。

以上三个分歧表明，斯大林与布哈林之间的分歧的确是根本性的路线分歧。但是斯大林这次与布哈林的分歧，又跟他前两次与托洛茨基、托季联盟的分歧不同。前两次分歧是事关苏联社会主义建设发展方向的分歧，这次分歧是关于苏联社会主义建设方法的分歧；前两次分歧伴随着托洛茨基和托季联盟的大量的派别活动和权力斗争因素，这次分歧主要是思想认识上的分歧，不存在派别组织活动和权力斗争因素。而且，现在看来，布哈林的观点实际上延续了列宁的观点，其中不无正确之处，但是斯大林仍然简单地沿用了在反对托季反对派的斗争中形成的"割除"政策，从组织上处理了布哈林及其拥护者。

1929 年 2 月 7 日，联共（布）中央政治局和中央监察委员会主席团联席会议通过了《关于党内事件》的决议，谴责布哈林等人进行派别活动。4 月 16—23 日，联共（布）中央委员会和中央监察委员会举行联席会议，通过了《关于党内事件》的决议，并宣布解除布哈林《真理报》主编的职务和托姆斯基全苏工会中央理事会主席的职务。11 月 10—17 日，联共（布）中央全会通过了《关于布哈林集团》的决议，撤销了布哈林政治局委员的职务。11 月 25 日，布哈林、李可夫、托姆斯基被迫发表自我批评声明，承认在过去一年的争论中，"党及中央委员会是正确的"。至此，布哈林在政治上和组织上都遭到了失败。

联共（布）党内在列宁逝世后连续发生的这三次党内争论和党内斗争，是在世界无产阶级革命进入低潮，苏联一国孤立存在的严峻局面下发生的。联共（布）面临着在俄国这样一个不发达国家里一国能否建成社会主义以及如何建成社会主义的重大现实问题。对于这两个课题，马克思恩格斯没有答案，列宁刚刚小有探索又不幸因病去世。对于如何解决这两个课题，党内不可避免地会发生认识上的分歧，乃至矛盾和斗争。由于列宁过早去世，党内还没有形成一个像列宁一样德高望重的领袖人物；由于联共（布）当时也还很年轻，党内还没有来得及形成一套完善的、能够正确解决党内分歧和矛盾的科学制度；由于斯大林和反对派又都缺乏民主法制意识，背离了列宁关于党内斗争的正确原则，因而，这一系列斗争虽然最终以斯大林的胜利告终，虽然保持住了党的团结和统一，但是，也对苏联社会主义建设和联共（布）自身建设产生了许多负面影响。首先，斗争的结局使苏联的社会主义建设彻底偏离了新经济政策的道路，为斯大林模式的形成准备了政治条件；其次，斗争的结局助长了联共（布）当时理论和实践上的“左”倾，给苏联社会主义建设，乃至整个国际共产主义运动都带来了不良后果；再次，斗争破坏了联共（布）党内正常的政治生活，对党内不同意见的正常争论上纲上线，采取外科手术式的“割除”办法进行“清洗”，破坏了党内民主；最后，斗争的结局是在党内形成了斯大林的个人集权，并且使个人崇拜开始盛行起来。1929 年 12 月，全苏联大规模为斯大林五十寿辰庆贺，书籍报刊中充满了对他歌功颂德的文字，这成为国际共产主义运动内部个人崇拜大势泛滥的开端。

二、苏联社会主义模式的形成过程、特点与历史功过

（一）苏联社会主义模式的形成过程

苏联社会主义模式，是伴随着苏联的高速工业化、农业全盘集

体化和“大清洗”三大运动形成的。

1925 年 12 月，联共（布）第十四次代表大会召开，大会驳斥了季诺维也夫—加米涅夫新反对派的意见，以绝大多数通过了斯大林的国家工业化总路线的报告，标志着苏联高速工业化的开始。苏联的社会主义工业化是通过两个五年计划，采用高度集中的指令性计划管理方式完成的。

联共（布）十四大后，苏联便开始着手考虑编制第一个五年计划。1927 年 12 月，联共（布）第十五次代表大会通过决议，发布“关于拟定国民经济五年计划的指示”。根据该指示，苏联国家计划委员会开始正式编制第一个五年计划。当时拟定了最低和最高两个方案，最高方案规定的经济建设的规模和速度比最低方案高 20%。经过讨论，1929 年 4 月，联共（布）第十六次代表会议通过了最高方案。尽管计划指标很高，但苏联还是只用了四年零三个月就完成了第一个五年计划。到 1932 年底，苏联的工业总产值比战前增加了 234%，工业产值在工农业总产值中的比重由 1928 年的 48.0%上升到 70.7%。全国新建成 1500 个大型企业，出现了一大批旧俄没有的新兴工业部门，如拖拉机制造、汽车制造、飞机制造、航空、化学和机器制造等等。

从 1933 年起，苏联开始实施第二个五年计划。经过苏联党和人民的努力，至 1937 年 4 月 1 日，第二个五年计划又提前完成。在这一时期内，又有 4500 个新型工业企业投产。至第二个五年计划完成时，工业总产值比 1932 年增长 1.2 倍，工业在整个国民经济总产值中的比重由 1913 年的 42.1%上升到 77.4%，其中生产资料即重工业的产值在工业总产值中的比重，由 1928 年的 39.5%上升到 57.8%。第二个五年计划的完成，使苏联的工业产量跃居欧洲第一位和世界第二位，仅次于美国。由此，苏联基本上实现了社会主义工业化，由一个落后的农业国转变成一个强大的工业国。与此同时，苏联形成了重工业过重、农业和轻工业过轻的畸形经济结构，以及高度集中的指令性计划管理体制。

苏联的农业集体化主要是为配合国家工业化运动而实行的。在新经济政策时期，农业的社会主义改造基本上以列宁的合作社计划为指导思想，国家需要的农产品也主要通过市场交换从农民手中购买。但是，工业化建设开始后，这一政策逐渐不适应形势发展的要求，这种情形到1927年秋演变成严重的粮食收购危机，继而引发了斯大林与布哈林关于粮食收购进而关于苏联社会主义建设发展道路和方法的激烈争论。为了一劳永逸地解决粮食问题，斯大林在给布哈林及其支持者戴上右倾反党集团的帽子，并对他们进行组织清理的同时，决定在全国迅速开展农业集体化运动。1927年12月，联共（布）第十五次代表大会向全党提出开始全面农业集体化的任务，揭开了苏联大规模农业集体化运动的序幕。1929年4月，联共（布）第十六次代表会议再次向全党提出必须大力支持农业集体化，这进一步加快了农业集体化的步伐。1929年11月，斯大林发表《大转变的一年》，高度评价了集体农庄运动的意义。在这篇文章的推动下，此前个别地区的全盘集体化发展成为急风暴雨式的全国性政治运动。1929年，全国加入集体农庄的农户数还只占总农户数的3.9%，到1930年1—2月，加入集体农庄的农户已占总农户的60.0%。到1934年7月，全国加入集体农庄的农户达到总农户的71.04%，播种面积达到总面积的87.4%，农业集体化任务基本完成。随着这一任务的基本完成，苏联建立起了一种新的直接为国家工业化服务的农业经济体制。但是，这种新的农业经济体制虽然满足了为工业服务的主要目标，却没能促进农业生产。结果，在斯大林时期，苏联农业生产力不但没有超过沙俄时期，反而落后于沙俄时期。

苏联的工业化运动和农业集体化运动有两个共同的特点：一是

速度快，二是依赖行政手段。变化速度过快和过分依赖行政手段，一度导致社会关系和党群关系紧张，引起党内外部分人士的怀疑和不满，造成斯大林威信的下降。“大清洗”运动就是在这样一个背景下发生的。自 1929 年联共（布）中央批判和处理了“布哈林右倾投降主义集团”后，党内已没有公开的反对派。但是，这不等于党内不再有不同意见。由于斯大林对不同意见采取高压措施，不同意见无法通过正常途径表露出来，就只能通过其他形式表现出来。1934 年 12 月 1 日联共（布）中央政治局委员、中央书记、列宁格勒市委书记谢·米·基洛夫被杀案，成了斯大林发动“大清洗”运动的导火线。

谢·米·基洛夫在被杀害前是联共（布）中央最年轻的政治局委员，是一颗正在冉冉升起的政治新星。基洛夫曾是斯大林的坚定拥护者，在反对托洛茨基、新反对派和布哈林的斗争中都坚定地站在斯大林一边，因而深受斯大林信任。斯大林派他去列宁格勒改组一度被新反对派把持的列宁格勒市委，并让他取代季诺维也夫任列宁格勒市委书记。但是，1930 年以后，随着经济政治形势的好转和社会主义建设的深入，党内以基洛夫为代表的部分领导人开始不太赞成斯大林的“社会主义成就愈大，阶级斗争愈尖锐”的观点和继续向资产阶级进攻的路线。他们认为，在向资本主义全线进攻时期，采取激烈措施是必要的；在剥削阶级已经消灭的情况下，应尽快结束大规模的阶级斗争，努力团结更多的力量，改善党内外关系，促进社会主义事业发展。基洛夫的看法应该说非常温和，只要求缓和一下行政措施的强制力度，根本没有涉及更深层次的问题。尽管如此，基洛夫的看法仍然使他的威信大增。在 1934 年初的联共（布）十七大上，他所得票数高于斯大林，并于会后当选为政治局委员、组织局委员和中央书记。但是，正当基洛夫威信日隆的时候，他却于当年 12 月 1 日被人暗杀。然而，案子还没有查清楚，与案子相关的人员却一个一个神秘死去。与此同时，联共（布）中央执行委员会和人民委员会根据斯大林的建议，迅速通过了《关于修改加盟共和国现行刑事诉讼法典的决议》，规定有关对苏维埃工作人员进行恐怖活动的案子要快审、快判、快执行，不准上诉和不接受赦免。由此揭开了"大清洗"运动的序幕。

整个"大清洗"运动从 1934 年底到 1938 年秋，历时将近 4 年，其间出现过两次高潮，呈现出三个特点：第一，指导思想是使阶级斗争越来越尖锐；第二，运作过程脱离党的领导，不遵守司法程序，采取鼓励告密和逼供诱供的办法；第三，打击对象主要是党政军高级干部和知识界精英。列宁遗嘱中直接提到的 6 名党的领导人有 4 人被镇压，早年被驱逐出国的托洛茨基也被暗杀，仅余斯大林 1 人；1919—1935 年的 31 名政治局委员中有 20 人遇害；十七大代表 1966 人中有 1108 人被捕；十七大选出的 139 名委员有 98 人被捕和被处决；列宁格勒州委常委和书记处成员没有一个活下来；乌克兰中央委员会 120 人中只有 3 人幸免于难；总数为 733 人的军队高级指挥员和政工人员中有 573 人遭到镇压，其中包括 5 名元帅中的 3 名，5 名一级军团长中的 3 名，10 名二级军团长的全部，57 名军长中的 50 名，28 名军政委中的 25 名，64 名师政委中的 58 名以及 456 名团长中的大多数。① 整个"大清洗"中，总共被逮捕和被判刑的有四五百万人，受株连而遭受其他各种打击的更是不计其数。

"大清洗"运动滥用权力，制造了大批冤假错案，在党内外造成了一种可怕的恐怖气氛，严重地破坏了社会主义民主和法制。经过这场"大清洗"运动，斯大林的个人权力进一步加强，党的集体领导变成了斯大林个人专制。到 1941 年 5 月，斯大林不仅担任总书记而且兼任人民委员会主席（政府总理）和国防委员会主席，集党政军大权于一身。至此，苏联高度集权的政治体制基本形成。

① 参见黄苇町：《苏共亡党十年祭》，江西高校出版社 2002 年版，第 38—39 页。

从以上分析不难看出，苏联社会主义模式的形成，与高速工业化、农业全盘集体化、“大清洗”三大运动有着密切关系。其中，高速工业化是主因。为了高速工业化，不得不借助于国家力量，用行政手段动员和组织全国的人力、物力、财力并配置各种资源；为了解决高速工业化的资金和粮食问题，不得不发动农业全盘集体化运动，把个体农民组织成为集体农庄，实行义务交售制，将农村纳入国家指令性计划的运行轨道；为了镇压强制推行高速工业化和农业全盘集体化造成的不满情绪，又发动了“大清洗”运动，旨在为实现国家工业化和农业全盘集体化扫清政治障碍。三大运动相辅相成、紧密配合，最终催生了一个以过度集权为基本特征的斯大林体制。

（二）苏联社会主义模式的特点

1936 年 11—12 月，苏联召开了全苏苏维埃第八次代表大会。大会经过广泛深入讨论，通过了斯大林《关于苏联宪法草案》报告和新宪法。新宪法反映了苏联社会的变化，从法律上确认了苏联的社会主义制度和国家制度，标志着苏联社会主义政治经济体制的基本形成。

苏联社会主义政治经济体制的基本特征是“极严格的集中制”，其主要表现形式如下。

1. 高度集权的政治体制

这里讲的高度集权包含三层意思：国家权力过度集中于党，党的权力过度集中于中央，中央权力过度集中于个人。十月革命以后，苏联建立了以党为核心的无产阶级专政体系。这个体系中存在着两套完整的自上而下的机构——党的机关和苏维埃机关（国家机关）。从二者的相互关系看，苏维埃机关从属于党的机关，党的机关基本取代了苏维埃机关。各级苏维埃只是形式上批准同意各级党委的方针、政策，政府各部委实际上由苏维埃的执行机关变成了党的各部委的“二级局”，而党的机关内部则听命于书记个人，中央则听命于斯大林，党的集体领导制度成为摆设。此外，在中央与地方的关系上，建立了垂直的上下级领导体制，地方和基层完全听命于中央和上级。在干部人事制度问题上，建立了普遍的由上到下的干部委派制，并形成了事实上的领导干部职务终身制，群团组织也由党联系群众的“纽带”变成了贯彻党的指示的“传送带”。

2. 国家统制式经济体制

国家统制式经济体制是苏联高度集权的政治体制的基础。国家统制式经济体制的特点是：工业企业一律实行国有化，国家不仅是企业的所有者，而且是企业的经营者。社会的全部经济活动，包括宏观经济活动、微观经济活动乃至家庭和个人的经济活动，都由国家统一管理。在生产领域，用指令性计划控制企业的全部生产、分配、销售。在流通领域，实行国内贸易的国有化和对外贸易的国家垄断，尽力取消私人商业，生产资料由国家统一计划调拨。在分配领域，财政收入由国家统收统支，个人收入由国家制定统一的工资等级标准，主要消费品实行票证供应制。农业集体化完成后，农业的生产、分配、交换也被纳入国家统制式经济体制。

3. 言论一律的思想文化管理体制

言论一律的思想文化管理体制既是苏联高度集中的政治经济体制在思想文化方面的必然结果，同时也是促成苏联高度集中的政治经济体制的必要条件。其特点，一是建立起了高度集中的思想文化管理体制。思想文化管理部门的管理权、干部任免权自下而上层层集中，最后高度集中于联盟中央，集中于党的宣传工作部门。社会文化团体也按照统一集中的原则进行了大规模改组，行政上隶属于党和国家各级思想文化管理部门，经费上由国家财政直接供给，变成了准国家机关。二是领袖言论成为判断真理与错误的唯一标准。

斯大林作为党和国家的最高领导人，不仅他的思想和言论被神圣化、绝对化，成为判断真理和错误的绝对标准；而且他自己拥有对思想文化问题的最终裁决权，甚至对学术问题也亲自干预，为其定性。例如，1948 年苏联生物界关于遗传学问题的争论，1950 年苏联文学界关于语言学问题的争论，斯大林都亲自干预，为其定性。三是公共舆论一律。采用行政命令、大批判等高压手段来解决思想认识问题和学术争论问题，实际上是一种文化专制。斯大林时期，苏联思想文化领域先后开展了两次大批判运动。第一次发生在 20 世纪 20 年代末 30 年代初，涉及哲学、经济学、史学、文艺学；第二次发生在 1946—1948 年，先从文艺界开始，继而转向社会科学和自然科学等领域。思想文化领域开展的这些批判运动，对斯大林的权威的树立、苏联社会主义模式的最终形成和发展起了十分重要的作用。

4. 政治动员型发展机制

所谓政治动员型发展机制，是指以国家行政强制力和思想政治工作为杠杆，通过连续不断的有组织的大规模的群众运动进行经济建设，实现既定社会发展目标的社会发展和社会运行机制。政治动员型发展机制是高度集中的政治经济体制的必然产物。一方面，在高度集中的政治经济体制下，地方、基层、企业、个人缺少发展的自主权和利益驱动机制，只有依靠大规模的有组织的政治动员和群众运动才能推动社会发展；另一方面，高度集中的政治经济体制也为发动和组织大规模的群众运动提供了充分有效的手段。所以，十月革命后，苏联连续掀起了多次大规模的群众运动，如著名的星期六义务劳动、农业集体化运动、斯达汉诺夫运动，等等。正是在这些大规模的群众运动中，苏联完成了社会主义工业化和农业集体化。

5. 数量扩张型经济社会发展模式

所谓数量扩张型经济社会发展模式，是指在经济社会发展中片面追求量的扩大，不讲成本，忽视效益和质量的提高。具体表现为：第一，过分追求高速度，过分突出发展重工业和军事工业，长期轻视轻工业、民用工业和农业，造成国民经济发展的不平衡和失调。第二，热衷于建新企业，两个五年计划期间共建立大中型新企业6000多个，忽视对旧企业的技术改造和挖潜。第三，片面强调工农业总产值的规模，忽视成本、效益、利润，为完成指令性任务特别是军事任务而不计成本。第四，重积累，轻消费，实行低工资政策，使人民生活水平的提高远远落后于经济发展速度而长期得不到显著改善。

（三）苏联社会主义模式的历史功过

苏联社会主义模式基本上是按照马克思恩格斯关于未来社会的设想建立起来的。这一模式也不是一开始就一无是处，而是取得了巨大的历史功绩，显示出了一定的优越性。

首先，这一体制保证了苏联在20世纪30年代高速度地实现了社会主义工业化和农业集体化，使苏联在不到20年的时间内走完了欧美资本主义国家50年至100年的路程，奠定了社会主义的物质基础。同时，它也保证了苏联在第二次世界大战后迅速地医治好了战争的创伤，发展成为唯一能与美国抗衡的世界超级军事、政治、经济强国。

其次，这一体制保证了苏联卫国战争的胜利。战争爆发前，高度集中的政治经济体制使苏联重工业在工业化进程中得到优先发展，由此奠定了抵抗法西斯侵略的物质基础。战争爆发后，高度集中的政治经济体制能很快地动员全国人力物力支援前线，严格的组织纪律又有效地保证了苏联经济向东部地区的大规模转移和源源不断地提供后勤保障。

最后，这一体制所取得的巨大的历史功绩极大地鼓舞了全世界无产阶级和被压迫民族，有力地推动了社会主义由一国胜利向多国胜利的发展。在苏联社会主义的影响和鼓舞下，第二次世界大战后，以苏联模式为主体的现实社会主义运动在世界范围内如火如荼地扩展开来。在 20 世纪 50—60 年代，这一运动发展到最高潮，15 个社会主义国家先后建立起来，其人口占了世界的 1/3，幅员占了世界陆地面积的 1/4，经济实力占了全球的 2/5；共产党发展到 120 多个国家，党员有 8000 多万人。此外，这一运动还对第二次世界大战后世界各国的未来走势形成了巨大压力，迫使许许多多的资产阶级民族政党和左翼政党也不得不在自己的旗帜上打上社会主义的印章，从而使社会主义一度发展成为 20 世纪最强大的政治潮流和时代的主旋律。

但是，苏联社会主义模式虽然取得了巨大的历史功绩，显示出了一定的优越性，却远不是一个成熟、完善和科学的政治经济体制。这一体制内部从一开始就存在着如下一系列严重的弊端。

第一，权力过于集中。斯大林明确宣布，苏联实行一党领导制和“党的垄断”，不允许其他政党分掌权力，形成了以党代政、党政合一的高度集权的党政领导体制。特别是 20 世纪 30 年代以后，党政军权力高度集中于斯大林个人之手。在中央集权最盛时，连中央政治局也成了一个陪衬，重大问题皆由斯大林及其周围圈子里的少数人说了算，最后苏联走向了斯大林个人的专断独行，党内民主和社会主义民主受到严重破坏。

第二，民主与法制不健全，人治代替了法治。苏联在 20 世纪 20—30 年代也制定了一些法律，但总体上对法制建设不重视，立法不完善，更重要的是有法不依，权大于法，情大于法。特别是内务部门凌驾于法律之上，享有绝对的权力，为所欲为，酿成了极为严重的镇压事件。1990 年 2 月 13 日苏联国家安全委员会在研究为过去的受迫害者恢复名誉时透露，1930—1953 年，全苏联因反革命罪被判刑的有3378234人，其中被处决的有786098人。[①] 这些大规模破坏社会主义民主和法制的事件，不但给苏联广大干部、党员、人民群众的生命和财产带来巨大损失，更重要的是严重破坏了社会主义的形象，败坏了社会主义的声誉。

第三，党和国家机构庞大臃肿，管理体制和干部制度不合理。权力过分集中于上层，加上党政两套对应机构从上到下实行条条垂直管理，不可避免地使党和国家机构恶性膨胀，形成机构林立、互相重叠的现象。斯大林时期，光政府部级单位在第二次世界大战前就增加到60个，20世纪50年代增加到68个，后者相当于列宁后期的5倍多。机构多，必然造成工作人员多，大大降低工作效率，再加上自上而下的干部委派制和事实上的终身制，更使得各种不正之风和官僚主义现象得以复活、滋长、泛滥，从而进一步降低了政府工作的效率。

第四，缺乏有效的监督制约机制。斯大林时期，解散了群众性的监督组织，取消了工农检察院，削弱了党的中央监察委员会的地位与作用。党的中央监察委员会降格为党的中央委员会领导下的一个机构，由一名中央书记领导。监察委员会失去了参与制定和监督党的决策的权力，失去了对同级党委的监督权，政府的监督委员和监督小组也都从属于人民委员会和各政府部门。整个监督机构缺乏独立性和权威性，没有有效的约束力，造成党和国家的领导人无人监督。保留的监督机制只是监督党的决议、国家法令和政府指令的执行情况。普通党员、人民群众对党和国家领导人、国家工作人员的监督被普遍削弱，而领导者对普通党员和公民的监督却被强化了。这实际上造成了只有自上而下的监督，而没有有效的自下而上的监督。这是20世纪30年代后期苏联社会主义民主和法制遭到严

① 参见李景治、王正泉、陈新明等：《社会主义发展历程》，辽宁人民出版社2001年版，第325页。

重破坏的一个重要原因。

第五，思想僵化，个人崇拜盛行。政治上的集权和思想上的严格控制，必然造成思想上的僵化和个人迷信的盛行。在斯大林时期，对斯大林个人崇拜成为苏联思想文化领域的一条神圣原则。是否对斯大林个人崇拜，是衡量公民是否有觉悟、是否认识真理的最高思想准则，是判断公民是否忠诚于党和国家的主要政治标准，甚至是判断公民是否犯法的一条不见于法律的潜规则。在这样一种社会氛围里，对斯大林的个人崇拜愈演愈烈。斯大林被称为“天才导师”“一切进步的和先进事物的象征”“一切时代最伟大的人物”“我们星球上最伟大的人物”“一切时代科学的泰斗”“永不犯错误的理论家”等等，“斯大林就是真理”“斯大林的指示就是法律”等说法在苏联流行。在这种体制和氛围中，原本充满批判意识、辩证法精神的马克思主义不再是行动的指南，而是变成了僵化的教条，对社会主义建设和发展造成了极大的思想障碍。

第六，片面强调计划管理，排斥市场机制。苏联领导人和经济学界长期认为，计划经济是社会主义的特征，市场经济是资本主义的特征，在社会主义条件下，商品经济是旧社会的残余，必须加以限制并逐步予以消灭。由此出发，苏联尽量缩小商品生产的活动范围，排斥市场机制，一味地强调指令性计划管理。指令性计划渗透到经济生活的各个方面，成为一切经济活动的目标和准则。成本、利润、税收、信贷、价格等经济杠杆都没有得到充分运用，使得经济死气沉沉，缺乏活力。此外，经济生活还时常受到政治斗争和意识形态的干扰，造成唯意志论的泛滥，使许多经济政策违背经济规律，给苏联的社会主义建设带来许多不应有的损失。

苏联社会主义模式中的这些弊端，如果说在这一模式建立之初还不十分严重的话，那么，随着苏共政治上的日渐保守、思想上的长期教条、体制上的日益僵化，越到后来，则越发严重，直到最后发展成为否定苏联社会主义模式的决定性因素。

三、苏联社会主义模式的形成原因与启示

苏联社会主义模式的形成原因很多，如十月革命后严峻的国际国内形势，帝国主义国家的包围和战争威胁，落后的经济与迫切发展社会主义物质基础的矛盾，激烈的党内矛盾和残酷的党内斗争，斯大林的个人性格和思想认识等。下面着重分析导致苏联社会主义模式形成的社会历史根源和斯大林个人因素。

（一）导致苏联社会主义模式形成的社会历史根源

1. 受俄国文化传统的制约和影响

俄国没有经历过欧洲文艺复兴、启蒙运动等文化和思想解放运动，人民的民主观念、法治观念、主体意识、自我意识从来没有达到过西方的发展水平。19 世纪虽然出现过一批相当卓越的思想家和文学家，如别林斯基、列夫·托尔斯泰等，但由于社会多数成员处于愚昧状态（到十月革命时，文盲仍占俄国人口的 3/4 以上），因而当时俄国未能发展出社会的普遍觉醒运动。苏联学者也承认，俄国百姓的一贯传统，是把摆脱社会苦难的希望寄托于“明君”“好沙皇”。俄国历史上最著名的 17 世纪的鲍洛特尼科夫起义和拉辛起义、18 世纪的普加乔夫起义，无不打着“好沙皇”的旗号，甚至直接冒充沙皇，因为只有这样才能获得号召力。据统计，仅叶卡捷琳娜二世时期，冒充沙皇彼得三世的起义领袖就达 23 人。

俄国传统文化中的“明君崇拜”现象不光出现在普通民众身上，甚至一些先进的知识分子也受此影响。例如，1905 年革命失败以后，在以卢那察尔斯基、巴札罗夫、高尔基等人为代表的先进知

识界，就产生过一股哲学—伦理思潮，即造神运动，企图把科学社会主义同宗教结合起来，创立一种无神的“无产阶级宗教”，把马克思主义变成盲目信仰的对象。正是俄国普通老百姓当中这种普遍的心理意识，构成了斯大林得以高度集权、大搞个人崇拜的深厚的历史文化根源。

2. 受俄国国家发展历史的影响

俄国从 14 世纪莫斯科公国崛起以后，就一直是政治体制高度集中的社会。俄国历史上的几次腾跃，都是在集权化统治的巅峰状态下完成的。15 世纪伊凡三世建立中央集权的统一俄国和摆脱金帐汗国的统治，16 世纪伊凡雷帝的改革和领土扩张，18 世纪彼得大帝使俄国跻身世界强国之列，以及随后的叶卡捷琳娜二世更大规模地进行扩张，无一不是依靠加强中央集权、顺利贯彻君王意图的途径实现的。俄国社会的管理者根本未曾有过分权和民主管理的经验。

俄国历史上唯一的、短暂的政治民主时期，是在 1917 年二月革命以后。二月革命完成了“从沙皇政府的专横恐怖到广泛的政治自由的急剧转变”[①]。列宁也说，当时的“俄国是最自由的国家”，“现在世界上没有一个国家有俄国这样的自由”。[②] 但是，二月革命后的临时政府也是俄国历史上最无能、最涣散、最失败的政府，它没有能力解决任何一个迫切的社会问题。因此，临时政府只能是最被人瞧不起的、短命的、昙花一现的政府。

俄国的国家发展史使俄国许多知识分子和普通群众产生了对国家强权的迷信和依恋，而这种迷信和依恋越是在社会比较混乱、国家面临危险的时候越是强烈。在这一点上，布尔什维克党也未能免俗。甚至列宁也曾讲过，为了迅速改变俄国经济的落后和群众的愚

① 《苏联共产党历史》，人民出版社 1959 年版，第 215 页。

② 《列宁全集》第 29 卷，人民出版社 1985 年版，第 114、177 页。

昧，甚至可以采取彼得大帝的做法。斯大林则完全继承了俄国的这个传统，迷信国家权力，强化中央集权，崇尚暴力，无情镇压党内外的不同意见，基本上依靠行政强制手段完成了苏联的社会主义工业化和农业全盘集体化。

3. 受俄国近代史经济发展战略的影响

俄国近代史上经济发展战略最典型的例子是著名的彼得大帝改革。彼得大帝改革形成了一整套经济发展战略，其主要特点是：第一，调动俄国优越的人力物力资源，把庞大软弱的俄国造就成一流的军事强国，确立其欧洲霸主的地位；第二，发展经济实力的首要目标是建立强大的军火工业（造船业和兵器制造业）以及与此相关的冶金业；第三，为了保证军事—经济目标的实现，不允许任何分权制的存在，俄国的主人只有一个，即沙皇。所以，彼得大帝的大刀阔斧的改革与社会发展没有多少关系，它只有一个目的：更好地为沙皇服务。

彼得大帝的改革收到了立竿见影的效果：第一，在短短 20 年里，使俄国由内陆国家扩张为濒海国家，为其在欧洲称霸奠定了基础；第二，使俄国扩张，侵吞了大量的殖民地，大大扩大了版图；第三，使俄国在军事实力和重工业方面大大缩小了同西方国家的差距，迅速跻身欧洲强国之列。

20 世纪 30 年代的苏联虽然在时代环境和社会制度方面已大不同于 18 世纪初的俄国，但是在经济社会发展战略目标、发展道路和发展方法方面，却作出了与当年彼得大帝几乎雷同的选择。这具体表现为如下四点。首先，把苏联造就成一流的军事强国；其次，走一条优先高速发展重工业和国防工业，牺牲人民生活水平提高的发展道路；再次，采用高度集权、行政强制的方法；最后，在短时间内便使苏联由战前欧洲最落后的军事封建帝国主义国家发展成为当时欧洲的头号经济军事大国。

4. 受俄国丰厚的自然经济土壤和传统的经济组织形式的影响

俄国是资本主义发展比较晚又特别畸形的国家，资本主义的发展主要集中于城市和与军事有关的工业，广大农村资本主义发展很慢。资本主义发展慢，自然商品经济发展也很差，直到十月革命前，农村许多地方都还保有自然经济形态的村庄——劳动组合。19 世纪中叶俄国民粹派经济思想的中心，就是利用劳动组合越过资本主义发展阶段，直接过渡到社会主义。十月革命后的土地改革使俄国农民分得了土地，变成了个体私有者，其发展商品经济的积极性被大大调动起来。新经济政策的实质，实际上就是利用商品贸易重新建立城乡之间、工农之间的经济纽带，巩固新形势下的工农联盟。但斯大林却被商品经济的发展吓住了，因为在他看来，商品关系就等于资本主义关系，因而他下决心在农村强行推广集体农庄，实现全盘集体化。集体农庄在一定程度上其实就是当年俄国农村公社的复活。所以，正是俄国历史上丰厚的自然经济土壤和传统的经济组织形式，为斯大林排斥商品经济和市场机制、实现直接过渡提供了现实的经济社会条件。

（二）导致苏联社会主义模式形成的斯大林因素

苏联社会主义模式形成过程中，斯大林的个人性格、作风和思想，也是一个很重要的因素。

斯大林全名为约瑟夫·维萨里昂诺维奇·斯大林。1879 年 12 月 21 日，斯大林出生于俄国梯弗里斯省一个祖辈为农民的家庭。父亲是个职业鞋匠，性格粗暴，喜欢酗酒，喝了酒就发酒疯打人，斯大林小时候可没少挨父亲的揍。斯大林的母亲却完全不同，她勤俭持家，吃苦耐劳，性格坚强，对斯大林非常关爱。正是在这样一个家庭环境下，斯大林形成了性情刚毅、意志坚强、冷酷无情、性格粗暴的特点。斯大林的这些特点，在对敌斗争和掌握权力不大时，不算多大的缺点，甚至还是优点。但在掌握巨大权力后，如果他不能严格约束自己，就有可能造成灾难性的后果。正因为这样，列宁在去世前曾给苏共中央去信，建议撤换斯大林总书记的职务。1922年12月24日，列宁在口述《给代表大会的信》中说道："斯大林同志当了总书记，掌握了无限的权力，他能不能永远十分谨慎地使用这一权力，我没有把握。"[①] 1923年1月4日，列宁又对这封信作了补充，他指出："斯大林太粗暴，这个缺点在我们中间，在我们共产党人相互交往中是完全可以容忍的，但是在总书记的职位上就成为不可容忍的了。因此，我建议同志们仔细想个办法把斯大林从这个职位上调开，任命另一个人担任这个职位，这个人在所有其他方面只要有一点强过斯大林同志，这就是较为耐心、较为谦恭、较有礼貌、较能关心同志，而较少任性等等。这一点看来可能是微不足道的小事。但是我想，从防止分裂来看，从我前面所说的斯大林和托洛茨基的相互关系来看，这不是小事，或者说，这是一种可能具有决定意义的小事。"[②]

1924年1月21日，列宁因病去世。列宁去世后，列宁遗孀克鲁普斯卡娅按照列宁的遗愿，将列宁的这封本来写给党的第十二次代表大会的信交给了党的中央委员会，后者准备在当年5月召开的党的第十三次代表大会上宣读。1924年5月21日，联共（布）按惯例先召开了中央委员会，加米涅夫在会上宣读了列宁的"遗嘱"，与会的中央委员一片震惊。由于当时季诺维也夫、加米涅夫与斯大林在同托洛茨基的斗争中结成了同盟，同时也由于托洛茨基本人表现高傲，因而在季诺维也夫、加米涅夫二人支持和托洛茨基不屑一顾的情况下，中央委员会的多数同志接受了斯大林的自我批评，同意给斯大林一个机会，暂不撤销他的总书记职务，同时也不在代表

① 《列宁选集》第4卷，人民出版社1995年版，第745页。

② 《列宁全集》第43卷，人民出版社1987年版，第340页。

大会上宣读列宁的“遗嘱”，以维护斯大林的形象和方便他开展工作。但后来的事态发展表明，斯大林完全辜负了列宁对他的批评和同志们对他的宽容，不仅没有收敛自己的性格，而且在大权在握以后更加放任自己的个性，在给苏联社会主义发展道路打上自己鲜明烙印的同时，也给苏联社会主义建设事业带来了巨大伤害。

首先，加重了苏联社会主义模式的暴力色彩。斯大林性格多疑，作风粗暴，从小就喜欢用拳头来解决问题。对敌斗争是这样，对党内不同意见也习惯这样。早在1905年同党内“取消派”作斗争时，他在给列宁的信中就说：“真见鬼，竟没有人揍他们！难道就让他们逍遥自在下去吗?！请让我们高兴一下吧，通知我们，在不久的将来会成立一个机构，在那里可以抽他们的嘴巴，狠狠地抽，不停地抽。”[①] 后来斯大林完全掌握政权后，便把内务人民委员部发展成为这样一个组织，不仅用来镇压党外反对意见，而且用来镇压党内不同声音。对于党内反对派，斯大林不仅对他们进行简单的组织处理和“割除”手术，而且把他们打成反革命，从肉体上加以消灭，最后发展出“大清洗”运动。在社会主义建设道路方法问题上，斯大林也是作风简单粗暴。苏联农业集体化运动，就是在国家暴力机器和行政手段强制下蛮横推进的。对待国内复杂的民族问题，斯大林也采取简单的高压政策，甚至把一些民族如车臣族整个地划为敌对民族，进行整体镇压和迁徙。在对待兄弟党关系上，斯大林也毫不客气。第三国际成立后，各国共产党都在莫斯科留有自己的派驻机构，有的党由于本国生存条件恶劣，甚至把总部都设在了苏联。这些派驻机构或总部，在苏联“大清洗”运动中也同样遭到了“清洗”，寄居苏联的南共中央，甚至全部遭到逮捕。斯大林的这些做法，给苏联社会主义模式打上了深深的“暴力”印记，造成了“社会主义＝暴力＋强制”的不正常现象，极大地败坏了社会主义的

---

① 参见姜长斌、左凤荣：《读懂斯大林》，四川人民出版社2001年版，第5页。

声誉。

其次，加深了苏联社会主义模式的集权色彩。斯大林深受俄国国家主义传统影响。他不像马克思、恩格斯、列宁那样，曾经深受资产阶级民主主义的影响，经历过从激进的资产阶级民主主义者向共产主义者的转变。斯大林本人早年很少接触资本主义民主思想，他是带着俄国农民的意识成长为马克思主义者的。他一生最崇拜的是伊凡四世、彼得一世、叶卡捷琳娜二世等俄国历史上的英明君主，称他们是“伟大而英明的统治者”，他甚至以彼得大帝自居。他的办公室里，长期只挂两幅画像，一幅是列宁，一幅是彼得大帝。斯大林还认为，伊凡四世、彼得一世如果还有什么不足的话，那就是专权得还不够，残酷得还不够果断。正是因为深受俄国国家主义历史传统的影响，迷信国家权力在俄国社会历史发展进程中的作用，所以斯大林选择了通过加强中央集权来加速苏联社会主义发展的道路，同时不断加强自己的权力。1941 年 5 月，斯大林在担任总书记的同时兼任人民委员会主席（政府总理）和国防委员会主席，集党政军大权于一身，最终使苏联形成了由地方到中央、由集体领导到个人专权的高度集权的政治经济体制。

再次，助长了苏联政治生活中的个人崇拜。个人崇拜本质上是封建专制制度的产物。在封建专制制度下，一方面，在社会中人数最多的、分散的农民基于他们的生产方式和生活方式，不能形成自己的阶级意识而极容易产生浓厚的依附心理和圣君崇拜思想；另一方面，高度集权的政治体制也很容易堵塞言路，干扰统治者的视听，从而使统治者盲目自大，反过来又促进了个人崇拜现象的发生。俄国作为一个军事封建帝国主义国家，没有经历过资本主义民主主义的发展过程，本身就有产生个人崇拜的深厚土壤，加之苏联高度集权的政治经济体制的形成以及斯大林个人的集权和专断，个人崇拜更是在苏联以燎原之势迅速蔓延开来。对斯大林的个人崇拜是从20世纪20年代末开始流行的，1929年12月21日斯大林五十寿辰的庆祝活动是斯大林个人崇拜的开端。在斯大林默许下，报纸上连篇累牍地发表文章，把斯大林吹捧成列宁的唯一助手，宣称斯大林是列宁事业的唯一继承人，是活着的列宁。党和国家的许多领导人，甚至过去的反对派人物也都在文章中一味对斯大林歌功颂德。从20世纪30年代起，各级领导人的讲话中都要有一段对斯大林进行称颂。斯大林的话成了绝对真理，成了检验对与错、是与非的绝对标准。

最后，助长了苏联社会主义建设中的教条主义倾向。在俄国这样经济文化比较落后的国家如何建设社会主义、如何巩固和发展社会主义是人类社会前所未有的课题。列宁逝世后苏共党内发生的关于社会主义发展道路和建设方法的三次争论，本来是同志之间不同意见的正常交锋，但斯大林将其上升到了社会主义和反社会主义、列宁主义和反列宁主义的路线斗争的高度。加之斯大林采取简单的组织处理措施，党内就不再有公开反对斯大林的意见，斯大林对社会主义的认识和苏联社会主义模式被固化成仅有的正确的标准。之后，为了进一步统一思想，苏联还在20世纪20年代末30年代初、1946—1948年在思想文化界开展了两次大规模的批判运动，进一步强化了斯大林的权威。此外，斯大林还亲自干预了一些关于其根本不了解的学术问题的讨论，并为它们定性和定论。1948年，苏联生物界开展有关遗传学的讨论，主张米丘林学说和主张孟德尔—摩尔根学说的研究人员本来是在学术上进行自由讨论，但在斯大林干预下发生了变化。摩尔根学说被说成是“外国输入的敌视苏维埃的唯心主义反动科学”，“是荒谬虚伪、为帝国主义效劳的伪科学”。1950年苏联学术界关于语言问题的争论，1952年关于政治经济学问题的争论，最后也是由斯大林定性和定论的。斯大林的这种做法，不仅扼杀了学术自由，而且更加阻碍了人们对社会主义建设和发展规律的探索，更加助长了党内的教条主义和思想僵化倾向，同时也愈发严重地阻碍了人们对苏联社会主义模式弊端的认识和纠错，导致苏联社会主义建设中的问题越积越多、越来越严重，成为后来苏联解体、社会剧变的重要原因。

（三）苏联社会主义建设的启示

苏联社会主义建设的经验教训和苏联社会主义模式的形成原因，给我们以如下深刻的启示。

1. 经济文化比较落后国家的无产阶级在取得政权以后，尤其需要根据马克思恩格斯关于未来社会的价值要求，探索符合本国实际的社会主义发展道路和实现形式

苏联社会主义模式基本上是按照马克思恩格斯关于未来社会的设想建立起来的，但在实践中这一模式却远未达到马克思恩格斯对未来社会的价值预期，也就是说只是形似而非神似。在现实生活中，苏联社会主义模式虽然消除了资本主义的一些弊端，在一定时期内解放和发展了生产力，实现了经济的快速增长，但是却又产生了一些新的弊端和问题。例如，它克服了资本主义基本矛盾，避免了资本主义生产过剩危机的危害，但却造成了经济发展内在动力不足和消费品供应短缺的危机；它消灭了资本对劳动的剥削和奴役，但却造成了人对组织、国家的新的依附；它消除了资本主义的两极分化和分配不公，但却产生了新的特权阶层和新的社会不公正现象。更重要的是，该模式在经济上生产、分配、消费的高度集中，必然不可避免地导致政治上的高度集权和集中，导致社会主义民主的削弱，导致官僚主义、形式主义、腐败现象的大量产生，导致马克思恩格斯设想的未来社会的价值要求遭受根本扭曲。这说明，马克思恩格斯关于未来社会的设想，尤其是关于消灭私有制，消灭商品、货币，建立单一的公有制和计划经济的设想，并不完全适合经

济文化比较落后的国家，或者说只能短期内适合，或者说马克思恩格斯期望通过单一的公有制和计划经济实现现代生产力的更大发展和人的彻底解放的观点，其本身还需要实践的验证。因此，经济文化比较落后国家的无产阶级在取得政权以后，在如何建设社会主义的问题上，就不能简单照搬马克思恩格斯关于未来社会的设想，而要深刻把握马克思恩格斯提出这些设想的原因和目的，将重点放在追求神似而非形似上，围绕发展生产力和人的解放，结合本国实际，去探索实现这些目标价值的道路、方法和形式。哪怕探索到的方法和形式同马克思恩格斯关于未来社会的观点存在差异甚至冲突，只要更有利于生产力的发展和人的解放，就应大胆地去探索、去实践。

2. 经济文化比较落后国家的无产阶级在取得政权以后，尤其需要大力发展商品经济，为社会主义打下坚实的物质基础

苏联社会主义建设实践证明，经济文化比较落后国家的无产阶级可以先取得政权，然后利用工农政权的力量和苏维埃制度的优越性去组织社会主义的经济建设和文化建设，创造社会主义得以巩固的物质基础。然而，实践也证明，这里讲的物质基础绝不仅仅是生产力量的增加。社会主义需要的物质基础是充分社会化了的大生产，即建立在广泛分工和协作基础上的生产，而这种分工和协作是自然形成的，也就是说，是在商品经济充分发展基础上形成的。不经过商品经济的充分发展，企图依靠外部的强制力量去建立这种协作和分工，是注定要走样儿的。正如马克思在《资本论》第一版序言中所说的，“一个社会即使探索到了本身运动的自然规律，……它还是既不能跳过也不能用法令取消自然的发展阶段。但是它能缩短和减轻分娩的痛苦”①。列宁认识到了这个问题，因此他提出了新

① 《马克思恩格斯选集》第2卷，人民出版社1995年版，第101页。

经济政策。把对资本主义的“直接进攻”改为“迂回进攻”，把立即消灭商品、货币改为利用商业和贸易来建设社会主义，把最初将新经济政策仅仅看作“暂时的退却”发展为在经济文化落后国家进行社会主义建设的路径选择。但是，斯大林没有认识到这个问题，在列宁逝世后不久实际上就停止了新经济政策，直接运用国家政权的力量强行向社会主义过渡。虽然斯大林最终完成了对苏联的社会主义改造，建立起了以单一的公有制、高度集权的政治体制、国家统制式经济为特点的苏联社会主义模式，但实践证明，斯大林依靠国家强制力量建立起来的这种高度集中的社会主义模式，与马克思恩格斯关于未来社会的设想只是形似，远没能达到马克思恩格斯对未来社会的价值预期。

3. 经济文化比较落后国家的无产阶级在取得政权以后，尤其需要重视反对封建主义思想残余的斗争，为社会主义打下良好的思想文化基础

经济文化比较落后国家由于没有经历过资本主义充分发展阶段，因而往往也是封建主义思想文化比较深厚的国家，这就使得这些国家的无产阶级胜利以后在开展社会主义文化建设时，除了要反对资产阶级的价值观念和意识形态以外，还要反对封建主义的思想文化残余，而后一个任务对无产阶级来讲，实际上更重要、更艰巨。因为，社会主义不仅需要建立在充分社会化了的大生产的物质基础之上，而且需要建立在与社会化大生产相适应的价值理念所构成的文化基础之上。因此，正如同在经济领域里宗法的、小农的自然经济相较于国家资本主义对建设社会主义的物质基础而言更需要被反对一样，在思想文化领域里，封建主义的思想文化相较于资产阶级的价值观念对构建社会主义的文化基础而言也更需要被反对。在思想文化领域里铲除封建主义思想文化残余的任务又远比在经济领域里消灭宗法的、小农的自然经济的任务更艰巨，因为思想文化领域

里的问题，是无法通过国家政权用强制手段加以消灭的。苏联社会主义建设的经验教训证明，经济文化比较落后的国家，如果不能首先在思想文化领域里完成反对封建主义残余思想的任务，就急于动用政权手段对国家进行社会主义改造的话，封建主义残余思想完全可能通过一种新的形式在社会主义国家中换一个马甲复活过来。俄国的传统文化在苏联社会主义模式形成过程中所起的作用，以及后来斯大林本人和苏联政治体制存在的严重的封建印记，充分证明了这个道理。

4. 经济文化比较落后国家的无产阶级在取得政权以后，尤其需要加强党内民主建设，为社会主义提供可靠的制度保证

在经济文化比较落后的国家如何建设社会主义，对这种国家的无产阶级来讲，是个新课题。围绕这个新课题，在党内发生认识上的分歧和争论是不可避免的。这就需要有一个制度安排来保证分歧和争论能够健康进行，既不破坏党的团结统一，又能深化党对社会主义的认识。这个制度安排就是党内民主。但是，经济文化比较落后的国家，往往也是政治上比较专制和缺乏民主传统的国家。在这种国家里，无产阶级政党多数情况下在政治上不能取得合法地位，因而只能按照列宁新型无产阶级政党建党理论建立一个秘密的、具有严格纪律的、高度集中统一的职业革命家组织。这就使得这种国家的无产阶级在取得政权并相对稳固后，更应当立即把发展党内民主提到议事日程上来。因为这时候党不仅已经合法，而且还掌握了政权。如果继续保持革命胜利前那种高度集中的组织形式，不仅会使官僚主义迅速复活，而且会破坏党内正常的政治生活，妨碍对社会主义发展规律的探索。事实上，列宁在晚年已经认识到了继续保持高度集中的组织形式的危险，提出了发展党内民主的急迫任务和一系列设想。遗憾的是，斯大林不但没有推进党内民主，反而进一步加强了党的集中，并利用这种集中在党内大肆排斥异己，开展残

酷的党内斗争，最后形成了他个人的专制集权。这不仅严重地破坏了社会主义民主和法制，而且造成了长期的思想僵化和教条，妨碍了人们对社会主义发展规律的深入认识和详细探讨，使苏联社会主义模式越来越僵化，弊病越积越多、越来越严重。

5. 经济文化比较落后国家的无产阶级在取得政权以后，尤其需要创新对马克思恩格斯科学社会主义理论的认识，为社会主义提供科学的理论指导

马克思恩格斯根据对资本主义发达国家资本主义基本矛盾运动发展趋势的分析，对未来共产主义社会的基本特征进行过一些预测，其基本思想是：生产资料由全社会占有，商品、货币消除，生产按计划进行，消费资料实行按劳分配。这一系列思想在当时基本上为所有社会主义者和共产党人所接受。因此，十月革命后，列宁也曾企图通过战时共产主义政策废除商品、货币，直接向社会主义过渡。战时共产主义政策受挫后，列宁及时提出了新经济政策，主张通过发展商业和贸易来建设社会主义，这是列宁聪明的地方。但是列宁也没有完全摆脱将社会主义与商品经济对立起来的传统思想。他在很长一段时间里把新经济政策仅仅看作向资本主义的“暂时退却”，以及对资本主义的“迂回进攻”。虽然他后来有了更长久地实施新经济政策的思想，但并没有放弃最后还是要消灭商品、货币的思想。斯大林则连利用商品、货币的思想也没有，基本上是在列宁逝世后就停止了新经济政策，然后在1928年转入对资本主义，实际上是对商品关系的全面进攻，建立起了完全排斥商品生产和市场机制的僵硬的计划经济管理体制。尽管这个体制到后来越来越暴露出其低效益、低效率、缺乏活力等弊端，却仍然被奉为经典而不容作丝毫改动。这就在实践中提出了如何看待马克思恩格斯关于未来社会的设想的问题，是机械地死抱住消灭商品、货币的结论不放，还是更多地去关注马克思恩格斯消灭商品、货币的主张背后的

目的和价值取向？不仅经济文化比较落后的社会主义国家的共产党人，而且经济文化得到了发展的社会主义国家的共产党人，都应当坚持把发展生产力和人的解放放在首要位置，把有利于解放和发展生产力，有利于人的自由而全面的发展作为标准，去建立和发展社会主义的生产关系和上层建筑，去检验和衡量所有的路线、方针、政策。

第四章
赫鲁晓夫的破冰之旅

斯大林去世后，针对斯大林时期遗留下来的严重的政治、经济、社会和民族问题，赫鲁晓夫在勇敢地揭批斯大林的个人错误的同时，领导苏共和苏联人民对斯大林时期僵化的政治体制、经济体制和思想文化管理体制进行了一系列大胆的改革。对于赫鲁晓夫的改革，历史上评价不一。一方面，赫鲁晓夫的改革动摇了苏联社会主义模式的权威性，打破了教条主义的长期桎梏，开启了社会主义国家改革的破冰之旅，促进了社会主义由一国模式向多国模式的发展，将苏联的社会主义建设推向了一个新的发展阶段；另一方面，赫鲁晓夫的改革鲁莽冒进，主观随意性较大，左右徘徊，缺乏稳定性和连续性，甚至一些改革措施前后矛盾，给苏联的社会主义建设带来了许多不应有的损失，因而改革在赫鲁晓夫执政后期遭遇越来越大的阻力，最后不得不随着赫鲁晓夫的下台而黯然收场。赫鲁晓夫的改革使我们意识到如下四点：第一，社会主义只有不断改革创新，才能始终保持自己的蓬勃生机和活力；第二，改革不能停顿，更不能走回头路，改革中出现的问题，只能在深化改革中去解决；第三，改革要敢于打破旧的利益格局，尤其需要超越自身的限制；第四，改革需要理论支持，尤其需要升华对社会主义的认识。

一、斯大林逝世与苏共二十大

1953年3月5日，斯大林因病逝世。斯大林作为苏联党和国家的最高领导人，对苏联的社会主义事业作出了巨大贡献。他领导苏联人民实现了社会主义工业化和农业集体化，把苏联建设成了一个强大的社会主义国家；他领导苏联人民和苏联红军，打败了德国法西斯侵略者，取得了卫国战争的伟大胜利。战后，他又领导苏联人民重建家园，取得了迅速恢复和发展国民经济的建设奇迹。但是，斯大林也留下了一系列尖锐而又亟待解决的问题。首先是国民经济发展日益艰难，重工业尤其军事工业长期优先发展造成轻重工业比例完全失调，生产效率低下，官僚主义日益严重，特别是消费工业、农业发展非常落后，人民的生活条件长期得不到有效改善，人民的不满日益增加。其次是个人崇拜现象非常严重，党内生活很不正常，民主和法制很不健全，历史上造成的大量冤假错案，特别是斯大林逝世前发生的“列宁格勒案”、莫斯科“医生间谍案”，更是像一座座恐怖的大山，压在了苏联人民头上。最后是对外关系方面，北约、华约两大军事集团的对抗日益加剧，东西方两大阵营之间的紧张对峙状态亟待调整。面对这些问题，苏共党内很快形成了以赫鲁晓夫为首的改革派和以马林科夫为代表的保守派之间的分歧。

马林科夫全名为格奥尔基·马克西米利安诺维奇·马林科夫，1902年出生于俄国奥伦堡省一个小官吏家庭，1920年参加红军，同年4月加入俄共（布），1921年国内战争结束后进入莫斯科巴乌曼高等技术学校学习，1925年毕业后被选派到联共（布）中央委员会中央机关工作，开始步入他的政治仕途。1930年，马林科夫先后被提拔担任莫斯科市委人事部副部长、部长；1934年，他被提升为党中央人事部副部长；1939年，他在联共（布）第十八次代表大会上当选为中央委员、中央书记；他在卫国战争前夕当选为党中央政治局候补委员；1946 年 3 月，他当选为党中央政治局委员；1947 年，他任部长会议副主席。他曾荣获“苏联英雄”称号，获得过两次列宁勋章。1952 年 10 月，在联共（布）第十九次代表大会上，马林科夫代表中央委员会作中央工作报告，成为斯大林没有明确宣布但却有意安排的接班人。

赫鲁晓夫全名为尼基塔·谢尔盖耶维奇·赫鲁晓夫，1894 年 4 月 17 日出生于一个矿工家庭。他于 1918 年加入俄共（布），1919—1921 年参加红军并从事政工工作，国内战争结束后进入顿涅茨工业学院工人专修班学习，1925 年毕业后先后在顿巴斯、基辅做党务工作，1926—1928 年任乌克兰党中央组织部副部长，1932 年任莫斯科市委第二书记，1934 年在联共（布）第十七次代表大会上当选为中央委员，1935—1938 年任莫斯科市委第一书记和莫斯科州委第一书记，1938 年当选为联共（布）中央政治局候补委员，1939 年当选为联共（布）中央政治局委员。在 1939 年任联共（布）中央政治局委员后，他先后担任乌克兰中央第一书记、乌克兰共和国部长会议主席、联共（布）中央书记兼莫斯科州委第一书记等职。他是斯大林晚年仅有的几名受到信任的高级领导人之一。

赫鲁晓夫与马林科夫的分歧集中表现在工业和农业发展方针、对待斯大林和平反冤假错案、苏联对外方针等一系列问题上，但其核心和实质在于如何评价斯大林和苏联社会主义模式。

1953 年 3 月 9 日，莫斯科举行斯大林追悼会和葬礼。马林科夫在追悼会上代表苏共中央讲话，对国内外政策提出了新构思。他说：在国内政策方面，“我们最关心的就是不断地更加增进工人、集体农民、知识分子和苏联全体人民的物质福利。必须不懈地关心人民的福利、关心最大限度地满足他们的物质和文化的需要”；在对外政策方面，“我们最关心的是制止新战争，与一切国家和平相处。

苏联共产党和苏联政府认为，最正确、必要和公正的外交政策，就是以互相信任为基础的、有效的、以事实为根据并为事实所证明了的一切国家人民间的和平政策”。[①] 马林科夫的讲话表明，在斯大林逝世后，苏联的国内政策将从抓阶级斗争转向发展经济和关心群众生活水平的提高，对外政策将从同西方特别是美国的激烈对抗转向寻求缓和。在这个基本方针问题上，马林科夫与赫鲁晓夫是一致的。但对于如何发展经济，如何解决国内复杂尖锐的矛盾，如何缓和与西方国家的关系，马林科夫与赫鲁晓夫却发生了巨大分歧。

在工业发展方针上，马林科夫主张减缓重工业的发展速度，用一切方法来加快轻工业的发展，用2～3年时间大大增加供应给人民的食品和其他各种消费品，以满足人民对提高物质文化生活水平的需要。在农业发展方针上，马林科夫看到了苏联农业的落后，提出用提高收购价格和增加农业投资的办法来促进农业生产和逐步改善农民生活。马林科夫的这些主张，表面看来切中了苏联当时经济发展的迫切问题，但他用来实施这些主张的政策和措施却十分保守。例如，在工业和消费品生产问题上，他认为造成这一问题的原因是管理问题，因而他想用合并政府部门，大大增加部长职权来解决问题；在农业发展问题上，他虽然答应提高农产品收购价格和增加农业投资，但却根本不愿意放弃斯大林时期形成的农业为工业化缴纳“贡税”的基本体制。这一切都表明，马林科夫虽然看到了当时苏联经济存在的问题，但他的整个思想和理论都还停留在苏联社会主义模式的范围，而他的在苏联社会主义模式的范围内解决这些问题的主张，注定将是非常困难的。

针对马林科夫的保守主张，赫鲁晓夫强调用物质利益原则来改善工农之间、城乡之间的关系，促进国内经济的发展。他指出物质

① 转引自周尚文、叶书宗、王斯德：《苏联兴亡史》，上海人民出版社1993年版，第493页。

利益原则是社会主义经营的根本原则之一，认为马林科夫以牺牲重工业来发展轻工业的主张是用“口红”来代替“车床”，坚持重工业与轻工业全面发展。在农业问题上，赫鲁晓夫提出改变苏联社会主义模式的“贡税”体制，停止20世纪30年代形成的农副产品义务交售制，按照商品经济原则重新确定国家和集体农民的关系，同时开展大垦荒运动，以促进农业的发展。赫鲁晓夫的这些主张，得到了党内大多数同志特别是集体农庄庄员的支持，为赫鲁晓夫在与马林科夫的争斗中最终胜出奠定了基础。

1955年2月8日，苏联最高苏维埃联盟院和民族院举行联席会议，会议宣布收到了苏联部长会议主席马林科夫的辞呈。马林科夫在辞呈中坦言由于缺乏地方工作经验，在工业和农业发展方针上犯了错误，为对这些错误负责和消除这些错误的影响，请求苏联最高苏维埃解除他苏联部长会议主席的职务。其实，马林科夫辞职的主要原因或深层次原因，并不在于其在工农业发展方针上犯的错误，而在于其对待斯大林的态度。马林科夫是一个比较平庸的人，他既没有出众的才华，也缺乏敏锐的思想；既没有地方工作的经验，也没有政治斗争的智慧和才能。他能够在苏联官场中平步青云并被斯大林看中而选作接班人，最主要的原因就是听话，唯上级和斯大林的话是从。斯大林逝世后，他既想缓和由推行苏联社会主义模式所造成的尖锐矛盾，又企图坚持苏联社会主义模式和维护斯大林的形象，这就造成了他在政治上的孤立。特别是在平反冤假错案问题上，他看到了广大干部和群众由于“大清洗”运动遭受迫害，积怨甚深，因而也强调要加强社会主义法制，但由于其自身的工作经历，当大量问题不但涉及斯大林更涉及他本人时，当不但要维护斯大林的形象更要保护他自身的政治地位时，他也就只能站到平反冤假错案的对立面去了。1954年12月，赫鲁晓夫提出为“列宁格勒案”的受害者平反，并且逮捕和枪毙了前国家保安部副部长阿巴库莫夫。对“列宁格勒案”的复查证实，马林科夫在案件中负有重大而不可推卸的责任。至此，马林科夫也就不得不辞职了。

1956年2月14日，苏共二十大在莫斯科召开。在苏联历史和国际共运史上、在全世界范围内，苏共二十大影响最大的是赫鲁晓夫在大会上作的谴责斯大林个人崇拜的“秘密报告”。在苏共二十大召开之前，苏共中央最高层很多人反对赫鲁晓夫在党的代表大会上公开批判斯大林。1955年10月，赫鲁晓夫向党中央主席团正式提出关于斯大林问题的议案，莫洛托夫、卡冈诺维奇、马林科夫、伏罗希洛夫等人表示坚决反对。赫鲁晓夫坚持要向党的代表大会提出这个问题，直至苏共二十大召开前夕，这一争论仍没有停止。由于赫鲁晓夫拒不后退，直至1956年2月13日召开的主席团会议，双方才最后达成妥协。主席团决定：赫鲁晓夫不在正式大会上，而是在新的中央委员会产生以后的一次非正式会议上，以中央委员会的名义作关于斯大林个人崇拜的报告。2月24日深夜11时至25日凌晨，苏共中央在克里姆林宫举行了一次未列入大会议程的内部会议。会议由赫鲁晓夫亲自主持，并且他以第一书记的身份作了题为《关于个人崇拜及其后果》的报告，即后世统称的“秘密报告”。

赫鲁晓夫的“秘密报告”作了4个多小时，就斯大林个人崇拜的滋长、严重后果、产生根源等问题讲了斯大林七个方面的错误：一是采取各种方式抬高自己的威望，甚至亲自参与对其个人迷信和个人崇拜的制造，把自己塑造成为无所不知、无所不能的神，塑造成为真理的代言人和化身。二是违反党的民主集中制原则和集体领导原则，把自己居于党和人民之上，为所欲为，独断专行。谁要提出反对意见，谁就会成为镇压运动的牺牲品。三是严重破坏社会主义法制，把党内思想斗争的是非界限上升为社会上阶级斗争的敌我界限，制造了大量冤假错案，使成千上万无辜者遭受监禁、拷打和处决。四是在卫国战争前夜缺乏必要的警惕心理，主观地否定了通过各种渠道得到的德国法西斯有可能对苏联发动突然袭击的情报，导致红军在战争初期严重失利。五是在南斯拉夫问题上作出了错误决定，断绝了同南斯拉夫的友好关系。六是对农业的发展和农民的物质福利缺乏必要的关注，造成了苏联农业长期落后。七是助长了党的建设和经济建设中的有害方法，产生了命令主义、官僚主义，产生了风气不正、掩饰缺点和粉饰太平等现象，违背列宁的民族政策，武断地把一些民族划为敌对民族，使之从原居住区迁走，从而阻碍了苏联经济社会的发展。此外，“秘密报告”还分析了斯大林个人崇拜产生的根源，将其归结为斯大林个人的不良品质。赫鲁晓夫认为，个人崇拜达到了如此骇人听闻的规模，主要是因为斯大林本人百般地鼓励和支持对其个人的颂扬。在赫鲁晓夫看来，斯大林的不良品质表现为任性、专横、粗暴、傲慢、滥用职权、进行病态的猜疑、自我吹嘘和缺乏最基本的谦虚精神。这些不良品质在列宁活着的时候还仅仅处于萌芽状态，由于列宁的严肃批评，斯大林在列宁逝世初期还稍加检点，后来大权在握则发展得越来越严重，到他晚年时已经发展到令人无法容忍的地步了。

赫鲁晓夫的“秘密报告”在苏共党内、国际共产主义运动内和全世界都产生了巨大轰动效应。由于事发突然，报告内容又骇人听闻，加之苏共和各国共产党长期对苏联模式和斯大林个人保持迷信，因此“秘密报告”的内容披露后，很多人一时接受不了，苏联国内、苏共党内和国际共产主义运动内部都不同程度地产生了一些混乱。“秘密报告”也给了国际上敌视共产党和社会主义国家的势力一个有力的攻击借口，甚至诱发了 1956 年的“波兹南事件”和“匈牙利事件”。但是，赫鲁晓夫的“秘密报告”通过反对斯大林的个人崇拜，推倒了斯大林的神话，暴露出了苏联模式的深刻弊端，在苏联和国际共产主义运动内冲破了教条主义的严重束缚，纠正了长期以来个人崇拜盛行的错误，恢复了民主法制应有的地位，扭转了苏联社会主义发展的方向，拉开了包括苏联在内的各社会主义国家改革大潮的大门，开启了社会主义多样化发展的探索之路，因而其对苏联社会主义建设和国际共产主义运动的正面影响与积极作用是占主导的，是值得肯定的。

苏共二十大后，苏联的改革之门已经打开，赫鲁晓夫在党内、军内和国内普通民众心中的地位越加巩固。1957 年 6 月，在苏共中央委员会主席团内，以马林科夫、卡冈诺维奇、莫洛托夫为核心，争取到了伏罗希洛夫、布尔加宁、别尔乌辛、萨布洛夫的支持，形成了一个反对赫鲁晓夫的多数优势。马林科夫等人企图凭借这个优势，趁赫鲁晓夫不在国内的机会，部署一个撤换赫鲁晓夫的计划。但是后来在中央委员会多数和军方的支持下，这个计划没有成功。马林科夫等人被戴上了“反党集团”的帽子，被解除了领导职务，但是没有遭受到斯大林时期的政治迫害和人身迫害。这表明，苏共二十大后，苏联的改革之路已不可逆转，最后阻挠赫鲁晓夫推进改革的势力已经消失，由此苏联开始了带有赫鲁晓夫深刻个人色彩的第一次改革。

二、赫鲁晓夫的改革实践

赫鲁晓夫从 1953 年 9 月在苏共中央全会上被任命为苏共中央第一书记到 1964 年 10 月在苏共中央全会上被宣布下台，前后主政 11 年。在这 11 年里，赫鲁晓夫的改革措施主要集中在以下四个方面。

（一）农业改革

赫鲁晓夫在苏共领导人中，算是对农业比较懂行的一个领导人，他的改革，也是从农业开始的。苏共中央 1953 年九月全会上，赫鲁晓夫作了其担任苏共中央第一书记后的第一个工作报告，即

《关于进一步发展苏联农业的措施》。接着，苏共中央又接连召开了1954年二月全会、六月全会，以及1955年一月全会，专门讨论农业问题。从1953年3月到1964年10月，除了3次代表大会以外，苏共共召开了35次全会，其中有11次专门（或主要）研究农业问题，通过了一系列关于农业问题的决议，使全国范围内出现了大抓农业的新局面。仅1954—1955年，全国就有2万多名党员响应党的号召，离开城市前往农村，支援农村建设。在唤起全党重视农业生产的同时，赫鲁晓夫也开始针对苏联农业管理体制的弊端，进行如下大刀阔斧的改革。

第一，改革农产品采购制度，取消义务交售制，实行收购制，提高农产品收购价格，增加农民收入，增强农业再生产能力。先是从1953年起，逐渐降低集体农庄和个人义务交售农产品的定额；1958年又进一步宣布取消农产品义务交售制而改由国家按统一的价格收购农产品，并逐步提高农产品的收购价格。从1953年到1964年，共提价6次，农畜产品的收购价格总体提高了2.54倍，其中粮食提高了7.40倍，牲畜提高了15.09倍，牛奶提高了3.55倍。工农业产品价格的剪刀差明显缩小，农民收入增加、生产积极性提高，农业生产得到明显发展。

第二，对个人副业采取有限制的鼓励政策。按照苏联的规定，集体农庄庄员、国营农场职工可以拥有一定面积的宅旁园地和一定数量的自养牲畜，可以经营家庭副业。但实际上，在1953年以前，苏联对个人副业的限制是很严格的。赫鲁晓夫当政后，放宽了对个人副业的政策。1953年9月，苏共中央全会要求完全终止在私有牲畜方面侵犯农民利益的做法；1954年6月，苏共中央全会决定免除宅旁园地交售谷物的义务，并取消以往的积欠；1957年7月，苏共中央和苏联部长会议又通过决议，取消私人农产品义务交售制，降低个人副业经济的农业税，放宽自留地和私养牲畜的限额。这些在个人副业政策上的调整，对缓和20世纪50年代初期农村的紧张形势，改善工农关系和城乡关系，增强农民对党和国家的信任，起到了不容忽视的作用。

第三，改革农业计划管理制度，扩大农庄、农场的自主权。过去，苏联农庄和农场的种植面积、品种布局、牲畜种类和数量，以及各种农艺措施等，都由国家自上而下规定，其指标有200余项，而且大多是指令性的，农庄和农场几乎没有什么自主权。1955年3月9日，苏共中央和苏联部长会议通过了《关于改变农业计划工作的决议》，指出现行的农业计划制度“过分集中”，“束缚了集体农庄和机器拖拉机站的主动性”，必须改革，实行新的计划制度。新的计划制度取消了自上而下硬性规定计划指标的做法，改由自下而上编制计划，编制的依据也不再是播种数量和牲畜数量，而是预计收获的农产品和牲畜的数量。同时，国家的农业生产计划也只规定农产品的采购数量，其他都交由农庄自行决定。新的计划制度让农庄和农场在生产上获得了较大的自主权和主动性，受到了农庄庄员和农场职工的欢迎，对推进农业生产起到了较大作用。

第四，改变农业生产组织形式，撤销机器拖拉机站，合并集体农庄，发展国营农场。20世纪50年代中期以前，机器拖拉机站是苏联农业管理体制的支柱之一，在历史上曾经起过积极作用，但也有不少弊端。1957年在斯塔克罗彼尔地区，试点将12个拖拉机站分别与集体农庄合并，效果不错，简化了经营管理，并可以使农业机械被更加有效地使用。赫鲁晓夫大受鼓舞，在他的推动下，最高苏维埃于1958年2月通过法令，决定解散和改组机器拖拉机站，把所有设备卖给集体农庄。为了迅速提高农产品产量和国家收购量，以改善对城市居民的供应，从1954年起，苏联还将大量集体农庄改组为国营农场。至1961年，苏联共改组了18441个农庄。与此同时，苏联还尽量扩大集体农庄和国营农场的规模。全苏农场的农户从1953年的平均352户增加到1965年的平均663户，每个农场的农业用地从13100公顷增加到24600公顷。集体农庄的农户由1953年的平均220户增加到1965年的平均420户，每个农庄的农业用地由4211公顷扩大到6100公顷。

第五，改革劳动报酬制度，贯彻物质利益原则，提高农民生产积极性。20世纪50年代以前，苏联集体农庄一直实行以劳动日计酬的劳动报酬制度。1953年9月，苏共中央全会建议各农庄按季向庄员预付25%的现金收入。1956年3月，全苏正式推广预付报酬的办法。1958年后，赫鲁晓夫进一步认为，劳动日不能反映集体农庄庄员在单位产品上消耗的具体劳动量和时间，鼓励各集体农庄探索和试行新的劳动统计形式、劳动报酬形式。对于国营农场，苏联于1961年通过了国营农场劳动工资和物质刺激形式示范条例，规定农场采用包工奖励、计件奖励和计时奖励工资制。苏联就农场场长和专家的工资也作了改革。从1957年1月起，苏联改变农场场长和专家按月领取固定工资的办法，实行70%有保障的工资制，即每月只发工资的70%，其余部分则视农场的产品销售情况而定。这一系列将个人劳动付出与收入挂钩的做法，对于打破集体农庄和国营农场长期存在的“大锅饭”“平均主义”的桎梏，调动集体农庄庄员和国营农场职工的生产积极性，起到了良好的效果。

第六，开展大垦荒运动，急速增加粮食产量。大垦荒运动是赫鲁晓夫发展农业的一项重大措施。1954年，苏共中央根据赫鲁晓夫的建议，决定动员全国力量在哈萨克斯坦、西西伯利亚、乌拉尔、伏尔加河下游大面积垦荒。从1954年到1960年，苏联共开垦生熟荒地4183.6万公顷。通过垦荒，苏联大大扩大了播种面积，在短时间内迅速增加了谷物产量，缓和了粮食供应的紧张状况。苏联1958年收购的5680万吨谷物，有3480万吨来自垦荒区。从1954年到1978年，垦荒区共生产粮食近15亿吨，约占全国粮食总产量的

40%；向国家交售商品粮7.215亿吨，占全国粮食总采购量的一半。垦荒区成为苏联主要的谷物产品生产基地、商品粮生产基地。

第七，探索基层劳动组织形式，推广小组包工奖励制。1957年，赫鲁晓夫从梁赞州派了一名拖拉机队队长到美国农场学习"机械化小组"的经验，在后者回国后开始在农庄和农场试行包工制。其特点是分田到组，包工奖励。小组拥有一定数量的土地、拖拉机及其他机器设备，包产包工包费用，按最终成果获取劳动报酬，多产多奖，节约归己。这种包工制的优点是：人员少，便于互相监督；灵活性高，便于调动；自主性强，有利于发挥劳动者积极性；节约费用，有利于提高经济效益；生产经营成果与劳动者物质利益挂钩，能够增强小组成员的责任感。事实表明，凡是推行小组包工奖励制的农庄和农场，劳动生产率都有大幅度提高，经营效果较好，营利较多。这种包工制从1958年开始在苏联全国推广，到1962年苏联共建立了80万个这样的小组。

（二）工业体制改革

苏联的工业体制与苏联的整个国民经济管理体制一样，也是一种垂直型的条条管理体制。这种体制在苏联工业化发展初期和战后经济恢复时期，有利于国家对工业发展实行集中领导和管理，可以集中力量发展重工业，建立完备的工业体系，培养高熟练的工程技术干部、工人和生产组织者。但是这一体制从一开始就存在机构臃肿、编制庞大、效率低下、专业化协作困难、地方和企业积极性难以发挥的问题。随着苏联模式的日益固化，这些弊端在斯大林后期表现得越来越严重，成为阻碍苏联工业发展的主要障碍。面对苏联工业体制的弊端，在斯大林逝世后苏联的领导层认识到必须进行改革，并进行了一些初步调整。赫鲁晓夫主政后，进一步加大了对工业体制的改革力度。

第一，精简政府管理部门，下放管理权限，扩大地方和企业的自主权。1954年，根据苏共中央和苏联部长会议的有关决议，苏联开始裁撤部分管理机构，缩编管理人员。全联盟46个部和主管部门，撤销了200个管理总局和处、147个托拉斯、97个地方管理局。1955年7月，苏共中央决议要求继续精简机构，缩编人员，下放权力。决议指出：目前苏联的工业管理体制仍存在机构臃肿、层次重叠、人员编制过大的问题。决议要求：进一步精简政府部门，撤销部和企业间多余的组织环节，撤销工厂管理和生产中的多余环节，将部分设在各共和国境内的全联盟企业移交给各共和国管理。到1957年9月，苏联共撤销了汽车工业、机器制造等10个全联盟部，撤销了造纸和木材加工、轻工业、森林工业、食品工业等16个联盟兼共和国部，加上各加盟共和国部，共撤销了141个部。此外，苏联还对一些部进行了合并。最后全联盟保留下来的部只有原来的1/3，职权也受到了限制。在缩减政府部门和编制的同时，对企业的扩权也在同步进行。1954年苏共中央和苏联部长会议有关决议就决定，企业的生产计划和财务指标、企业的基本改造、物资销售编制范围内的人员和工资，可以由企业自己决定。1955年8月9日，苏联部长会议又通过了《关于扩大厂长权限》的决议，决定进一步扩大厂长在计划管理、基建投资、物资处理、人员编制、工资基金和财务管理等方面的权限，在不影响原定计划的前提下，企业甚至可以自由接受其他企业和组织的订货，有权规定一部分产品的价格，可在企业工资基金总额范围内调整职工的工资。

第二，成立经济行政区，促进企业之间的专业化协作。成立经济行政区，加强企业的专业化协作，是与缩减政府管理部门，以及扩大地方和企业的自主权同步进行的。1957年2月，苏共中央举行全会，赫鲁晓夫在会上作了《关于进一步改善工业和建筑业的管理组织》的报告。赫鲁晓夫在报告中分析了旧体制造成的本位主义弊端，提出改变过去那种通过各专业部和主管机关进行管理的组织形式，主张采取新的分区管理的方法。所谓“分区管理”，就是取消原来管理工业的各联盟部、共和国部，而在工业发达的州、边疆区与共和国成立国民经济委员会，让它们成为管理工业和建筑业的基本环节。按照赫鲁晓夫的报告要求，苏共中央和苏联部长会议将全国划分成105个经济行政区，其中俄罗斯70个、乌克兰11个、哈萨克9个、乌兹别克4个，其他共和国各1个。1961年调整后减为102个，其中俄罗斯67个、乌克兰14个、哈萨克9个，其他共和国各1个。每个经济区成立一个国民经济委员会来管理工业和建筑业。国民经济委员会受各加盟共和国部长会议直接领导，苏联部长会议通过加盟共和国部长会议领导国民经济委员会。

第三，改革国家银行和信贷机构的工作方法，加强价值规律在生产建设和经济发展中的调节作用。改革前苏联国家银行和信贷机构对苏联的所有企业，不管经营得好坏，一视同仁地提供贷款。这种做法在20世纪30年代苏联高速度发展重工业时期，对保证较长时间不能营利的企业的建设和发展生产有一定的积极作用。但是它无法利用贷款对经营不善的企业施加积极的影响，促使其改善经营管理。随着时间的推移，这个问题也越来越严重。1954年8月21日，苏共中央和苏联部长会议通过了《关于苏联国家银行的作用与任务》的决议，决定在信贷和结算方面，对工作好的和工作差的企业采取不同方法。对那些经营管理不善的企业，实行特殊的信贷和结算办法：一是只有在上级经济机关保证欠款将按时偿还的条件下才能给予贷款；二是对于实行特殊的信贷和结算办法后六个月内仍没有完成积累计划或造成超计划亏损的企业，国家银行有权宣布它们为“无支付能力企业”，有权中断对它们的贷款。新的国家银行信贷原则，认可和发挥了价值规律的作用，使国家银行的职能不再局限于监督发放的贷款是否正确使用，还要通过信贷和结算工作对企业的积累过程和流动资金的完善保管施加积极的影响。

第四，贯彻物质利益原则，改革工资制度。在1953年与马林科夫发生争论时，赫鲁晓夫就强调要坚持物质利益原则，用物质鼓励办法来调动人们的生产劳动积极性。因此，在对工业管理体制进行改革的同时，赫鲁晓夫也对工资制度和奖励制度进行了改革。在工资制度方面，主要是实行按部门和按地区统一的劳动报酬制度，实行同工同酬，简化等级工资制度，提高低工资和中等工资，缩小低工资与高工资的差别；用计件奖励工资制代替累进计件工资制，提高计时工资的比重。在奖励制度方面，主要采取计件奖励制，把数量指标和质量指标结合起来，在对完成计划数量指标进行物质奖励的同时，加强对完成质量指标的物质奖励。此外，为了刺激技术的发展和进步，赫鲁晓夫还规定，对新技术和新工艺的应用，给予一定的奖励，奖励金额为新技术和新工艺应用后所得年经济效益的3％～25％。

（三）政治体制改革

同斯大林时期的农业和工业管理体制相比，斯大林时期的政治体制问题更多。主要表现为权力过于集中，各级苏维埃沦为摆设，民主和法制极不健全，国家安全机关凌驾于法律之上，党的民主集中制原则受到严重破坏，政治生活中的一言堂、个人崇拜盛行，等等。针对这些问题，赫鲁晓夫进行了一系列改革。

第一，批判个人崇拜，加强集体领导。苏联的高度集权是与个人崇拜相辅相成、相互促进的，高度的中央集权促进了个人崇拜，个人崇拜又进一步强化了高度的中央集权。在苏共二十大和二十二大上，赫鲁晓夫大张旗鼓地批判了个人崇拜，强调党的集体领导原则，并于1961年将其写入了党章。为此，他采取了三项主要措施：首先，把党政职务分开。苏共中央第一书记由赫鲁晓夫担任，苏联部长会议主席先后由马林科夫和布尔加林担任。党政最高职务由两个人担任，由此实现了对苏联最高权力的分割和制约，在一定程度上防止了权力的高度集中。其次，苏共中央主席团实行集体领导，定期举行会议，重大问题由集体讨论决定。这一定期会议制度实现了集体决策，在一定程度上避免了个人专断独裁的发生。最后，定期召开党的代表大会和中央全会，讨论与决定党和国家的重大问题以及主席团内部的分歧。这一举措发挥了党的代表大会作为党的最高权力机关所具有的作用，有利于进一步加强集体领导。

第二，整顿国家安全机关，平反冤假错案。斯大林逝世后，赫鲁晓夫联合党内多数同志，采取果断措施，迅速逮捕和处决了长期以来肆意践踏社会主义法制、大搞肃反活动的贝利亚及其党羽。接着他们又连续颁布法令，撤销了内务部原来拥有的许多超越法律的特权，如内务部“特别会议”“特别程序”等，对内务部进行了改组，将内务部一分为二，一个对内，一个对外，并将其置于最高苏维埃的监督之下，从而结束了内务机构长期凌驾于党和国家之上的不正常局面。与此同时，他们对内务机构在肃反活动中造成的大量冤假错案进行平反昭雪。斯大林逝世后不久，苏共中央就为“列宁格勒案”和莫斯科“医生间谍案”进行平反。1954 年，苏共中央特意成立了一个调查委员会，专门负责为“大清洗”运动中蒙冤受屈的人恢复名誉。仅从 1953 年到 1956 年苏共二十大召开，就先后有 37000 多人恢复了名誉，包括米·图哈切夫斯基和尼·沃兹涅先斯基等一些有影响力的人物。受迫害的少数民族的问题也得到了处理。1957 年 1 月，苏共正式宣布为巴尔卡人、卡尔梅克人、车臣人、印古什人、卡拉恰耶夫人平反，准许他们迁回北高加索地区，建立自己的民族自治州。

第三，健全社会主义法制。一是恢复检察机关的职权。苏联于 1955 年颁布了《苏联检察长监督条例》，规定检察机关要对一切机关、公职人员和苏联公民是否准确遵守法律实行监督，特别是要监督国家安全机关，“使任何一个公民不致被非法地和无根据地追究刑事责任，或在权利上受到非法限制”，“使任何人非经检察长批准，不受逮捕”。二是加强审判机关，扩大地方法院权力。苏联于1953年9月撤销了内务部的军事法庭，将其审判职能交于专门的军事法院。1954年5月，苏联司法部被撤销，其职权被分别移交加盟共和国司法部和最高法院。1954年8月，苏联颁布法令，在自治共和国、边疆区和州法院设立主席团，以便按程序就地审理案件。1957年2月，苏联颁布条例，规定苏联最高法院只审理经加盟共和国最高法院第一审的案件，其他案件均交由各加盟共和国和地方法院进行审理。三是改进立法制度。1957年2月，苏联颁布法律，将制定民法典、刑法典和诉讼法典的权限划归各加盟共和国，联盟只制定各种立法纲要。之后，苏联最高苏维埃先后通过了一系列立法纲要，其中有《刑事立法纲要》《刑事诉讼纲要》《法院组织立法纲要》《民事立法纲要》《民事诉讼纲要》等，以指导各加盟共和国的立法工作。

第四，改进苏维埃制度，提高苏维埃的地位和作用。一是扩大地方苏维埃的权限。苏共中央于1957年1月22日通过决议，要求扩大地方苏维埃在编制国民经济计划，编制地方工业企业的产品生产和产品分配计划，进行住宅建设、福利机构建设、道路建设以及财政预算等方面的权限。二是完善代表制度，明确苏维埃代表的权利义务和他们肩负的责任，定期更换苏维埃代表。苏共纲领规定，为了吸收新的力量参加苏维埃工作，以使一批又一批数以百万计的劳动者受到管理国家的训练，每次选举更换的代表亦不少于苏维埃代表总数的1/3。三是试行苏维埃工作的新形式。为了把苏维埃改造成为“社会自治机构”，苏联积极试行和推广劳动人民参加苏维埃工作的新形式，如成立苏维埃执委会社会部、人民社会监督处、非专职的监察员小组，以及在文化机构、保健机构和国民教育机构中成立专职委员会。

第五，加强社会主义民主建设。一是强调吸收群众参加国家监察机关工作。1962 年 12 月 20 日，苏共中央和苏联部长会议批准《党和国家监察委员会及其相应的地方机关工作条例》。该条例第四条规定，在全国各地普遍设立监督小组和监督岗，协助党和国家机关工作；监督小组由党组织、工会和其他社会团体的代表组成；监督小组可向行政机关、党组织、工会、共青团以及监察机关提出消除有关单位缺点和追究犯错误者责任的问题。二是提高社会团体的地位和作用。赫鲁晓夫认为，伴随国家消亡和向共产主义过渡，应该把越来越多的国家职能交给社会组织来履行。1957 年 12 月 17 日，苏共中央通过了《关于苏联工会工作》的决议，扩大了工会在工资变更、生产计划制订方面的职权。该决议规定：有关职工劳动和工资方面的重要问题，要由国家劳动和工资委员会与全苏工会中央理事会主席团共同作出决定；计划机关在草拟关于生产计划方案的建议时，必须考虑工会委员会的意见；有关上级机关在审查企业年度计划草案时，必须有相应的工会委员会和理事会的代表参加。1961 年苏共二十二大再次强调，继续执行把越来越多的国家职能转交给社会团体的方针，如进一步扩大工会职权，赋予社会团体立法建议权等。三是经常性组织全民参与对党和国家重大问题的讨论。赫鲁晓夫认为，组织对党和国家重大问题的全民讨论，是吸收人民群众参与国家管理的重要形式。在赫鲁晓夫时期，苏联经常组织这样的讨论。例如，1957 年工业和建筑业管理体制改组、1958 年机器拖拉机站改组、赫鲁晓夫在苏共二十一大上所作的《关于 1959—1965 年苏联发展国民经济的控制数字》的报告提纲、1961 年通过的苏共纲领，都经过了大规模的群众讨论。

第六，改革干部制度。一是针对斯大林时期干部严重老化问题，大力推行干部年轻化、知识化、专业化，大胆选拔年轻干部担任领导工作，改善了干部的年龄结构，提高了各级干部的业务素质和文化素质。至1964年，约有99%的工业州委委员和边疆区委委员、96%以上的农业州委委员受过高等教育，他们中的大多数是国民经济的专家。二是建立干部更新制度。赫鲁晓夫认为，经常更换干部，是防止个人崇拜复发的保证。1961年苏共召开二十二大，赫鲁晓夫在大会上正式提出建立干部更新制度，实行任期制和轮换制。苏共二十二大通过了相关决定，规定每次例行选举，苏共中央委员会及主席团委员至少更换1/4，加盟共和国党中央、边疆区委州委的成员至少更换1/3，市委、区委基层党组织成员至少更换一半，并对各级干部连续当选次数和任期也作出相应规定。国家机关和社会团体各级领导干部的更新也照此办理。这项改革是对苏联长期存在的领导干部职务终身制的一个巨大冲击，本身值得肯定。但由于执行得仓促，步伐太大，更换下来的干部退路缺乏保障，又触犯了部分人的既得利益，因而这项改革引起了各级领导干部的强烈不满，成为赫鲁晓夫在执政后期失去广大干部支持的一个重要因素。

（四）思想文化领域改革

对斯大林个人崇拜的批判和对苏联模式弊端的揭露，必然推动人们解放思想，去探索解决苏联模式问题的新的理论和方法。在苏共二十大上，赫鲁晓夫要求全党“必须创造性地而不是教条主义地运用革命理论”，特别是经济建设方面的理论。在赫鲁晓夫的推动下，苏共二十大后，苏联理论界的思想逐步解放，1958年出版的《政治经济学》教科书，在商品生产和价值规律上突破了斯大林的观点，承认价值规律在整个社会主义生产中都起作用，承认生产资料也是商品，也要通过买卖方式从一个国营企业转入另一个国营企业。

1962 年下半年，苏联经济学界发起了对“利别尔曼建议”的大讨论。利别尔曼是苏联哈尔科夫经济工程学院的一个教授，博士生导师。1962 年 9 月 9 日，利别尔曼在《真理报》上发表了《计划·奖金·利润》一文，针对社会主义制度下的计划和生产、劳动生产率和奖金、扩大再生产和积累等，提出了突破性观点，引发了苏联经济学界的广泛关注。在赫鲁晓夫的默许和支持下，这场大讨论由利别尔曼提出的“如何使企业关心最大的生产效果”问题开始，逐渐深入到计划经济和物质刺激的方法、计划指标和企业利用生产基金的方法、企业活动的经济刺激和奖励工作人员的方法等领域，对苏联社会主义经济中的利润率、成本、劳动生产率等问题也提出了一些新的见解。《真理报》《消息报》《经济报》《经济问题》《计划经济》等全国性报刊，以及其他地方性报刊、各高等学校和研究机构的学报都纷纷刊登文章，参加讨论。除了刊登文章外，全国各地还纷纷举行讨论会。整个讨论的气氛认真、热烈，是自列宁逝世以后所未曾有过的。这场讨论也越出了苏联国界，把东欧的波兰、捷克斯洛伐克、匈牙利、保加利亚、罗马尼亚等国家的经济学界也卷了进来，形成了一场“国际利别尔曼计划冲击波”，动摇了苏联在斯大林时期关于价值规律、利润、物质刺激等问题的基本理论。

在思想理论界冲破教条主义的长期桎梏，积极探讨苏联经济社会发展中的问题和解决办法的同时，苏联文学艺术领域也迎来了“解冻”的春天。1954 年 5 月，苏联作家爱伦堡在《旗帜》杂志上发表了他的文学作品《解冻》第一部，1956 年又发表了第二部。《解冻》一反苏联小说的传统模式，它塑造的众多人物里没有一个英雄模范人物，优良品质罕见。《解冻》在 1954 年的苏联，可以说是一部离经叛道的小说。《解冻》的发表，立即在苏联文坛引起了激烈的争论。《共青团真理报》率先发表专论，指责《解冻》“没有刻画出一个真正先进的、强有力的、朝气勃勃的苏联人的形象；小说里的主人公都是些受过创伤的、受过委屈的、'精神失常'的追名逐利者和阿谀奉承的人"[①]。《共青团真理报》的专论，引起不少作家的反感。诗人苏尔科夫1954年6月15日在《文学报》上发表文章，认为爱伦堡的小说有一些缺点，必须严肃地、有原则地批评，但是"这种批评不应该是武断的、肤浅的，有如《共青团真理报》最近所作的那样"[②]。

关于《解冻》的争论，很快越出了作家的范围，扩展至广大读者。他们纷纷给《文学报》写信，发表各自的看法。20世纪50年代的苏联文坛，形成了一股"解冻"文学流派。"解冻"文学是苏联社会在特定历史条件下出现的文学流派，它的中心主题实际上是要求在社会主义现实主义创作原则中表现人性和人道主义，并对现实主义创作原则的某些内涵提出疑义，要求允许暴露社会的阴暗面。1954年12月，全苏作家第二次代表大会对《解冻》以及由此而出现的"解冻"文学流派进行了讨论，对现实主义的创作原则也作了反思。大会对1934年苏联作家协会第一次代表大会通过的《苏联作家协会章程》中"社会主义现实主义"的定义作了修改，删去了"艺术描写的真实性和历史具体性必须与用社会主义精神从思想上改造和教育劳动人民的任务结合起来"一语。

总体来讲，爱伦堡的《解冻》是粗糙的、不完美的，但他所引发的苏联文坛大讨论，在打破苏联文艺领域长期封冻的局面而促进苏联文学艺术的新繁荣上，却是功不可没的。继《解冻》之后，苏联文坛迎来了一个百花争艳的发展期，出现了肖洛霍夫的《一个人的遭遇》《被开垦的处女地》、西蒙诺夫的《生者与死者》三部曲、

---

① 北京大学俄语系俄罗斯苏联文学研究室：《关于〈解冻〉及其思潮》，北京大学出版社1982年版，第142页。

② 北京大学俄语系俄罗斯苏联文学研究室：《关于〈解冻〉及其思潮》，北京大学出版社1982年版，第147页。

柯切托夫的《叶尔绍夫兄弟》、马尔科夫的《父与子》等一大批优秀文学作品。1959年5月18—23日，全苏作家第三次代表大会召开，大会要求广泛团结一切作家力量，鲜明地刻画共产主义建设者的英雄功勋。大会认为没有什么渺小的主题，只有对主题的渺小处理。全苏作家第三次代表大会的召开，算是给20世纪50年代苏联文坛这场关于“解冻”文学的大讨论画了个句号。

三、赫鲁晓夫改革的功过与启示

赫鲁晓夫执政后期，苏联国内工农业生产出现严重下滑，改革措施引发大量新的矛盾，其方针政策在党内遭到越来越多同志的质疑和反对。1964年10月14日上午，苏共中央主席团召开会议，会议由勃列日涅夫主持，赫鲁晓夫在会上受到激烈批评，被迫递交了辞职报告。下午，苏共中央召开全会，全会接受了赫鲁晓夫的辞职报告，选举勃列日涅夫为苏共中央第一书记。赫鲁晓夫时期至此结束。

（一）赫鲁晓夫改革的历史功绩

对于赫鲁晓夫主政11年来推行的改革，历史上各方评价不一。我们认为，尽管赫鲁晓夫的改革存在急躁冒进、主观随意、动摇徘徊、缺乏理论准备等弊端，但总体上成绩是主要的，对推动国际共产主义运动和各国社会主义建设的意义尤其巨大。

第一，赫鲁晓夫对斯大林个人崇拜的批判和对斯大林时期苏联社会主义建设内部问题的揭露，打破了斯大林的神话，动摇了苏联模式的权威，不仅推动苏联共产党和苏联人民摆脱斯大林的教条桎梏，开始探索消除苏联模式的弊端，把苏联社会主义建设推进到了一个新的历史阶段，更是极大地推动了各国共产党人冲破对斯大林和苏联模式的迷信而认真反思与总结本国革命和建设的经验教训，使国际共产主义运动迎来了思想解放的第一个高潮。赫鲁晓夫启动的改革之舟，不仅开启了苏联改革的破冰之旅，而且打开了世界各社会主义国家的改革大门。继赫鲁晓夫改革之后，波兰、匈牙利、捷克斯洛伐克等也开始了本国的改革之路，南斯拉夫更是在斯大林时期第一阶段改革的基础上把改革引向第二阶段——探索自治社会主义模式的新阶段，这些为最后形成南斯拉夫的自治社会主义模式、匈牙利的市场社会主义模式以及其他国家各有特点的社会主义建设和发展道路打下了基础，开启了现实社会主义由苏联一国模式向多国模式发展的新时代。此外，赫鲁晓夫对斯大林个人崇拜的批判和对苏联内部问题的揭露，还极大地动摇了苏共在国际共产主义运动中的大党主义和大国主义的地位与权威，加上赫鲁晓夫主动检讨当年斯大林在苏南问题上的错误，主动修复苏南两党两国关系，因而极大地改变了斯大林时期形成的各国共产党之间和各社会主义国家之间极不正常的党际关系和国家关系，促进了各国共产党之间和各社会主义国家之间独立、自主、平等、互助的正常党际关系和国家关系的建立。

第二，赫鲁晓夫对国家安全机关的整顿和随之而来的内务机构改革，结束了内务机关长期凌驾于党和国家之上而不受任何法律约束的极不正常的现象，恢复了社会主义法制应有的权威，还给了广大党员干部和群众一种政治上的安全感。对党的民主集中制原则和党的集体领导原则的恢复和遵循，推动了党内民主和社会主义民主的发展，活跃了党和国家的政治气氛，有效地防止了个人专断和个人崇拜的再次产生。对党和国家机关的改革，在一定程度上改变了斯大林时期权力高度集中、机构庞大、层次重叠、人员臃肿的现象，减少了官僚主义，提高了机关和部门的办事效率，调动了地方和下级部门的积极性，增强了党和国家机关的活力。对社会主义民主和法制的重视，推动了社会主义民主和法制的发展，调动了广大基层群众和社会团体参与国家政治生活、关心国家大事的积极性，形成了一个相对宽松的政治生态环境。对斯大林时期冤假错案的大规模平反和对国内民族政策的调整，平息了人民群众心中的积怨，缓和了当时已经十分紧张的党群矛盾、干群矛盾，改善了国内民族关系以及中央与各加盟共和国之间的关系，推动了国内各阶层之间、各民族之间的和解，恢复和增强了广大民众和各民族对苏联社会主义制度与苏联社会主义国家的向心力和凝聚力。

第三，赫鲁晓夫的农业改革，改变了农业长期被忽视的地位，将发展农业上升成为党和国家的中心工作之一；改变了过于集中僵化的管理体制和计划体制，扩大了农民和基层生产单位的自主权；废除了长期压在农民身上的不合理的“贡税”体制，建立起了国家与农民之间相对平等的商品货币联系桥梁；加大了对农业的投入，提高了农业的物质技术基础，增强了农业的扩大再生产能力；尊重农民的经济利益，用经济手段来经营农业，调动了农民的生产积极性；开展大垦荒运动，极大地提高了农产品和牲畜的数量。通过这些改革措施，赫鲁晓夫时期的苏联农业有了一个较快速度的发展。从 1953 年到 1964 年，苏联的年谷物总产量从 8250 万吨增加到 15210 万吨，增加了 84.4%；肉类总产量（屠宰重量）从 580 万吨增加到 830 万吨，增加了 43.1%；奶类总产量从 3650 万吨增加到 6330 万吨，增加了 73.4%；蔬菜总产量从 1140 万吨增加到 1950 万吨，增加了 71.0%；土豆总产量从 7260 万吨增加到 9360 万吨，增加了 28.9%；籽棉总产量从 385 万吨增加到 528 万吨，增加了 37.1%。这一时期苏联农业的增长速度甚至超过了美、英、法等国，是苏联历史上农业最好的发展时期。

第四，赫鲁晓夫的工业管理体制改革虽然没有达到预期效果，但是调动了地方的积极性，扩大了企业的生产自主权，在这方面的效果还是比较好的。特别是强调尊重价值规律，大规模地将成本、利润、价格、信贷、货币、工资等经济指标运用于计划的编制、企业的考核、收入的获取，将物质利益原则贯穿于企业的经营管理，更是效果明显。改革在一定程度上打破了旧体制形成的“大锅饭”“铁饭碗”，极大地调动了企业的生产积极性和工人的劳动热情，降低了成本，提高了效率，促进了生产，推动了企业自身的技术升级和产品升级。

（二）赫鲁晓夫改革的问题和不足

赫鲁晓夫的改革在取得显著成绩的同时，也暴露出许多问题和不足。

第一，改革的方式方法过于鲁莽冒进。例如，这体现在对待斯大林问题上。斯大林的个人问题的确非常严重，不对斯大林的问题进行揭露，不打破斯大林的个人神话，斯大林留下的一系列问题就没法得到解决，赫鲁晓夫的改革就无法起步。但是，斯大林毕竟执掌苏联近 30 年，在他的领导下，苏联从当年一个落后的军事封建帝国主义国家成长为一个强大的社会主义国家，并打败了德国法西斯的侵略，取得了卫国战争的伟大胜利，这使他不仅在苏联人民心中而且在整个国际共产主义运动内享有无比崇高的威望。对这样一个领袖人物，如何评价、怎样评价，都不应当是赫鲁晓夫一个人，甚至不应当是苏共一个党所能仓促决定的，都应事先经过党内充分酝酿以及与世界各国共产党充分沟通后再作决定。但是赫鲁晓夫却不顾主席团内多数同志的反对，坚持要在苏共二十大上作反对斯大林个人崇拜的报告，而且这个报告没有经过苏共中央的讨论和内部征求意见，完全是赫鲁晓夫个人所为。报告所列内容，虽然大部分是事实，但充满了赫鲁晓夫个人色彩，情绪化、夸张、讽刺挖苦比比皆是。在赫鲁晓夫口中，斯大林完全成了一个心理阴暗、性格多疑、刚愎自负、任人唯亲、手段残忍的小人，而苏联20世纪30年代社会主义建设中的问题和卫国战争早期的失利，都要归因于斯大林的这些个人品质。所以赫鲁晓夫的“秘密报告”内容披露出来后，一度造成了苏共党内和国际共运内部不必要的思想混乱，损害了共产党人的形象，动摇了人们对社会主义的信心，直接引发了1956年的波匈事件。又如，赫鲁晓夫大力倡导并一力推动的大垦荒运动，计划和想法都是好的，也取得了不错的开局。但是，这场大垦荒运动一开始就采取了政治运动的方式，完全不顾一些地方的自然条件和气候条件，大干快上，全面铺开，结果给一些地方带来了巨大的生态灾难。1960年新垦区有400万公顷耕地受到黑风暴侵害，1963年哈萨克斯坦又有2000万公顷耕地受到黑风暴侵害。由于大规模开垦荒地，破坏了水土保持，伏尔加河、顿河、乌拉尔河下游河床每公里每年淤积泥沙12500吨。有些地方的水库由于泥沙淤积，5年内储水量减少了85%。1958年苏联农业大丰收后，赫鲁晓夫更是头脑发热，提出三四年内在肉类、牛奶和黄油的产量上超过美国，15年内在各项经济指标上全面赶超美国，20年内跑步进入共产主义。然而，当时苏联的肉类产量是750万吨，人均36公斤；美国的产量是1600万吨，人均97公斤。两国在工业和科技方面的差距更大。可见，苏联在15年内全面赶超美国是不可能完成的任务。但为了迎合赫鲁晓夫，苏联到处出现浮夸风，这给各地的工农业生产带来了巨大损失。

第二，一些改革方案缺乏严密论证，主观随意性较大。例如，这体现在赫鲁晓夫发动的种植玉米运动上。赫鲁晓夫去美国访问后，深受美国发展玉米成就的鼓舞，不顾苏联与美国在气候、土壤条件等方面的差别，不顾许多农业专家和国营农场的反对，在没有经过科学论证，也没有经过小范围试验的情况下，便由苏共中央通过决议，在全国大规模扩大玉米种植面积，挤掉了其他许多农作物。但结果却与愿望相反，玉米产量并不高，有的地方如阿尔汉格尔斯克州北部地区，由于气候原因，甚至颗粒无收。寄以极大希望的以玉米秸秆制作的青储饲料，生产成本比苏联传统的以三叶草、牧场草制作的青储饲料高出两倍以上。产量低，成本高，生产前者是一个十分赔本的买卖。面对这一现实，赫鲁晓夫也不得不承认失败，“玉米热”成了赫鲁晓夫执政时的一个政治笑柄。又如，为了改变苏联僵化的经济管理体制，加强党对经济工作的领导，赫鲁晓夫于 1962 年 11 月在苏共中央全会上，想当然地提出在苏共中央委员会内设立领导工业生产的中央局和领导农业生产的农业局，在各边疆区和州也分别成立领导工业和领导农业的两个独立的党组织，各级苏维埃执行委员会以及下属的公共部门如教育、卫生、财政、警察、文化等领域的公共部门也照此相应地分成了两个部门。这样一来，苏联全国便从上至下形成了“两个党委”“两套政府”的奇葩局面。这种二元体制一开始就暴露出政令不能统一、机构更加臃肿、办事效率更低的弊端，因而赫鲁晓夫的这一改革从一开始就遭到从中央到地方各级干部的抵制和反对。随着赫鲁晓夫下台，这一改革自然也就落幕了。

第三，一些改革政策缺乏稳定性、连续性，前后变动较大，甚至前后矛盾。例如，在农业改革方面，赫鲁晓夫在改革之初采取鼓励和扶持个人副业发展的政策，受到了农民的拥护，取得了不错的效果。但后来随着生产的发展，赫鲁晓夫认为公有制已经能够保证农民的收入和福利，个人副业将失去它的意义，于是又对个人副业逐步加以限制，要求缩小宅旁园地面积，减少自养牲畜数量，把宅旁园地变成花园，把农场职工自养牲畜全部卖给国营农场，并严格禁止城市居民饲养牲畜。后来农牧业生产出现停滞时，赫鲁晓夫又反过来批评下边滥用职权、强迫命令，表示要严惩那些热衷于取消宅旁园地的干部。又如，在反对斯大林个人崇拜和坚持党的集体领导方面，赫鲁晓夫一开始做得不错，自己也身体力行，只担任党的第一书记，主要抓党的工作。但随着他在党内斗争中不断取胜，逐步消除主要政敌，1958 年 3 月他又兼任了苏联部长会议主席，集党政大权于一身。当改革和经济建设初见成效时，他自己也滋长了骄傲自满情绪，开始接受别人的吹捧。在他执政后期，他自己也开始搞起个人迷信来，置党的集体领导于不顾，越来越独断专行，这也成为他下台的原因和“罪状”之一。

第四，改革不够彻底，基本局限在旧体制内。赫鲁晓夫的改革表面看起来轰轰烈烈、大刀阔斧，实际上并没有超出旧体制的范围。例如，他的经济管理体制改革，将联盟原来管理经济的 40 多个部裁减到 10 多个，一下子裁减了 2/3 左右，然后将全国划分为 105 个经济行政区，试图消除斯大林体制高度集权、垂直管理的弊端，调动地方的积极性和加强专业协作，改革的步伐不可谓不大，力度不可谓不猛。但实际上这一改革不过是将条条管理改成了块块管理，并没有触及运用行政手段管理经济的根本，因而效果不大，反而造成严重的地方本位主义和新的混乱，后来赫鲁晓夫不得不重新恢复和加强中央的集中管理。又如，赫鲁晓夫强调的对价值规律的尊重和物质利益原则，虽然对斯大林的商品理论有所突破，但也不过体现在加强了对计划和企业的经济核算与经济考核上，远没有突破计划经济的框框。再如，对于农民和农场职工的私人副业，赫鲁晓夫的政策虽然比斯大林时期的政策宽松了许多，但远远没有发展到发展公有制以外的其他经济成分的高度，反而坚持认为公有制的规模和纯度应该越大越好。所以，赫鲁晓夫的改革实际上很不彻底，与其说赫鲁晓夫在努力改革斯大林时期的苏联体制，不如说他是在通过消除斯大林时期的苏联体制的某些弊端，继续延续斯大林时期的苏联体制。

（三）赫鲁晓夫改革的启示

赫鲁晓夫改革存在问题和不足，主要有如下原因。

首先，跟赫鲁晓夫的个人性格和自身修养有关。赫鲁晓夫出身于乌克兰农村一个贫穷的矿工家庭，从小就性格冲动、鲁莽、缺乏耐心。他小时候没有受过什么系统教育，长大后也只上过工农速成中学。他在顿涅茨工业学院进修时还担任该学院党委书记，也没有多少精力去学习文化。因而，赫鲁晓夫本身文化水平不高，修养也不够。这样的性格和文化修养反映在工作上，从正面来看，表现为做事果断，敢下决心，敢于负责，如在清除贝利亚集团、揭开斯大林问题的盖子和平反冤假错案上，敢于大胆一搏；但从负面影响来看，则表现为做事鲁莽、冒险、不计后果和主观随意，不仅在对待斯大林的方式方法、大垦荒运动的组织发动等国内问题上，而且在国际问题上有时候也不够谨慎，如冒失地决定在古巴部署导弹，直接酿成了震撼世界的"古巴导弹危机"。

其次，跟赫鲁晓夫的个人经历有关。赫鲁晓夫成长于斯大林时期，甚至可以说他是由斯大林一手提拔起来的，他的思想观念和行为方式都深深地打上了斯大林时期的烙印。反映在工作上，一是习惯于斯大林时期的政治动员、组织发动和行政命令方式，二是难以摆脱旧思想、旧体制的影响。赫鲁晓夫虽然看到了旧体制的弊端，看到了斯大林问题的严重性，但却没有深刻认识到产生这些弊端和问题的制度根源，而是简单地从斯大林的个人性格和品质上去找原因，因而赫鲁晓夫的改革基本局限在旧体制的范围内，很不彻底。苏联历史学家罗伊·麦德维杰夫在他的著作《赫鲁晓夫》的序言中指出："赫鲁晓夫是斯大林的敌手而不是他的叛逆。"[①] 麦德维杰夫

① 〔苏联〕罗伊·麦德维杰夫著，王德树、李家禄等译：《赫鲁晓夫》，天津人民出版社1986年版，序第2页。

的这一评价可谓是一语中的。正因为赫鲁晓夫只是斯大林的敌手而不是叛逆，所以赫鲁晓夫可以勇敢地批评斯大林，努力地纠正斯大林时期的错误，但却无法也无意识去根本改革造成斯大林错误的制度，只能在旧体制和旧制度中徘徊。

最后，跟缺乏必要的理论准备和理论支持有关。赫鲁晓夫的改革，在很大程度上是为了应对斯大林逝世后尖锐、紧张的国际国内形势，作为消除危机的紧急措施而骤然发动的，带有很大的被动性和应急性。改革在发动前没有必要的理论准备，在发动后又缺少充分的理论支持。虽然赫鲁晓夫也提出要摆脱教条主义，注意研究社会主义经济建设中的新问题以及提出新理论，但实际上在他的整个改革过程中，理论创新微乎其微，而且主要集中在经济学领域，经济学领域又集中在价值、商品、货币、利润等问题上，其他如哲学、政治学、法学并没有什么大的变化和发展。赫鲁晓夫本人也不擅长理论创新和理论发展。他在执政期间最大的理论贡献是提出了“三和两全”理论，即“和平共处、和平竞争、和平过渡”和“全民国家、全民党”。不说这“三和两全”理论的对错，单就其内容来看，也远不足以支持赫鲁晓夫的全部改革。“三和”主要是为赫鲁晓夫调整对外政策提供理论依据；“两全”主要是为赫鲁晓夫缓和国内各阶层之间、各民族之间的紧张关系，消除斯大林“社会主义成就越大，阶级斗争越尖锐”的错误提供理论支持。然而，最需要理论支撑以便继续深入下去的经济体制改革和政治体制改革，相关理论却乏善可陈。所以，赫鲁晓夫的改革在开始时步伐大、力道猛，效果比较明显，但越到后期越迈不开步子，效果越差，甚至又倒退回去，呈现出一个典型的虎头蛇尾现象。

赫鲁晓夫的改革虽然存在缺陷和不足，但给我们以如下有益的启示。

第一，社会主义只有不断改革创新，才能始终保持自己的蓬勃生机和活力。如何建设社会主义，如何巩固和发展社会主义，这些是人类社会前所未有的课题。这些课题的提出，使先于资本主义发达国家进入社会主义的经济文化比较落后国家更是面临一个艰巨的事业。斯大林在列宁开创的事业的基础上，领导苏联人民在20世纪30—40年代的社会主义建设中取得了举世瞩目的成就，充分展示了社会主义制度的优越性，也使苏联成了世界人民向往的社会主义圣地，使苏联道路和苏联模式成了社会主义的标准道路和标准模式。但是在斯大林执政后期，苏联模式的弊端开始显现，如经济发展速度放缓、劳动生产率降低、经济效益低下、消费品供应匮乏、官僚主义严重、民主法制受到破坏、干群关系和民族关系紧张，等等。这表明，任何社会的发展道路和制度模式所具有的优越性都只有相对暂时的意义。社会主义社会也是如此。社会主义的经济制度和政治制度是在针对资本主义的弊端的基础上产生的，理论上具有比资本主义优越的先天优势，但这并不意味着在实际生活中社会主义的经济制度和政治制度就能自动适应生产力的发展和人民对经济社会发展的需要。就算建立起了适应当时生产力发展并令人民满意的经济制度和政治制度，也不能说就万事大吉、一劳永逸了，也必须随着现实生活的变化发展而不断地调整、发展和完善。否则，制度就会僵化，就会失去生机和活力，就会遭到淘汰。严格说来，苏联在20世纪30年代形成的社会主义建设模式并不是一个理想的、完美的建设模式，而是一开始就存在着许多弊端。事实上，任何人、任何政党都不可能一开始就能为本国的经济社会发展设计出完美的发展道路和发展蓝图，任何一开始就企图设计出完美的发展道路和发展蓝图的设想，都不过是一厢情愿的空想。所以，苏联社会主义建设模式的问题并不在于它一开始就存在着弊端，而在于它在取得巨大的经济社会发展成就后，将自己的发展道路和社会制度给神化了，不再允许任何批评和修改。

系统论告诉我们，任何一个系统，只要其子系统的基本功能能够相互耦合，这个系统就能够生存下来，但却不能够永远存在下去。例如，一个池塘，有水、鱼、水草，其中水养鱼、鱼吃草、草养水，三个子系统的基本功能相互耦合，构成池塘这样一个生态系统，但这个生态系统却不能永远存续下去。因为水、鱼、水草的基本功能虽然能够耦合，但其他一些功能是不能够耦合的，如鱼的粪便和尸体、水草腐烂的叶子和根茎，如果不能及时被清理，长此以往，池塘的生态就会被破坏，沼泽化就会出现，然后新的生态系统就会在沼泽化的基础上产生。苏联社会主义模式的根本问题也就在这里。由于斯大林听不进任何关于苏联发展道路和社会制度的批评意见，不愿意作任何新的调整和改革，因此，苏联在20世纪30年代形成的政治经济体制越来越僵化，思想越来越保守，其内在的缺陷和弊端也越来越严重，发展下去，必然成长为否定苏联社会主义模式的内部决定性因素。所以，每个国家的共产党人在领导本国人民走上社会主义发展道路，建立起社会主义社会制度后，绝不能满足于一时的成就，更不能把已建立的社会制度和已获得的经验固化、教条化，而是要根据形势任务的发展变化，适时地调整自己的发展战略和发展道路，改革陈旧的管理体制和领导体制，不断完善社会主义的基本经济制度和政治制度。只有这样，社会主义才能永远保持其蓬勃生机和活力，才能最后取代和战胜资本主义。

第二，改革不能停顿，更不能走回头路，改革中出现的问题，只能在深化改革中解决。赫鲁晓夫的改革实践告诉我们，改革是一项非常艰巨、非常复杂的系统工程。人们在总结赫鲁晓夫的改革教训时，常常指责赫鲁晓夫的改革主观随意性较大，缺乏严密而科学的论证。这个批评本身是正确的，改革的确不能主观冒进，不能随性而为。但由此而认为所有的改革都要先有一个设计周详的方案，然后才能按步推进，则多少有点不够现实。事实上，不光当时的赫鲁晓夫在毫无改革实践和认知的情况下，无法对改革进行全面评估，拿出一个设计严密和周详的改革方案，就是今天的我们在已经具有了丰富的改革经验和实践的基础上，要就下一步改革作出一个周详而严密的方案，也是一件十分困难的事情。所以，对于社会主义国家的改革，无论是先有一个设计严密的方案，还是“摸着石头过河”，先取得经验，再形成方案，进而全面推广，都不是最重要的。最重要的是改革不能停顿。这是因为，一方面，改革具有复杂性和艰巨性，任何改革方案和改革措施都不可能解决所有问题，因而既定的改革方案和改革措施需要根据实践的要求随时进行调整或完善；另一方面，马克思主义哲学告诉我们，矛盾时时存在，处处存在。旧的矛盾解决了，新的矛盾又会产生。改革主要针对已经存在的问题，但在旧的问题解决后，新的问题自然会产生。这就要求我们继续深化改革，探寻新的解决办法。赫鲁晓夫改革的最大问题，在我们看来，就在于当改革出现了新的情况、新的问题，遇到了新的阻力时，赫鲁晓夫不是去思考如何进一步深化改革，用新的改革方案和改革措施去化解新的矛盾、解决新的问题，而是又回到过去，继续采用旧的手段和方法来解决新的问题，对工业建筑业管理体制的改革是这样，对农民和农场职工个人副业政策的调整也是这样，从而使得赫鲁晓夫的改革前后反差很大，甚至前后矛盾，最后导致了赫鲁晓夫改革的破产。

第三，改革要敢于打破旧的利益格局，尤其需要超越自身的限制。马克思指出：“人们自己创造自己的历史，但是他们并不是随心所欲地创造，并不是在他们自己选定的条件下创造，而是在直接碰到的、既定的、从过去承继下来的条件下创造。”[①] 马克思这句话的意思是，我们做任何事情，都不能单从良好的愿望出发，而必须考

① 《马克思恩格斯选集》第1卷，人民出版社1995年版，第585页。

虑当时的历史条件，否则就会沦为纯粹的空想。改革也是如此。任何一个改革方案的设计，任何一项改革措施的出台，首先需要考虑的并不是应不应该，而是可不可行。“应不应该”强调的是对与非对，“可不可行”考虑的是在实践中能否执行下去。“应该的”也许是可行的，但“可行的”却不一定是应该的。因为“可不可行”除了要考虑对与非对之外，更要考虑社会的承受能力以及经济、政治、历史、文化等方面的现实条件，所以就可能要改革者做许多的变通、让步、平衡、妥协，也就有可能不完全符合“应不应该”的要求。但是，如果所有的改革方案和改革措施都仅仅考虑“可不可行”，改革又可能陷入庸俗的实用主义，只能在旧的利益格局中徘徊，迈不开步伐。如同马林科夫等人那样，既想解决斯大林时期遗留下来的问题，又想继续斯大林时期的体制，维护斯大林的形象，这就造成了他们自身在与赫鲁晓夫斗争中的悲剧。所以，正确的办法，就是要把“应不应该”和“可不可行”结合起来，在充分平衡两者要求的基础上，敢于打破旧的利益格局。这样，改革才能有一个明确的发展方向，才能深入发展下去。然而光这一点还不够。改革要能够真正地彻底进行下去，改革者自身还要有勇气做到超越自己。改革者不仅要使自己“从过去承继下来的条件”中超脱出来，而且要将自己的认识、眼界从自身的经历和经验中超脱出来，这样才能站得更高、想得更深，也才能把改革航船驶得更远。赫鲁晓夫的悲剧就在于，他做到了第一点，即敢于打破旧的利益格局，所以他赢得了与马林科夫等人的斗争，但他没有做到超越自身，他的理论水平、他的眼光始终停留在斯大林时期形成的旧有经验和认知框架内。所以当改革涉及他自身时，改革就戛然而止了；当改革遇到了新的情况和新的问题时，他又习惯性地回到了过去，从而使得他的改革前后矛盾、左右摇摆，最后落了个虎头蛇尾的结局。

第四，改革需要理论支持，尤其需要升华对社会主义的认识。列宁有一句名言，“没有革命的理论，就不会有革命的运动”①。科学社会主义的创始人马克思恩格斯在他们的革命生涯中，也多次强调先进理论对工人运动的重要意义。赫鲁晓夫改革不成功的一个原因，也正是改革缺乏必要的理论准备和理论支持。但是，强调理论对改革的重要性，不是说没有理论就不能改革了，而是指要善于总结改革的经验，形成新的理论认识并使之进一步指导改革实践。实际上，理论和实践之间是相辅相成的辩证关系。没有革命的理论就不会有革命的运动，没有革命的运动也不会有革命的理论，并且，也只有从实践中产生的理论，才有资格指导实践。所以，我们说赫鲁晓夫的改革缺乏必要的理论准备和理论支持，不是指责他没有经过充分的理论准备和理论酝酿就贸然开始了改革，而是指他没有做到如下方面：对改革中出现的新情况、新问题进行深入的理论思考，对改革的做法和经验进行系统的理论总结，将之上升为新的理论，进而用新的理论来支持改革、指导改革，从而增强改革的主动性和自觉性，减少盲目性。在赫鲁晓夫执政的 11 年中，唯一一场关于改革理论的大讨论是关于“利别尔曼建议”的讨论。这场讨论加深了苏共和苏联理论界对价值规律、商品、货币的认识，但却没有形成对商品经济理论的新突破，所以最后赫鲁晓夫的工业建筑业管理体制改革，也就只能委屈地停留在斯大林时期计划经济体制的大框架内，无法有新的突破。通过苏联关于“利别尔曼建议”的讨论，我们还可以看出，改革最需要的理论支持，是对“什么是社会主义”这个根本问题认识的升华。“利别尔曼建议”的讨论不能在商品经济理论上形成新的突破，最根本的原因，就是当时人们还停留在从生产关系和制度特征的角度认识社会主义，把商品经济等同于资本主义，把计划经济等同于社会主义。在这样一种思维模式下，商品、

① 《列宁选集》第 1 卷，人民出版社 1995 年版，第 153 页。

货币、价格、利润只能成为加强经济核算的手段，以及计划经济的辅助，而改革停留在斯大林时期指令性计划经济体制的框架内也就非常自然了。所以，要将改革引向深入，最重要的理论支持，就是跳出传统的社会主义认识模式，把对社会主义的认识上升到一个新的水平。只有解决了这个问题，社会主义国家的改革才能站在一个更高的起点上，冲破一切阻碍，不断深入，大步向前。这也是后来其他社会主义国家，尤其是中国的改革能够成功的一个重要经验。

第五章
社会主义的多样化发展

第二次世界大战后，社会主义由一国胜利发展到多国胜利。波兰、保加利亚、南斯拉夫、匈牙利、罗马尼亚、阿尔巴尼亚、捷克斯洛伐克、中国、朝鲜、越南、古巴等十多个国家建立了共产党领导的人民民主政权，确立了社会主义的政治制度和经济制度。由于缺乏经验，同时鉴于苏联在 20 世纪 30 年代社会主义建设和反法西斯战争中所展现出的苏联社会主义发展道路和政治经济制度的巨大优越性，以及国际共产主义运动中长期存在的教条主义、大党主义和大国主义的影响，因此，战后新建立的社会主义国家在一开始几乎都将苏联的发展道路和社会制度作为自己的发展模式，照抄照搬。但是，由于苏联的社会主义建设是在十分特殊的历史背景和国际环境下进行的，不仅其经验和做法带有强烈的个性色彩和国情特点，而且其发展模式和制度模式亦具有很多弊端和缺陷，因此，这些新建立的社会主义国家在将苏联模式复制到本国后，很快便出现了苏联模式与本国国情不相适应的矛盾和冲突，同时苏联模式自身的弊端和缺陷也在这样的矛盾和冲突中展露无遗，从而引发了这些新建立的社会主义国家部分党和国家领导人对苏联模式的动摇和反思。1956 年苏共二十大上赫鲁晓夫对斯大林的批判，进一步打破了苏联模式的神话，解放了各国共产党人的思想，促使越来越多的社会主义国家的共产党及其领导人对苏联模式进行深刻的理论反思和经验总结，推动了社会主义国家改革运动的兴起。由此，南斯拉夫的自治社会主义、匈牙利的市场社会主义、捷克斯洛伐克的“布拉格之春”、中国特色社会主义等与苏联模式非常不同的、具有各自国情特色的新的发展模式产生了，社会主义由一国模式向多国模式发展。

一、南斯拉夫的自治社会主义

南斯拉夫是社会主义阵营中第一个对苏联模式产生怀疑和动摇，开启独立自主地探索更加符合本国国情、更加符合科学社会主义基本价值的社会主义建设和发展道路的社会主义国家。在经历持续约 30 年的改革探索后，南斯拉夫逐渐形成了具有鲜明的南斯拉夫色彩、更加具有活力的自治社会主义模式，为国际共产主义运动和世界社会主义运动作出了卓越贡献。

（一）苏南矛盾与南斯拉夫自治社会主义的发端

南斯拉夫的自治社会主义是在遭遇苏联和东欧几个社会主义国家全面打压，国内各种矛盾严重激化的十分困难的背景下被迫启动的。南共与苏联的矛盾由来已久。早在苏联 20 世纪 30 年代的“大清洗”运动中，寄居苏联的南共中央因为怀疑被帝国主义间谍渗透，被全部逮捕，受到镇压，这在南共内部就种下了不满的种子。第二次世界大战期间，苏联对坚持独立自主抵抗法西斯侵略的南共不但没有给予多少物质和道义上的支持，反而要求南共顺应苏联与英美战略同盟的需要，不要废除南斯拉夫的君主政体，不要建立南共领导的人民政权，遭到了南共的坚决拒绝。第二次世界大战后，苏南矛盾进一步发展。首先是在战后的国际谈判中，苏联出于与英美划分势力范围的需要，损害了南斯拉夫的民族利益，引起了铁托等南共领导人的不满。其次是在战后经济建设上，南共希望通过建立基础工业实现工业化，苏联却希望南斯拉夫继续成为农业国和原料基地，双方的谈判十分不愉快。之后苏联又提出成立南苏石油公司和南苏银行，企图对南斯拉夫的经济、财政、信贷和外币进行全面控制，自然也受到了南共的抵制。最后是巴尔干联邦问题，这个问题直接成为苏南矛盾爆发的导火索。由于历史、宗教、领土等方面的原因，保加利亚与南斯拉夫存在着十分复杂的民族矛盾和边境之争。为了解决这些历史遗留问题，保共领导人季米特洛夫和南共领导人铁托商量成立巴尔干联邦，这直接引起了苏联的担心和不安。1948 年 2 月，苏联把南斯拉夫、保加利亚两国的代表召去莫斯科磋商。苏联指责南斯拉夫在外交政策上没有养成同苏联政府磋商的习惯，迫使南斯拉夫签订了一份关于相互就外交问题进行磋商的协定，使南共领导人感到很受屈辱。3 月 18 日苏联单方面宣布撤走全部军事顾问和教官，19 日又宣布撤走全部文职专家，继续对南斯拉夫施压。苏南矛盾公开爆发。

从 3 月 18 日苏南矛盾公开爆发到 5 月 22 日，南共和苏共之间就双方分歧交换了 7 封信件，各自阐述自己的观点，铁托始终坚持不妥协的立场。为了迫使南共屈服，苏共于 1948 年 6 月召开了欧洲九国共产党和工人党情报局会议。在苏共的操纵下，情报局通过了《关于南斯拉夫共产党状况的决议》，指责南共在国内政策上“背离了马克思主义关于阶级和阶级斗争的理论”，成了“富农党”；在外交政策上背离了国际主义，“只是适合于民族主义的立场”。会议宣布把南共开除出情报局。会议还号召南共内部“健康分子”行动起来以争取撤换现领导，力图搞垮以铁托为首的南共中央。南共随即召开南斯拉夫共产党第五次代表大会。铁托在大会报告中回顾了南共的战斗历程，表示决不屈服于苏联的压力。铁托的报告得到了全体代表的支持，后者表示坚决团结在铁托周围，同苏联的大党大国主义作斗争。1949 年 11 月，情报局再次召开会议。会议通过了《关于南斯拉夫共产党在杀人犯和间谍掌握中》的决议，攻击南共“已由资产阶级民族主义立场完全转到法西斯主义和公开出卖南斯拉夫民族利益的立场上去了”，诬蔑南共已经成为帝国主义侵略政策的工具，是帝国主义的“奴仆”和“帮凶”。紧接着，苏联开始向南斯拉夫施加巨大的经济压力和军事压力。苏联和东欧一些国家先后废除了同南斯拉夫的友好条约，急剧减少了同南斯拉夫的贸易，停止执行向南斯拉夫提供货物的合同，整师整师的军队和坦克开向南斯拉夫边境，对南斯拉夫实行经济封锁和军事威胁。

苏联所施加的政治、经济、军事等方面的压力给南斯拉夫和南共造成了非常大的困难：工农业生产速度下降，第一个五年计划的许多指标没法完成，人们生活困苦，各种社会矛盾上升，党内分歧加剧，英美乘机竭力拉拢南共倒向西方国家的怀抱。面对严峻的形势，南共面临三种选择：一是向苏联屈服，这正是苏联施压的目的；二是投降西方，但却要放弃社会主义；三是既坚持社会主义发展方向，又不走苏联老路，独立自主地在实践中探索自己的发展道路。1950 年，南共在全党开展了一场学习马克思主义的学习运动。经过深入的学习和讨论，全党统一了思想，决定走一条政治上充分发扬社会主义民主，经济上放弃传统的国家所有制和指令性计划经济，对外政策上坚持独立自主和不结盟政策的自治社会主义道路。由此，南斯拉夫开启了探索自治社会主义发展道路的艰难历程。

（二）南斯拉夫自治社会主义的发展历程

南斯拉夫自治社会主义从提出到形成系统理论和制度化，大致经历了工人自治、社会自治、联合劳动自治三个发展阶段。

1. 工人自治阶段（1950—1963年）

1949年12月23日，南斯拉夫经济委员会和工会联合会颁布了《关于在国家经济企业中建立工人委员会及其工作方法的指示》，决定在全国800多个企业中进行建立工人委员会的试点，开始了工人自治的试验。1950年6月27日，南斯拉夫人民议会通过了《关于劳动集体管理国营经济企业和高级经济联合组织的基本法》——通常被称为《工人自治法令》。这是南斯拉夫第一个关于自治的法令，标志着工人自治的真正开始。根据这项法令的规定，企业的组织形式和管理体制都必须进行根本改革。改革的主要内容可概括为如下四点。

第一，改变企业管理的主体。解放初期，南斯拉夫的国营企业是由国家委派经理代表国家统一管理，工人实际上无权参加管理，工人的积极性受到一定程度的压抑。《工人自治法令》第一条改变了这一状况，规定今后“作为全民财产的工厂、矿山、交通、运输、商业、农业、林业、公用事业和国营经济企业”，都交由劳动集体以社会共同体的名义进行管理。从此，企业的经营管理权开始转到企业自己手里。

第二，改变企业的管理组织形式。解放初期，南斯拉夫的国营企业由经理直接领导，企业的重大事务都由经理最后决定。《工人自治法令》改变了这一管理组织形式。该法令规定在每个企业建立劳动集体自己的工人委员会和管理委员会。工人委员会为企业的权力机构，有权批准企业的基本计划和决算，通过管理企业和实施经济计划的决定，通过企业的积累方案和分配方案；管理委员会是工人委员会的执行机构，负责企业的日常经营和管理，向工人委员会负责。

第三，改变企业经理的地位和作用。过去，经理作为国家的代表，有广泛的决策权和管理权。实行工人自治后，企业仍需要经理来领导和管理，但后者的地位和作用发生了很大变化。过去，经理由国家委派或任命，现改为企业公开招聘；过去，经理决定一切，现改为执行企业工人委员会的决议；过去，经理对国家主管机关负责，现在还应向工人委员会报告工作，接受工人委员会的监督；过去，经理是企业的主要领导者和决策者，现改为只能列席工人委员会会议，只能是企业管理委员会的成员之一，不能担任主席。

第四，改变企业干部任免制度。过去，企业的干部全由国家和上级任免，《工人自治法令》废除了这一制度，改由企业民主选举和定期轮换产生。工人委员会由劳动集体选举产生和罢免，任期一年，不得连任两次以上；管理委员会由工人委员会选举和罢免，任期也是一年，也不得连任两次以上。

南共领导人认为，南斯拉夫企业管理体制和组织形式上的这些改革，最鲜明地体现了社会主义的"直接民主"——"工厂归工人"。铁托也说道："这项法律是我们迄今所制定的最富有民主性的文件之一；就其内容而言，这项法律反映了我国社会主义的现实……"①

《工人自治法令》颁布后，南共为贯彻这一法令作了极大努力。1950 年 8—10 月，南斯拉夫先后在 6319 个企业的 974932 名工人中举行了选举，选出了 114613 名工人委员会委员。按照《工人自治法令》，不满 30 人的企业由全体职工组成工人委员会，因此还另有 34730 名职工直接组成了工人委员会。虽然工厂普遍成立了工人委员会，但在 1951 年底以前，企业并没有真正像独立的商品生产者那样自由行动。因为在实行工人自治的同时，南斯拉夫并没有对国家计划体制作相应的改革，工人委员会作决定的权力受到国家经济计划的限制，因而这种自由是极其有限的。1951 年 12 月，南斯拉夫人民议会通过了《国民经济计划管理法》。这个法律对国家计划制

① 《铁托自述》，新华出版社 1984 年版，第 341 页。

度作了一些改革，把一部分计划自主权下放到企业，扩大了企业自治的权限，使企业开始向真正的商品生产者转变，进一步推动了工人自治的发展。

1952 年 1 月 13 日，南斯拉夫人民议会颁布了南斯拉夫成立后的第二部宪法——《关于南斯拉夫联邦人民共和国社会组织和政治组织的基础的根本法》。该根本法在对南斯拉夫国家机构和政治体制进行重大改革的同时，也对 3 年来发展起来的工人自治予以确认，将生产资料的社会所有制和生产者自治确定为国家社会制度的基础，并在议会中成立了生产者院，让生产者可以直接参与讨论和决定国家重大方针政策问题。

1954—1963 年，工人自治进入了一个缓慢发展期。这个时期工人自治的发展一方面表现为巩固和完善工人自治已取得的成绩，另一方面则努力将工人自治从工业企业向其他行业扩展并继续冲击妨碍工人自治向纵深发展的经济管理体制和计划体制。1954 年后，工人自治开始向商业、铁路运输、邮电、公用事业等方面扩展。商业企业建立了消费者委员会，新闻出版业建立了出版委员会。工人委员会的数目从 1950 年的 155166 个增加到 1954 年的 201296 个，1956 年又增加到了 214937 个。

1957 年 12 月 12 日，南斯拉夫人民议会通过了新的劳动关系法。该法律对工人自治的最大意义是，进一步扩大了企业对自己收入的分配权限，规定企业有自主决定自己收入分配的权利，任何外人都没有任何形式的合法权利进行干涉。1961 年 3 月，南斯拉夫人民议会通过了一系列关于经济体制改革的法律，改革的主要内容是改变僵化的计划体制和收入分配体制，改革的成果之一是进一步扩大了劳动集体的生产自主权和分配自主权。

2. 社会自治阶段（1963—1971 年）

1963 年 4 月 7 日，南斯拉夫人民议会通过了解放后的第三部宪法——《南斯拉夫社会主义联邦共和国宪法》。该宪法强调南斯拉夫将在自治基础上继续改革社会经济结构和政治结构，并在经济制度和政治制度上都作出了许多新的规定和变革，因而，该宪法又被称为《自治宪章》。《自治宪章》宣布：自治和参加对社会事务的决策是公民不可被剥夺的权利；自治、开展自由的劳动联合、实行社会所有制和按劳分配是宪法作出的基本原则。《自治宪章》肯定了1954年后自治制度由工厂向其他行业扩展的试点，宣布劳动人民在一切劳动组织中实行自治，即不仅在经济组织中，而且在教育、文化、卫生、社会保险等方面的社会服务事业机构中实行自治。由此，自治制度正式越出工厂围墙，开始由工人自治过渡到社会自治。

1963年宪法颁布后，南共党内出现了一股反对扩大自治的思潮。针对这股思潮，南斯拉夫工会联合会在各地劳动集体和各地工人委员会的支持下，开展了一场全国性的运动，要求按照1963年宪法的规定，进一步推进改革。南斯拉夫工会联合会的行动得到了南共领导人铁托和卡德尔的支持。在这个背景下，南斯拉夫工会联合会于1964年4月20—24日召开了工会第五次代表大会，铁托在大会上所作的讲话中明确赞成发展自治制度以及推进改革。他要求大会更多地讨论自治制度发展中出现的各种缺点，尤其是检查上层领导的工作，推动自治制度更好地发展。铁托的讲话给大会代表以极大的鼓舞。大会认真深入地讨论了自治制度中存在的问题，讨论了自治制度在发展过程中遇到的障碍，对社会经济改革提出了许多合理的建议，对推进自治制度由工人自治向社会自治发展起到了积极的促进作用。

1964年12月7—13日，南共联盟召开第八次代表大会。大会重点讨论了自治制度的进一步发展问题和社会经济关系的“非国家集权化”问题，全面肯定了实行社会自治的方针。卡德尔在报告中指出：实行社会自治是希望为一种新的社会发展开辟道路，即在生产资料社会所有制的基础上，使劳动者同自己的劳动条件、手段和成果重新结合起来，从而使劳动者的这种社会经济关系和地位成为推动社会发展的基本动力。根据这一精神，大会通过了《南共联盟第八次代表大会关于今后任务的决议》，提出和通过了全面改造社会经济关系、实现社会自治的新纲领。决议指出："共产主义者的长期任务是，首先通过在思想上和政治上动员劳动者发展其自治权、尽量直接管理劳动单位和劳动组织，一句话，即建立那种将由劳动者尽量直接决定收入的创造和分配的内部关系，为在劳动组织中确立社会主义的社会关系而坚决奋斗。"①

南共联盟八大召开后三四个月，各共和国共盟也先后召开了代表大会，基本上都重申和赞同了南共联盟八大的改革纲领，从而最终在党内外确立了把工人自治发展为社会自治的新的改革方针，将南斯拉夫自治社会主义改革推进到了一个新的历史发展时期。

3. 联合劳动自治阶段（1971 年—20 世纪 80 年代初）

以 1971 年南斯拉夫人民议会通过的宪法修正案对联合劳动原则给予法律确定为标志，南斯拉夫的自治社会主义开始进入联合劳动自治阶段。实行联合劳动，是南斯拉夫自治制度发展到 20 世纪 60 年代后期的必然结果。在 1963 年南斯拉夫自治制度由工人自治进入社会自治之后，党内就不时出现左、右两种反对的声音，到了 60 年代后期，这两种反对的声音更加强烈。铁托在回顾这一阶段时说道，当时"出现了强烈的倾向，要把社会再生产的决定性因素集中到各种财政实力中心的手中，摆脱自治因素的影响，要使之处于技术官僚主义垄断势力的控制之下"②。这是想把南斯拉夫社会制度拉

① 《南斯拉夫政治经济体制改革文献选编》，中国社会科学院苏联东欧研究所 1986 年编印，第 68—69 页。

② 《铁托自述》，新华出版社 1984 年版，第 423 页。

向资本社会关系，使直接生产者的自治权利流于形式。与此同时，主张倒退到旧的中央集权体制中去的势力也加强了活动，从而使南斯拉夫社会发展再次处于十字路口：要么倒退到“中央集权主义”，要么走向“资本—社会关系”，要么进一步巩固和发展自治。南共联盟作出了第三种选择，认为为了阻止“国家社会主义和资产阶级自由主义的复辟”，发展自治，唯一的出路就是实行联合劳动原则，通过建立联合劳动组织，实现劳动者和生产资料的直接联合，确保工人阶级和广大劳动者直接支配劳动过程与劳动成果的权利。在南共中央的推动下，南斯拉夫人民议会于 1971 年 6 月通过宪法修正案，在宪法修正案第二十一、二十二、二十三条中对联合劳动原则给予了法律上的确定。1972—1973 年，南斯拉夫全国广泛开展了落实宪法第二十一、二十二、二十三条，成立联合劳动组织的行动。1974 年，南斯拉夫人民议会通过新宪法，正式将联合劳动原则载入宪法，规定社会共同体实行社会所有制以及资金与劳动的自由联合。由于联合劳动具有极其重要的意义，南斯拉夫人民议会又于 1976 年 11 月 25 日通过了《联合劳动法》，就联合劳动的作用和意义、联合劳动的组织形式以及联合劳动工人的权利和义务等问题，作了更为详细的规定。

联合劳动组织共有三个层次：联合劳动基层组织、联合劳动组织、联合劳动复合组织。联合劳动基层组织是一个相对独立的自治劳动整体，其规模相当于小企业、小工厂和车间，其可以独立地决定产、供、销等重大问题，是市场活动中最基本的核算单位。到 1976 年 9 月，南斯拉夫共建立了 16000 多个这样的组织。

联合劳动组织由若干个在劳动过程中具有共同利益和有机联系的联合劳动基层组织联合组成，负责协调下属各个联合劳动基层组织的发展计划，协调各基层组织的生产、供销、投资等活动，协调各基层组织之间的相互关系，推动和帮助基层组织实现自己的任务，但无权直接干预基层组织的活动。到 1976 年 9 月，南斯拉夫共建立了 2900 多个这样的组织。

联合劳动复合组织相当于联合企业或公司，由若干联合劳动组织联合组成。联合劳动复合组织的组成方式有四种：第一，把同原料生产、半成品和成品加工、销售及服务过程有联系的联合劳动组织联合起来；第二，把生产同类产品的联合劳动组织联合起来；第三，把同一地区从事不同产品生产的联合劳动组织联合起来；第四，不按地区，也不按行业，而把农业、工业、商业、服务业和旅游业组合成一种综合性的复合组织。联合劳动复合组织的任务是协调下属各劳动组织的生产、销售、投资、扩大再生产、分配等活动，并协调下属各劳动组织同政府机关的关系。到 1976 年 9 月，南斯拉夫共建立了 156 个这样的组织。

与推进联合劳动组织相配套，南共联盟还在全国推行自治利益共同体和自治社会计划。

自治利益共同体是指由教育、科学、文化等领域的社会事业部门的职工选出自己的代表与生产部门派出的代表组成的联合劳动共同体。生产部门提供资金，社会事业部门提供劳务，双方在平等自愿的基础上订立自治协议，使劳动人民能够参加社会事业部门的自治管理，使相关领域的国家职能民主化和社会化。1976 年以后南斯拉夫主要建立了三种自治利益共同体，第一种是由地方居民组成的教育、科学、文化、保健等方面的地方自治利益共同体；第二种是由经济相关方组成的经济自治利益共同体，如由供电单位代表和用电单位代表组成的电业自治利益共同体；第三种是在政权机关、社会政治团体内建立的各级各类社会政治共同体。

自治利益共同体由生产部门和社会事业部门双方派代表共同管理，代表都来自基层组织。例如，一个区的教育自治利益共同体，就由本区各联合劳动基层组织的代表、各地方共同体的代表以及本区教育工作者代表组成。自治利益共同体的权力机关是代表大会，在代表大会上各方代表平等地共同协商，包括确定劳务价格在内的相互关系，决定共同体的服务范围和发展方向。共和国或省一级的自治利益共同体，则由所属各区有关自治利益共同体的代表以及本共和国或本自治省的有关事业的工作者代表组成。其任务是制订共和国或自治省的有关计划，协调下属各区的发展计划，筹集和分配经费。

区级、共和国或自治省级的各个自治利益共同体都可以派代表参加同级议会的有关会议和议会各院的联席会议。但在表决时，自治利益共同体单独举行会议，其决议与同级议会的决议具有相同的社会效力。

自治社会计划是为了在全局上对社会的整体利益与各联合劳动组织、自治利益共同体的特殊利益进行协调而推行的一个计划。1976 年 2 月 6 日，南斯拉夫议会通过了《社会计划法》。该法律规定，社会计划以联合劳动组织为基础，通过协商和调整，采用签订自治协议和社会契约的方式来制订。自治社会计划彻底打破了传统的计划体制自上而下制订和安排计划的做法，它明确计划的制订主体是各级劳动者，规定计划的制订，不仅有各经济组织、自治利益共同体和社会政治组织参加，而且有各基层组织的工人和其他劳动者参加。从制订方式来看，计划是采取自下而上经过各方面反复协调和协商的方式，在取得一致的基础上形成的。这一过程，实际上就是签订自治协议和社会契约的过程。

经过工人自治、社会自治、联合劳动自治三个发展阶段，南斯拉夫在所有社会主义国家中第一个彻底打破了苏联模式的桎梏，形成了自己独特的自治社会主义模式，创造了一种新的更符合科学社会主义基本价值的社会主义建设和发展道路，为国际共产主义运动以及世界社会主义运动作出了卓越贡献。

（三）南斯拉夫自治社会主义的相关改革

南斯拉夫的自治社会主义是从经济体制、政治体制、思想文化体制、社会管理体制、经济社会发展战略和发展方式、党的领导方式和执政方式等领域对苏联社会主义模式的全方位的冲击和变革，劳动者的自治权利也只有对旧的经济体制、政治体制、思想文化体制和社会管理体制进行根本变革才能真正得到保障和实现。因此，南共联盟在推动自治道路不断向纵深发展的同时，也相应地对旧体制以及党的领导方式和执政方式进行了全面改革。改革的主要内容为如下七点。

1. 在生产关系方面，变国家所有制为社会所有制

南共联盟认为，在无产阶级取得政权后的一个时期内，当广大劳动者还没有能力，或者客观条件还不允许劳动者直接支配生产资料的时候，为了恢复和发展国民经济以及对私人资本进行社会主义改造，采取生产资料国家所有制的形式是必要的。但国家所有制有一个根本缺陷，它使生产者不能直接掌握生产资料的支配权和劳动成果的分配权。国家所有制使广大劳动者处于履行国家指令的消极地位，也就使劳动者与所在单位经营得好坏之间没有直接的利害关系，从而限制了劳动者积极性和创造性的发挥，并且很容易滋长政府中的官僚主义因素，出现“管理劳动的职能由人们中的一个特殊集团来垄断的潜在危险”。基于这些原因，国家所有制并不是社会主义公有制的高级形式，而只是一种低级形式。只有以企业自治为基础的社会所有制，才是最理想的高级公有制形式。国家所有制与社会所有制的根本区别在于：第一，国家所有制以国家为管理主体，社会所有制以工人阶级和全体劳动者为管理主体。第二，国家所有制由国家代表人民管理生产资料，只能由少数人行使管理职能，如果国家机构出现官僚主义化，就会使劳动者与生产资料相脱

离，劳动者的地位就会发生逆转；社会所有制由劳动者自己管理生产资料，实行劳动者的直接管理，因而绝不会发生劳动者与生产资料相脱离的现象。1950 年 6 月 27 日，南斯拉夫人民议会通过了《工人自治法令》，该法令从法律上肯定了社会所有制。由此与工人自治同步，南斯拉夫也开启了变国家所有制为社会所有制的进程。

2. 在生产方式方面，变产品经济为“自治商品经济”

南共联盟认为，社会主义生产方式取代资本主义生产方式，只能在商品经济的基础上实现。在社会主义制度下商品生产之所以存在，不仅是因为多种所有制存在以及社会分工不同，最主要的还是因为生产力发展水平有限，没有商品生产，就没有经济发展的内在动力。在南共联盟看来，社会主义经济不应该是产品经济，而应当是商品经济；社会主义企业是独立的商品生产者，而不应当类似于一个大工厂的内部车间，各企业的产品都应当通过市场进行交换来实现自己的价值。因此，国家的经济活动应当由市场进行调节，市场是整个国民经济的基础，也是国家计划管理的基础。基于上述看法，南斯拉夫把自己的经济称为“社会主义自治商品经济”或“统一市场下的社会计划经济”。企业在作生产计划时，首先依据国内外市场的需求以及自身的条件与能力，然后再参考国家的计划，进而决定生产的品种、数量、规模和质量。国家的计划，对企业只有参考和辅助的作用。

3. 在计划体制方面，变旧式的指令性计划为“自治社会计划”

南共联盟认为，把计划范畴等同于社会主义、把市场范畴等同于资本主义的观点是不对的；在多种经济成分存在的情况下，作出无所不包的指令性计划是不现实的，如果硬要如此，只能出现“官僚主义的空想”。在南共联盟看来，社会主义经济的商品性，决定了市场和价值规律一定要在各个经济领域中发挥调节作用。因此，计划和市场都是管理经济的缺一不可的机制和手段，计划要指导市场，但这种指导又是通过市场机制本身进行的，这两个方面要有机结合起来，使计划指导与市场调节得到最佳的配合。基于这种认识，南斯拉夫在经济管理方面，把指令性计划改变为自治社会计划，国家只编制和下达指导性计划，给企业提供各种信息，完全由企业根据市场以及自身的能力与条件来决定自己的经营活动，让企业在经营活动中发挥最大的独立自主作用。此外，南斯拉夫还通过自治协议和社会契约来实现全社会的经济联系，在企业内部则实行劳动者自行决定分配成果的原则，国家不再规定统一的工资标准和工资制度。

4. 在农业生产方面，变集体农庄为自愿互利基础上的“综合农业劳动合作社”

南斯拉夫在1951年以前，在农业集体化道路方面采用了苏联集体农庄的模式，在苏南矛盾爆发后的最初两年，为了表示自己没有搞“富农路线”，表示南共不是“富农党”更是在农村采取了一条激进的强制性农业集体化路线，引发了广大农民的不满，造成了20世纪40年代末50年代初农业生产的急剧下滑。从1951年底起，南共中央开始对农业集体化运动进行纠偏。1951年11月4日，南共中央向各级党组织发出通知，说明集体农庄制度已被证明是完全错误和有害的。同年11月24日，南共中央又发出了《关于农业社会主义改造道路的指示》，要求必须从劳动合作社组织中清除苏联集体农庄制度的因素，全面改组亏损的劳动合作社，以社会所有制农业组织为中心，在自愿互利的基础上与个体农民建立多种多样的经济合作关系，逐步改造小农经济，促进农业的发展。1953年3月28日，南斯拉夫政府颁布了《关于农民劳动合作社的财产关系和改组的决定》，从根本上改变了过去的集体化方针，完成了南共联盟农村政策的转变。该决定提出，必须以在入社和退社方面严格遵守自愿原则为基础成立合作社，要把农业劳动合作社转变为综合农业劳动合作社。综合农业劳动合作社的基本职能是通过对农民的服务以及与农民的合作，如推广新工艺，提供专业技术服务，收购农产品，开展社会文化活动，以这些形式在自愿的基础上争取农民，加强他们同社会部门的联系，吸引他们逐步走上社会主义发展道路。综合农业劳动合作社不仅要成为农业生产的主要经济点，能够为个体农民提供农业生产产前、产中、产后的技术服务和销售服务；而且应成为农村的社会政治中心、经济中心和文化中心，能够依靠社会和国家的帮助，对农村的传统生活进行改造并建立新的关系。此外，政府还鼓励农户同社会所有制的农场签订产销合同。到 1956 年，南斯拉夫在全国普遍建立了以农业劳动合作社（综合农业劳动者合作社和农民劳动合作社）和国营农场为一方，以个体农户为另一方的协作制。这种协作制完全遵循了自愿、平等、互利的原则，没有丝毫侵犯个体农户的土地所有权，受到了广大个体农户的欢迎。这种协作制的建立，是南斯拉夫根据自己的国情，在农业社会主义改造方面作出的一种新探索。

5. 在党的执政方式方面，变党的直接领导为政治思想上的引导

铁托认为，党领导工人阶级取得胜利，建立起社会主义的国家政权后，直接行使管理国家的权力，“把党的作用降低成为执行种种措施的官僚主义机器的一个部分，……党在此时应当是领导者、教育者，而不是执行者”①。他强调：“南共的作用在今天不是发号施令，……南共的作用在于它的最重要的任务——做思想教育方面的领导工作，在于它使我国社会主义社会正常地和正确地发展的警

① 《南斯拉夫资料汇编》，世界知识出版社 1957 年版，第 196 页。

惕性；也就是说，共产主义者的作用在于以社会主义精神对我国公民进行教育和再教育。”[①] 基于这一认识，南共在社会主义改革史上第一个提出了如下这一点：废除党政合一、党企合一、以党代政、党包办一切的政治体制和领导体制。1952年上半年，南共中央发出指示，要求限制党组织在地方政府中直接领导的地位，结束党委书记普遍兼任地区人民委员会主席的做法，限制党的领导人兼任国家机关的领导人。1952年11月，南共六大接受并完善了关于党的作用的新观念，作出了两项具有历史意义的新规定：第一，改变党的名称，把南斯拉夫共产党改名为“南斯拉夫共产主义者联盟”，表示放弃和否定苏共式的缺乏党内民主、垄断权力的党建模式，并同马克思的建党思想及其建党实践“共产主义者同盟”保持一致。第二，通过了《南斯拉夫共产主义者联盟章程》，规定在发展自治制度的条件下，南共将实现政治上和思想上的引导作用，南共将“不再是政权因素，而是思想政治指导因素”，党的任务是教育群众和提高群众觉悟。

6. 在基本政治制度方面，变传统的代议制为代表团制

南斯拉夫的代表团制是为了配合联合劳动自治的推进而对国家根本政治制度所作的重大改革。早在20世纪50年代初，为配合工人自治的推进，南斯拉夫就对其政治体制进行了重大改革，按照南共中央提出的“民主化、分散化、非官僚化”的原则，建立起了以各级人民委员会为核心、以地方分权和地方自治为特点的基本政治制度，打破了苏联高度中央集权的政治体制模式。但是，南共联盟认为，人民委员会制度仍然没有超脱传统代议制的眼界，仍然是人民通过选出自己的代表来实现对国家的管理，仍然有可能造成管理者与人民相脱离的危险，使国家政权逐步官僚主义化。因此，为了配合联合劳动自治的开展，南共中央决定对南斯拉夫的政治制度也

① 《铁托选集（1952—1960）》，人民出版社1983年版，第35—36页。

进行重大改革——在所有社会政治领域实行代表团制。20 世纪 60 年代末 70 年代初，南斯拉夫开始在联邦议会和一些社会政治领域试行代表团制，同时对宪法作一些相应的修改。1974 年通过的新宪法肯定了这些改革成果，并规定在所有领域都实行代表团制。由此南斯拉夫揭开了在全国实行代表团制的大幕。

同传统的代议制和代表制相比，南斯拉夫的代表团制有三个显著特点：第一，所有基层组织的公民以直接、无记名投票方式选举出自己的代表团，然后由代表团从自己的成员中选出代表组成议会和其他社会管理机构，各级议会和社会管理机构的成员都必须是基层代表团的代表。第二，代表团是常设的，议会代表要随时接受本代表团和基层选民的监督和指导。代表必须经常联系本地区本单位的群众，向他们汇报工作，面对重大问题要根据本代表团和基层群众的意见行事。基层单位有权撤换代表和整个代表团，议会代表如果被基层取消了代表团成员资格，同时也就失去了议会代表的资格。第三，代表团成员实行任期制、限任制、轮换制和不脱产制。代表团成员和议会代表每届任期 4 年，连任不得超过两届。议会代表不能兼任政府职务，也不能同时兼任两级议会的代表。已选入本单位工人委员会或其他管理机构的工人不能再当选为代表团成员。代表团成员一般不脱产。因工作需要而脱产的代表任期届满后有权要求回到自己原来的工作单位和劳动岗位。

改革后的南斯拉夫权力机关分为联邦议会、共和国（自治省）议会、区议会三级。共和国（自治省）议会和区议会由社会政治院、联合劳动院、地方共同体院组成，按不同部门和系统，研究和解决不同范围的问题。三个院是平列的，面对重要问题或全局性问题，三院可进行联合讨论，寻求解决办法。联邦议会是南斯拉夫最高权力机关，有权修改宪法，确定全国性的对内对外政策，制定联邦法律法令，通过联邦的社会计划、预算以及其他对联邦具有共同意义的决定。联邦议会由联邦院、共和国和自治省院这两院组成。联邦院的主要职责是讨论并解决事关整个联邦共同利益的问题，共和国和自治省院的主要职责是处理同共和国和自治省利益密切相关的经济问题。两院平等地选举联邦议会主席和副主席、执行委员会主席和委员、宪法法院和联邦法院的院长和法官，或解除他们的职务。

南共联盟认为，代表团制是南斯拉夫社会中正在发展着的全部自治的社会主义民主制的基础，它"使得工人阶级和劳动人民能够真正成为社会上的占统治地位的政治、经济力量"[①]。南斯拉夫的代表团制较好地克服了资本主义国家的代议制和其他社会主义国家的政治代表制可能出现的权力机构与劳动者相脱离的危险，它给予了工人和劳动者自己选出的代表在议会中直接就国家和社会政策问题进行讨论以及作出决定的权力和机会，而不需要由别人代表他们来行使这个权力，实现了劳动者的主人翁权利同国家和社会事务的管理职能的有机结合，为发展社会主义民主、使劳动者真正成为国家和社会的主人探索到了一条极富创意的可行道路。

7. 在民主政治建设方面，变间接民主为直接民主

在 20 世纪 50 年代初关于开展工人自治的大讨论中，南共领导人就认识到，过去的革命运动在运动之初都不同程度地扩大了人民的政治权利，从而得到了人民的支持。但是在革命胜利后，人民的政治权利却并没有得到有效保证和充分实现。其中的根本原因就在于取得政权后，国家机器逐渐脱离了人民群众，产生了严重的官僚主义化，就像苏联在 20 世纪 30 年代以后所发生的那种情况。要消除和防止这一现象的发生，就应当让工人自己来管理工厂，农民自己来管理土地，人民自己来管理国家，也就是说大力发展社会主义直接民主。发展社会主义直接民主的最重大的政策举措和制度设计，就是不断推动劳动者自治，以及建立代表团制的根本政治制

---

① 《铁托选集（1974—1980）》，人民出版社 1980 年版，第 398 页。

度。除此之外，南共联盟还在其他社会政治领域进行了大量相关改革。在干部制度改革方面，除了实行普遍的选举制以及严格的任期制、限任制外，还普遍推行了招聘制和轮换制。特别是轮换制，不仅规定代表团成员毫无例外地实行轮换制，而且将轮换制的做法从代表机构和执行机构的工作人员扩展到社会政治组织、社会团体和联合会，以及所有自治组织内部的公职人员。在党的组织建设方面，放弃了战争年代那种比较集中、严密的组织体系和组织纪律，改成了比较松散的联盟，各级组织都获得了相对独立的地位和自主决定自己事务的权力。在领导的方式方法方面，更加强调集体领导的原则，甚至将这一原则在宪法上予以规定，推行到国家机关以及其他社会政治组织和社会团体。在法制建设方面，形成了种类健全、体系完备的法律体系和司法体系，不仅有各级普通法院，而且建立了宪法法院、联合劳动法院，坚持司法独立和司法民主，允许各级各类法院独立自主地审理各种类型的涉法涉诉案件和解决各种矛盾纠纷。

（四）南斯拉夫自治社会主义的意义

南斯拉夫自治社会主义的探索和实践，不仅有效地促进了国内经济社会的发展，维护了国家的主权和独立；而且在国际共产主义运动和世界社会主义运动中也产生了巨大影响，具有十分重大的意义。

1. 有效地促进了国家经济社会的发展，维护了国家的主权和尊严

苏南矛盾爆发后，国际舆论普遍认为南斯拉夫坚持不到半年，而南斯拉夫的处境在当时也的确相当困难。在国内，工农业生产速度严重下滑，人民生活水平困苦，民族关系、阶级关系、阶层关系紧张，党内分歧严重，仅 1948—1949 年，党内因政治分歧被开除出

党的党员就有59596人，占全党党员总数的1/10；在国外，苏联和东欧国家纷纷撕毁合约，中断供应，撤走专家，大兵压境。在如此严峻的形势下，南斯拉夫自治社会主义起步没几年，国内经济形势就有了根本好转。1953—1963年的十年，是南斯拉夫经济大发展的十年，国民经济发展速度达到了世界最高水平，国民收入增长了1倍，工业生产年均增长13.8%。1957年开始的第二个五年计划，于1960年提前一年完成。农业也在1959年发展到最高点，比战前增长了60%以上，单位面积产量达到了世界上农业发达国家平均水平。人民的生活水平也有了显著提高，人均收入从1954年的260美元上升到20世纪70年代的1360美元，年均增长6.2%。经济形势的根本好转一方面迅速稳定了局势，统一了思想，增强了信心；另一方面也说明自治社会主义这条道路符合南斯拉夫国情，得到了人民的拥护和支持，调动了人民生产劳动的积极性。经济形势的根本好转也增强了南共联盟抵抗苏联压力，维护国家主权与民族尊严的底气和信心；更加坚定了南共联盟抛弃苏联模式，探索更加符合科学社会主义基本价值与南斯拉夫国情的社会主义发展道路的决心和信念，为南斯拉夫自治社会主义向纵深发展奠定了基础。

2. 创造了民主政治的新形式，展示了社会主义民主的优越性

民主是千百年来人们孜孜追求的美丽梦想，更是社会主义的本质要求。但是民主的实现和巩固却是一个十分艰难的过程。民主发展到当代，比较成熟的是以多党制、代议制、普选制为核心内容的资本主义民主制。这种民主制肯定了主权在民的原则，确认了自由、平等、规则优先、程序正义、分权制衡、多数决定等民主核心理念，给予了人民在一定程度上参与国家政治生活和国家管理的机会与权利。但是，资本主义民主制有一个根本缺陷，就是容易造成人民群众与国家权力的分离，失去对国家权力的监控。社会主义是比资本主义更高级的社会形态，理论上社会主义民主也应当比资本

主义民主更高级、更优越。但是社会主义首先是在经济文化比较落后的国家取得胜利，经济文化落后的现实大大制约了社会主义民主的发展，这迫使列宁放弃了十月革命胜利之初直接让千百万劳动者参与国家管理的思想，转而提出了由工人阶级的先锋队——共产党来代表工人阶级和广大人民群众对国家实行领导的思想。但是俄国先锋队领导的制度设计也无法回避与资本主义代议制同样面临的问题，就是如何防止国家机关与人民群众相脱离的危险。并且，大部分现实社会主义国家没有经过资本主义充分发展阶段，更没有经过成熟的资本主义政治文明的洗礼，因而大都存在着大量的封建思想文化残余，加上高度集权的经济政治体制自身的缺陷，于是现实社会主义国家在建立起来之后，大都很快就出现了严重的官僚主义，有的甚至出现了部分异化，如斯大林 20 世纪 30 年代的国家机器，人民流血牺牲建立起来的本该由人民当家作主的社会主义国家政权，却反过来成为某些人用来镇压人民的工具。南斯拉夫自治社会主义道路的实践，却创造了一种远高于资本主义代议制和其他社会主义国家代表制的新型民主形式。这种新型民主形式通过让工人管理工厂、农民管理土地、人民群众参与国家管理，将人民主权原则赋予人民的管理国家的权利同国家的管理职能有机地结合起来，从制度的设计和安排上有效地杜绝和防止了国家机器脱离人民掌控的危险，同时也成功地解决了其他社会主义国家普遍存在的党政不分、政企合一的问题，对克服个人专权、层层集权、干部特权、个人崇拜、终身制以及官僚主义作了十分有益的探索，在世界上树立起了一种水平较高的社会主义民主模式，充分展示了社会主义民主的优越性和远大前途。

3. 开创了一条社会主义建设和发展的新道路，促进了社会主义的多样化发展

在南斯拉夫之前，苏联社会主义建设模式一度被公认为社会主

义的标准模式甚至唯一模式，是否符合这一模式成为衡量各国共产党人是否在搞社会主义或者是否搞了社会主义的至高标准。虽然南斯拉夫从20世纪50年代初就开始了自治社会主义的探索，但在苏联的影响下，南斯拉夫的改革探索被看作是离经叛道的，并没有动摇苏联模式在各国共产党人和各社会主义国家中的地位和形象。直到苏共二十大，赫鲁晓夫自揭家丑，暴露出斯大林和苏联20世纪30年代社会主义建设中的诸多问题，才引发了人们对苏联模式的总结和反思。然而，赫鲁晓夫虽然打破了斯大林和苏联模式的神话，但也导致很多人产生了对社会主义的信念动摇，发出了社会主义向何处去的疑问。这时正是南斯拉夫自治社会主义探索成功迈出第一步，获得初步收获的时候。南斯拉夫改革的成功，用事实证明了苏联模式并非社会主义建设的唯一道路和唯一模式，刺激了各国共产党人和各社会主义国家解放思想，冲破教条主义的桎梏，认真总结和反思本国社会主义革命和建设中的问题，从而推动了社会主义国家改革大潮的到来。所以，苏共二十大后，不仅苏联，波兰、匈牙利、捷克斯洛伐克、保加利亚、罗马尼亚等社会主义国家也都开始了自己的改革之旅，虽然这些国家的改革多数没有彻底突破苏联模式，有的后来还出现了反复，但毕竟都带有各自的特点，最终使社会主义出现了多样化发展的可喜局面。

（五）南斯拉夫自治社会主义的不足与启示

1988年6月苏共第十九次代表会议后，苏共中央总书记戈尔巴乔夫在苏联掀起了一股人道的民主的社会主义的旋风。这股旋风迅速扩展到东欧也波及了南斯拉夫。在戈尔巴乔夫的人道的民主的社会主义的冲击下，南斯拉夫党内国内出现了大量否定南斯拉夫自治社会主义道路，追求西式民主化、自由化和多党制的声音。1988年末至1989年初，在南斯拉夫，大量政治组织和协会如同雨后春笋般地出现了。1989 年 10 月，在这些政治组织的巨大压力和东欧邻国政局剧变的影响下，南共联盟第二十八次中央全会被迫通过了把多党制引进南斯拉夫的《政治体制改革提纲》。1990 年 7 月 25 日，南斯拉夫联邦议会通过《政治结社法》，决定正式在南斯拉夫实行多党制。实行多党制后，南共联盟内部出现了分裂。并且，南斯拉夫各地一下子出现了数百个大大小小的政党，这些政党借助民族主义的宣传迅速膨胀、壮大，不到一年的时间便纷纷在各共和国上台执政并组织民族独立公投。到 1992 年 2 月，斯洛文尼亚、克罗地亚、马其顿、波黑均已宣布独立，铁托和南共联盟在第二次世界大战后建立的南斯拉夫社会主义联邦共和国实际上已经名存实亡，而南斯拉夫自治社会主义的实践也至此中止。

南斯拉夫的解体和南共联盟的失败虽然有许多难以抗拒的外部因素，如戈尔巴乔夫的人道的民主的社会主义的影响，东欧邻国剧变的冲击，西方国家的插手和干涉，但南共联盟和南斯拉夫自治社会主义自身存在的问题也不可忽视。纵观南斯拉夫自治社会主义的发展过程，其在取得非凡成就的同时，也存在着一些不足和隐患。主要有：第一，中央对地方放权太多，地方组织和各共和国（自治省）权力过大，致使南共中央和南斯拉夫联邦政府缺乏对全国局势的掌控能力和手段，助长了地方本位主义和分散主义，埋下了后来南斯拉夫解体的种子。第二，南共联盟实现职能转变和组织改型后，呈现出组织松散、思想不够统一的现象，南共基层组织的凝聚力、组织力、社会动员力均受到不同程度的削弱，使得南共在遭遇社会剧变以及面对民族主义和自由化思潮的凶猛进攻时难以做到思想上、行动上的一致，难以组织起有效的抵抗，甚至自己内部也发生了分裂。第三，南共对民族问题的严重性、艰巨性和复杂性缺乏足够深刻和客观的认识，对时而冒头的民族问题不够警惕和重视，尤其是没有认识到民族问题超越社会制度和党派的性质，因而也长期缺乏应对民族问题的有效措施和合理的制度安排。特别是在维护国家统一问题上，南共对民族自决权的行使过于宽容，对维护国家统一缺乏严格的宪法规定和刚性的制度设计，因而在民族主义像瘟疫一样泛滥开来时，缺乏合法而有效的手段，也给西方敌对势力的干涉提供了借口。

南斯拉夫的自治社会主义虽然随着南斯拉夫的解体和南共联盟的分裂而中止了，但它仍然在国际共产主义运动和世界社会主义运动中留下了光辉的一页，给我们以许多有益的启示。

1. 必须创造性地学习和运用马克思主义

南斯拉夫走上社会主义自治道路的最根本原因，在于南共对马克思主义进行了创造性的学习和运用。南斯拉夫成立之初，南共沿用的基本还是苏联那套体制和做法，尽管这套体制和做法在实践中暴露出不少弊端，但南共领导人并没有打算放弃，只是在方式方法上相对缓和。苏南矛盾爆发后，在外有苏联和东欧邻国经济封锁、大兵压境，内有由采用苏联体制造成的经济下滑、社会关系紧张的双重压力下，南共在 20 世纪 50 年代初发动了一场全党学习马克思主义的活动。通过这场学习活动，全党上下统一了思想，认识到苏联社会主义模式并不是社会主义的唯一模式，甚至不是一个好的模式，而实现劳动者自治，才是马克思恩格斯关于工人阶级掌握国家政权后建立新社会的精髓。南共领导人认为，虽然马克思恩格斯著作中没有现成的建设自治制度的理论，但是他们关于工人阶级自己解放自己的思想，关于克服异化劳动、实现劳动解放的思想，关于实现劳动者与生产资料的直接结合而建立生产者自由联合体的思想，都可以作为建设自治社会主义的理论依据和理论支撑。因为，这些思想都在诉说着一个基本观点，即工人阶级要获得解放，就必须摆脱一切形式的压迫和奴役，不仅要从资本家的雇佣劳动下解放出来，而且要从其他形式包括社会主义制度建立起来后可能产生的新的奴役和压迫下解放出来。因此，将工人阶级从资本家的雇佣劳动下解放出来，只是工人阶级解放的第一步。第二步则是在社会主义制度下实现进一步的解放，这一步甚至比第一步更重要。

在南共领导人看来，十月革命胜利后建立起来的苏联模式，之所以不是一个可值得称道的社会主义模式，就是因为这一模式并没有真正让苏联人民实现当家作主。在苏联，工人阶级和广大劳动者实际上是通过其政治代表来实现对国家和经济社会的管理的，再加上国家所有制、集体农庄制和高度集权的政治经济体制的存在，使得苏联的工人阶级和广大劳动者同国家机关以及国家财富发生了严重的脱离，使得苏联产生了严重的官僚主义和腐败，甚至发生了异化，出现了许多新的压迫和奴役现象。南共认为，要有效克服苏联模式的弊端，真正实现马克思恩格斯笔下的劳动解放，首要一条就是让人民自己来管理工厂、管理农业、管理社会、管理国家，走一条由工人自治到社会自治再到联合劳动自治的社会主义自治道路；其次是彻底放弃国家所有制和名义上集体所有但实际上农庄社员没有任何自主支配权的集体农庄制，将工厂交给工人，土地交给农民，实现彻底的社会所有制，让劳动者真正拥有自主经营、自主管理和自主支配自己劳动产品的权利。以上认识上、理论上的突破，使南共形成了独有的劳动者自治理论和社会所有制理论，而这两个理论又构成了南共联盟自治社会主义理论的核心。正是在这两个理论的支撑下，南共联盟最终形成了系统的自治社会主义理论，南斯拉夫最终形成了完备的自治社会主义的制度设计和一系列相应的政策措施。可见，如果没有对马克思主义的创造性的学习和运用，就不可能有南共联盟对社会主义认识上的新突破，也就根本不可能有南斯拉夫自治社会主义的光辉实践。

2. 必须坚持相信人民、依靠人民，充分尊重人民的利益和选择

1919 年 3 月，列宁在提出先锋队管理国家这一观点的时候说

道："直到今天我们还没有达到使劳动群众能够参加管理的地步，因为除了法律，还要有文化水平，而你是不能使它服从任何法律的。由于文化水平这样低，苏维埃虽然按党纲规定是通过劳动者来实行管理的机关，而实际上却是通过无产阶级先进阶层来为劳动者实行管理而不是通过劳动群众来实行管理的机关。"[①] 也就是说，虽然苏维埃为俄国工人阶级提供了管理自己国家的最好形式，但是文化上的落后却极大地妨碍了他们实现自己的权利，因而他们只能通过自己的先锋队组织共产党来管理国家。列宁的这段话后来成为众多社会主义国家不敢大胆推进社会主义民主政治建设的一个理由。的确，经济基础决定上层建筑，每个国家的民主政治建设都必然受本国经济文化发展水平制约。南斯拉夫开展自治社会主义探索时，它的经济文化发展水平在整个社会主义国家集团中不说最落后，也是相当靠后的，但是它却通过探索自治社会主义而创造了一种远比苏联模式的民主更充分的新型社会主义民主。这种新型社会主义民主甚至比已发展了几百年，无论在形式还是内容上都已经十分成熟的资本主义民主还要显得真实和充分。所以，经济文化发展水平的差距，绝不应该也不应当成为拖延社会主义民主政治建设的借口。这里的关键，是相信群众，依靠群众，放手让群众在民主的泳池里自己学会正确运用自己手中的权力呢；还是不断地教育群众，训练群众，让群众先把泳姿在陆地上操练好了再下水试点呢？南斯拉夫选择的无疑是前者。

南斯拉夫的工人自治一开始就很彻底，不仅把工厂的管理权交给了工人，而且通过对所有制关系、计划体制和分配制度的改革，将工厂的生产经营自主权和劳动成果分配权都交给了工人。这种超大幅度的改革，不但没有出现一些人担心的大规模生产混乱，反而极大地调动了工人和生产企业的积极性，提高了劳动生产率，促进

① 《列宁选集》第 3 卷，人民出版社 1995 年版，第 770 页。

了工业生产的迅速回升。工人自治发展到后期，在南斯拉夫也出现了一些地方本位主义、单位本位主义现象，威胁和损害到了国内市场的统一。面对这一问题，南共党内也出现了分歧，部分人希望回到过去中央集权、国家直接管理企业的老路上去。但南共中央顶住了这个压力，不但没有后退，反而进一步扩大了劳动者自治的范围和深度，将劳动者自治由工人自治发展到社会自治，后来又进一步发展到联合劳动自治。反观其他作了第二种选择的社会主义国家，几十年来，其经济文化发展水平在不断提升，但民主政治建设却始终迈不开步，这一问题导致国家的官僚主义、特权现象、腐败问题越来越严重，引发了人民群众的严重不满，最后发展成为否定这些国家的社会制度和国家制度的最重要的因素。

3. 必须创造性地改进和加强党的建设，始终保持党的凝聚力、组织力和战斗力

南共是最早认识到必须对执政后党的领导方式和组织方式进行改革的共产党。南共领导人认为，党领导人民取得政权后，党对国家的领导就应该逐渐由过去的直接领导改为政治引导，强调“党不应该成为政权的因素”，反对党的书记兼任各级政府的领导。与此同时，南共对党的组织方式也进行了大幅度改革，提出将党由过去少数政治精英组成的、高度组织性的职业革命家组织，转变为大众性的、组织化程度不是那么严密的群众性政党，为此甚至将党的名称由“南斯拉夫共产党”改成“南斯拉夫共产主义者联盟”。从后来各国共产党的执政经验来看，南共联盟关于党的领导方式和组织方式改革的大方向应该是正确的。这项改革促进了党内民主，活跃了党内氛围，有效地消除了那种党政不分、党的组织行政化官僚化的倾向。但是南共联盟的改革也产生了一些副作用，即党内思想不够统一，分散主义严重，基层组织软弱涣散、执行力下降，党的凝聚力、组织力和战斗力减弱等问题。对于这些问题，南共联盟中央一

直没有更好的解决办法和制度设计，更多的是靠南共联盟老一辈领导人如铁托、卡德尔等的个人威望予以压制。当铁托和卡德尔等人于20世纪70年代末80年代初相继逝世后，再加上戈尔巴乔夫人道的民主的社会主义的影响和东欧邻国剧变的冲击，这些问题便不可遏制地爆发出来，不仅使党的思想发生了混乱，而且使党的组织发生了分裂。南共联盟中央对此一筹莫展，南共联盟面对民族主义和自由化思潮的猖狂进攻时完全失去了抵抗能力和手段。南共联盟对党的领导方式和组织方式的改革告诉我们，党执政后对党的领导方式和组织方式进行改革是必要的，但改革不能够以削弱党的领导以及党的凝聚力、组织力和战斗力为代价。当过去习惯的领导方式和组织方式被放弃后，党必须寻求一种新的有利于加强党的领导以及保持党的凝聚力、组织力和战斗力的方法与制度安排。只有这样，党才能在关键时刻有足够的能力和手段应对各种突发事件和挑战，保证国家独立、完整而不被侵犯，保证社会主义制度不被颠覆。

二、匈牙利的市场社会主义

匈牙利的社会主义发展模式是在社会主义改革和多样化发展大潮中涌现出的又一个比较成功的、具有鲜明个性色彩的社会主义发展模式。由于匈牙利的改革主要是在经济层面进行的，侧重于对商品、市场和价值规律的大规模应用，因此，匈牙利的社会主义发展模式，通常又被称为“市场社会主义”。

（一）1956年的“匈牙利事件”与匈牙利改革之路的开启

匈牙利在第二次世界大战时为德国的仆从国。1945年2月，苏联军队解放布达佩斯。1946年2月，在苏联军队的支持下，匈牙利共和国成立。1948年6月，匈牙利共产党与社会民主党合并，改称匈牙利劳动人民党。当时劳动人民党的领导人拉科西等执行了一条极左路线，经济上强制推行农业集体化和工商业国有化，集中发展重工业；政治上大搞个人崇拜、个人集权和政治“清洗”运动，制造了大量冤假错案；外交政策上则唯苏联是从，置本国的民族利益和国家主权于不顾。拉科西的内外政策引发了国内各阶层之间的严重冲突，引起了党内和广大人民群众的严重不满，造成了国内的严重危机。针对这一情况，斯大林逝世后，在苏共的干预下，拉科西于1953年6月在党中央的一次扩大会上对自己的错误作了检讨，并将部长会议主席的职位让给了纳吉·伊姆雷担任。

纳吉上台后，即着手对拉科西的极左政策进行大幅度的调整，主要措施有：根据国家资源情况，修改国民经济计划，调整农轻重比例，使国民经济平衡发展；稳定农业生产，放慢合作化速度，扶持个体农户；暂缓发展重工业，整顿工矿企业；减轻农民负担，增加工人工资，改善人民生活；不许歧视中农，提高知识分子地位，允许宗教信仰自由；加强法制，关闭集中营，实行大赦。纳吉的改革措施受到了匈牙利人民的广泛欢迎，在实践中也取得了初步成效。农业合作化稳步发展，农民生产积极性高涨，工业产量有较大幅度提升，国民经济在比较合理的比例结构中发展，国民收入有较大增长，政治上也开始了广泛民主化的进程。但是，就在纳吉试图将改革进一步引向深入的时候，他的改革却越来越引起党内保守派的不满，同时由于改革中对苏联模式多处触及，以及匈牙利人民爱国主义意识觉醒，苏共领导人开始感到不安。1955年3月，在苏共的支持下，拉科西主持召开匈牙利劳动人民党中央全会，纳吉的改革措施被斥为“右倾机会主义”。4月，纳吉被撤销党内外一切职务，后又被开除出党。匈牙利的第一次改革尝试就此终止。

1956年2月苏共二十大后，赫鲁晓夫“秘密报告”的冲击波很快传到匈牙利。受到赫鲁晓夫“秘密报告”的鼓舞，匈牙利劳动人民党内的一批干部和高校内的知识分子成立了裴多菲俱乐部，为实行改革和重新起用纳吉摇旗呐喊。在他们的活动下，匈牙利国内要求改革的呼声越来越高。7 月，匈牙利劳动人民党召开中央全会，解除了拉科西的职务，决定由格罗·埃尔诺接任第一书记。但仅仅一次人事变动并不足以满足匈牙利人民的要求。10 月 6 日，在内外压力的促动下，匈牙利政府不得不作出改变政策的姿态，宣布为拉科西时期被迫害致死的拉伊克等 4 位原党政领导人的遗骸举行国葬，布达佩斯有 30 万人加入了送葬行列。10 月 21 日，媒体传来波兰统一工人党八中全会和哥穆尔卡重新任职的消息，匈牙利人民大受鼓舞，要求再次起用纳吉，有关重新规划匈牙利社会主义道路的呼声再度高涨。10 月 22 日，裴多菲俱乐部向匈牙利劳动人民党中央提出十点要求，主要内容是让纳吉重新恢复党和国家领导职务，调整国民经济以及与苏联的关系，改善民主等。当晚，匈牙利首都各大专院校学生团体也召开联席会议，决定向匈牙利劳动人民党中央提出十六点要求，决定第二天举行声援波兰的游行。十六点要求的内容更为激进，除了与十点要求相一致的外，还强调改革政治经济体制，清算过去的错误，调整匈牙利与苏联的关系，走自己的社会主义道路等。10 月 23 日上午，由 10 多万名市民和学生参加的和平示威游行开始。游行队伍抵达议会广场时，人数最多增至 30 万人。在游行群众的要求下，纳吉出面发表了讲话，一方面安抚群众，答应考虑人民的要求；另一方面要求群众相信党，遵守宪法。纳吉出面讲话后，游行群众本已开始逐步散去，但在一些混在群众中的敌对分子的煽动下，游行队伍开始失去控制，游行演变成流血事件和骚乱。当晚，匈牙利劳动人民党中央召开紧急会议，经过激烈争论，作出如下决定：改组政府，由纳吉复任部长会议主席，通过戒严令，请苏军前来协助平息事端。第二天，苏联开始直接插手。凌晨 2 时，驻守在城外的苏联坦克开始向市区进发。下午，苏共中央政治局委员米高扬和苏斯洛夫飞抵匈牙利。在苏共的干预下，匈牙利劳动人民党中央经过激烈争论，作出如下决定：解除格罗的职务，由卡达尔·亚诺什接任第一书记，由纳吉主持政府工作。

纳吉再次主持政府工作后，一方面宣布恢复改革态势，着手组建多党制政府，准备普选，大赦包括红衣主教闵真谛在内的所有政治犯，解散同群众交火和因搞“清洗”而名声极坏的保安部队；另一方面着手恢复秩序，稳定局势，争取苏军撤退。这些措施最初得到了苏联赞同，但不久，形势迅速恶化。受西方挑动、影响的反革命势力纷纷建立起自己的反动政治组织，四处袭击党政机关，屠杀共产党人，泄愤报复，抢劫行凶，滥杀无辜。匈牙利党政军陷于瓦解。武装骚乱还从首都蔓延到了外省各地，残余的阶级敌人纷纷跳了出来，勾结到一起，向共产党和劳动人民反攻倒算。纳吉的态度这时也发生了变化，一方面要求苏军立即退出匈牙利，否则匈牙利将退出华约组织，实行中立；另一方面开始寻求美、英、法的保护。眼见形势即将失控，苏联的态度也再次发生了变化。在苏联的支持下，11 月 4 日，卡达尔宣布成立匈牙利工农革命政府；同日清晨，苏军开始进攻布达佩斯。11 月 6 日夜，卡达尔乘坦克回到布达佩斯，“匈牙利事件”宣告平息。历时 13 天的动乱，给匈牙利人民带来了巨大损失。动乱中死亡人数上万，全年国民收入的 1/4 毁于一旦，社会主义事业更是几乎中途夭折。面对动乱带来的惨重损失和伤痛，新成立的匈牙利工农革命政府痛定思痛，深刻总结事件的经验教训，领导匈牙利人民努力改革旧的政治经济体制，消除拉科西极左政策的影响，实行民族和解，注重经济民生，强调民主法制，重新规划适合匈牙利国情的社会主义发展道路，最后形成了具有匈牙利特点的市场社会主义发展模式。

（二）匈牙利市场社会主义的发展过程

匈牙利的市场社会主义改革先后经历了恢复准备、建立新体制和局部调整三个发展阶段。

1. 恢复准备阶段（1956 年 11 月—1966 年 11 月）

这一阶段的主要任务，一是修复“十月事件”的创伤，实行民族和解，加强民主法制建设；二是调整农业政策，振兴和发展农业，提高人民生活水平；三是深入研究经济体制中的问题，并对经济体制进行局部改革，为下一步的全面改革进行充分的理论准备和经验积累。

首先是修复“十月事件”的创伤，实行民族和解。匈牙利在这个问题上的最主要的措施，是提出和实行联盟政策。联盟政策的核心，是尽最大的努力，将全国各阶层尽可能多的人团结到匈牙利社会主义工人党[①]周围。1956 年 11 月以后，匈牙利社会主义工人党的方针政策已体现了这一点，只是还没有形成系统的理论。1961 年 12 月，卡达尔在匈牙利爱国人民阵线全国理事会扩大会议上，针对拉科西“谁不和我们在一起，谁就是我们的敌人”的口号，提出了“谁不反对我们，谁就是和我们在一起”的新口号。这个新口号道出了联盟政策的核心，就是尽可能地团结最大多数的人。其基本内容是：确认工人阶级在联盟中的领导地位，以农民阶级为最大同盟者，以巩固工农联盟为最重要的政治基础，保证小资产阶级在联盟中的一定地位，宣布知识分子是联盟的重要组成部分，对宗教界人士实行不同世界观的联盟。在联盟内部，各阶级、各阶层、各界人士的权利是平等的，讲究互相信任、经常对话、求同存异、合理妥

① 1956 年 11 月 1 日，卡达尔宣布解散匈牙利劳动人民党，成立匈牙利社会主义工人党。原匈牙利劳动人民党党员经审查合格后可转入匈牙利社会主义工人党。1957 年 6 月，匈牙利社会主义工人党召开全国代表会议，选举了正式的党中央，宣告匈牙利社会主义工人党正式成立。

协，从而达到协调一致。此外，针对拉科西时代个人集权以及破坏社会主义民主和法制的错误，匈牙利社会主义工人党还加强了社会主义民主法制建设的力度。一是明确匈牙利社会主义工人党实行集体领导，恢复决策中的民主程序，同时在制度上实行党政分开，增强政府机关的独立性；二是公开宣布公安机关不得干预关于政治问题、经济问题的争论，允许人民对政策发表不同意见，对政府和官员开展批评，只要不对现行政权采取暴力行动，就不会受到镇压；三是健全法制，确保公民的各种权利和义务得到法律的保障；四是建立人民监督制度，吸收普通公民参与监督各级政府和官员的行为。

其次是调整农业政策，振兴和发展农业。匈牙利社会主义工人党认为，农业是解决一切问题的关键。1957 年初，匈牙利政府调整了农业政策，实行农产品的自由贸易，取消了农产品的义务交售制，以价格来刺激生产，并整顿了合作社。一方面采取自愿方式重新进行合作化；另一方面把许多缺少资金的落后的小农庄予以合并，取消了政府对它们的许多不合理的行政规定。这些调整，不仅扩大了农产品市场，调动了农民的生产积极性，振兴了农业；而且证明了市场与计划经济并不是不相容的，为下一步国家经济体制的全面改革奠定了基础。

最后是对经济体制进行局部改革并为下一步改革进行充分的理论准备和经验积累。1957 年，匈牙利对工业机构和布局进行了初步调整，撤销和合并了一些部，以期提高中央经济管理部门的效率。1962 年，匈牙利再度决定调整工业管理结构，取消一些部的工业局和 60 余个中级领导机构，在工商企业中实行大规模的合并，建立联合企业。但这些局部改革效果并不明显，使得匈牙利社会主义工人党领导人越来越认识到并坚信，不对整个经济体制进行根本性改革，国家的经济现代化就没有希望。恰在此时，苏联开展了关于“利别尔曼建议”的大讨论，这场讨论也迅速扩展到匈牙利，在匈牙利理论界引起了巨大反响，将匈牙利国内原有的关于经济体制改革的讨论推向了高潮。1964 年 9 月，匈牙利社会主义工人党决定成立体制改革委员会，专门研究全面改革问题。委员会由卡达尔的经济顾问涅尔什·雷热主持。在雷热的主持下，委员会成立了由 135 名专家、学者、党的工作者、企业家、政府官员等组成的 11 个工作组，由它们分别研究计划制度、企业管理、投资调节、劳动组织、商业活动、外贸管理、地方经济等方面的 11 个问题。各工作小组的活动分为两个阶段，第一个阶段为 1964 年 9 月—1965 年 11 月，主要任务是对旧的经济体制进行全面、彻底的批判性审查，弄清弊端所在，统一对改革必要性的认识。第二阶段为 1965 年 11 月—1966 年 5 月，主要任务是提出改革的原则、方向和总体设想，拟订较为详细完善的经济体制改革方案。1966 年 5 月，匈牙利社会主义工人党中央在雷热提交的体制改革委员会报告的基础上，讨论并通过了关于对国家经济管理体制进行全面改革的决议，决定从 1968 年 1 月 1 日起实行新体制。1966 年 9 月，这个决议被批准。至此，匈牙利的改革开始进入最后准备阶段。

2. 建立新体制阶段（1966 年—20 世纪 70 年代后期）

匈牙利新体制改革的全面推开，定在 1968 年的第一天，但农业体制改革却从 1966 年就开始了。农业新体制的实施，成为匈牙利新体制改革全面推开的先声。农业方面的改革，内容包括改革农业经营方式，扩大农业单位的自主权，取消指令性计划，通过各种经济手段调节农业生产。此外，匈牙利还提出自留地经济是集体经济的补充，并在政策上给予鼓励。农业社的产品，除一两种由国家统购外，均可自行销售。在这些政策的影响下，匈牙利农业生产受到有力刺激，迅速发展起来。匈牙利在 20 世纪 60 年代初粮食尚不能自给，在 70 年代初则已一跃成为粮食出口国。农业改革的成就，给随后推进的整个经济体制改革带来了极大的鼓舞和信心。

1968年1月1日，匈牙利新体制改革开始全面实行。新体制改革具有相当的广度和深度，其主要内容体现在如下几个方面。

第一，改革计划制度。一是建立国民经济计划统一体系，增强远程规划、中期计划、长期计划的作用，以中期计划为中心，决定国民经济发展的速度和方向，决定主要的经济指标和比例。二是改革计划制定的程序。这主要是指，取消国家向基层企业下达指令性计划指标的做法，将国家计划和企业计划分开，国家作出宏观计划和经济调节制度，地方和企业按照国家计划的指导和经济调节制度的要求作出地方发展计划和企业生产计划。三是改革经济管理手段。国家不再主要依靠行政措施，而是主要依靠经济调节手段来保证计划的贯彻和实现。基本原则是：经济手段与行政手段相比，突出经济手段；在计划与市场之间，计划指导和控制市场，市场修正和补充计划。

第二，改革价格制度。新价格制度采用三种四类价格形式：一是固定的官价，涉及燃料动力、基本原料、大部分农产品、基本消费品和服务行业收费。二是官价限制的价格，涉及建筑业产品、部分原料、品种多样的大部分消费品。其中又分两类，一类由国家规定一个最高价格；另一类由国家规定一个幅度，买卖双方在国家规定的价格内自行协商。三是自由价格，完全由买卖双方自己作主。

第三，改革企业收入和工资制度。一是通过协调国家和企业之间在收入和利润上的分配，协调双方利益，刺激企业增加生产，减少成本，提高效益。二是建立灵活的按劳分配制度，将企业的效益和收入同个人的劳动贡献有机结合起来，充分激发和调动工人与管理人员的工作热情和劳动积极性。

第四，改革组织制度。改革的核心是将宏观过程的管理牢牢掌控在国家手里，将微观经济的管理放在基层特别是企业身上。为此匈牙利采取了四项措施：一是简政放权，一方面放权给企业，另一方面使国家机构更加合理化。二是扩大地方议会的权力，加强地方议会的经济活动。三是加强工会组织的作用，促进劳动者积极参加经营管理和经营监督。四是改变党领导经济工作的方法，规定党组织不能取代经济组织的直接领导，党组织的任务是给予政策指导和督促党员积极配合经济领导者搞好本单位的工作。

此外，新体制还对财政信贷制度进行了改革。改革后，地方和企业的财权都相对有所扩大。地方拥有了自主作出财政计划和在更大程度上决定财政资金的筹措和使用的权力，企业也有了自己的财政来源和对各种自有基金的直接支配权。

3. 局部调整阶段（20 世纪 70 年代后期—80 年代中期）

第二阶段的改革在匈牙利初见成效后，新的问题又逐渐暴露出来。主要有：国民经济计划与经济调节制度之间时常缺乏必要的一致性，降低了调节手段的效能；国内价格和世界市场价格变化脱节，不能表现企业经营活动效率的真实情况；企业组织结构僵化，企业市场反应不够灵敏。针对这些问题，匈牙利自 20 世纪 70 年代后期以来，对新经济体制进行了如下一些局部调整。

第一，制定新的鼓励制度和调节制度。例如，在发展商品、货币和市场的关系方面形成资本市场；实行与世界市场吻合的价格制度，进一步扩大自由价格的范围；实行新的工资政策和收入分配基本原则；实现税收制度现代化；加强竞争关系和消除为市场生产的部门内存在的隐蔽的垄断；进一步发展银行、信贷制度；等等。

第二，改组僵化的企业组织结构，进一步扩大企业自主权。匈牙利感觉本国的托拉斯组织过大，甚至囊括了整个工业部门，形成了垄断，不利于竞争。因此，匈牙利于 1982 年解散了 7 个托拉斯，后来又解散了一些，把企业分散化。同时，匈牙利进一步扩大企业自主权，明确企业不再单纯是中央的执行机构，而是具有自己的目标、根据自己的经济条件开展生产经营活动的经济组织。

第三，鼓励和发展中小企业。随着经济的发展，匈牙利300人以下的中小企业在全国企业中的总数由20世纪60年代的51.2%下降到70年代后期的21.2%。匈牙利经济学家认为这一现象对经济发展有害无利，主张建立一定比例的、专业化的、技术上先进的中小企业，将之作为大企业的补充。1981年后，匈牙利颁布了关于成立小合作社、工业和服务行业合作社专业小组以及经济劳动合作小组的三个法令，同时还对原有的合作社条例和小工业法进行了修改。其基本精神是允许企业自己建立分企业，企业有权合并、转行和关闭经营不善的下属单位，企业发展基金允许转让并允许企业从中获益，企业有权利用自己的资金、生产资料和劳动力生产别的东西，等等。

第四，鼓励和发展小手工业等个体经济。主要措施有：放宽个体执照的发放范围，国家职工如与本职工作不矛盾，也可申请营业执照；增加小手工业者雇工人数；扩大个体经济的经营范围；允许国家将一部分产品交给小生产者代工；采用出租形式将一些经营不善的国营企业和合作社企业交给私人经营；规定小手工业者享有与国营企业职工同等的社会福利待遇。这些措施，实际上使公有制外的第二经济公开化和合法化。

(三) 匈牙利市场社会主义改革的成就和存在的问题

在席卷社会主义国家的改革大潮中，匈牙利的市场社会主义改革是继南斯拉夫改革之后，又一个比较成功的改革。由于匈牙利的改革主要集中在经济方面，因而其成效也主要表现在经济建设方面。

第一，实现了国民经济的稳定发展。匈牙利经济体制改革全面推进后，匈牙利的主要经济指标除有特殊原因的1976年外，年年上升。1968—1978年，匈牙利的国民收入增长了80%，年均增长6%。其中，农业收入增长了36%，年均增长3.1%。20世纪60年代初，匈牙利粮食消费的40%靠进口；70年代开始出口；1980年人均粮食产量1350公斤，居世界第五位。

第二，克服了国民经济比例失调现象。拉科西时期，由于片面强调重工业优先发展，匈牙利的国民经济比例严重失调。经济改革开始后，国民经济比例失调现象逐渐得到改善。农业除了稳定上升外，以合作化形式发展的联合组织、专业化与工业化的生产也大有起色。轻工业和服务业也得到了迅速发展。1968—1977年，匈牙利整个工业的年均增长率为5.7%，轻工业的年均增长率比整个工业的年均增长率高了1.1%，更是比重工业高了19%。匈牙利做到了农、轻、重有比例平衡发展。

第三，较大地提高了产品质量和劳动生产率。由于扩大了企业自主权，改进了收入分配制度，促使企业和工人大为关心产品质量，进而产品质量和劳动生产率得到大幅度提高，因此匈牙利在医药、大轿车、食品冷藏和加工机械、教学设备、水利机械、成套农机、微波通信设备、小型企业成套设备的生产和制造等十几个部门，达到了世界先进水平。工业总产值依靠劳动生产率的提高而增加的部分，1971—1975年为97%，1976—1977年为100%，而1977年的劳动生产率比1968年提高了57%，年均提高了5.1%。

第四，提高了计划管理水平。改革前，匈牙利采取的是苏联那种指令性计划管理方式。改革后，通过国家计划与企业计划的相互协调，通过各种经济调节手段代替指令性计划，不仅使得国家计划更加符合实际，而且使得国家计划执行得更好。改革前，第二个五年计划的工农业生产指标和国民收入指标，都远未完成。改革后，第三个五年计划的完成情况超过了原定指标，第四个五年计划的完成情况也超过了预期。

第五，提高了人民的生活水平，改善了人民的生活质量。在实行经济改革的1968—1978年，匈牙利每个职工的实际工资平均每年提高3.2％，实际收入平均每年提高4.6％，消费水平平均每年提高4.1％。1983年，匈牙利全国工资总额又提高了3.0％，农民的收入还要更高一些。随着收入的增加，人民的生活水平得以提高，生活质量得以改善。消费结构发生了很大变化，各种高营养、高质量的食品，其消费量日增，尤其是耐用高档消费品消费量增长速度飞快，消费量在经互会成员国中位居第三。此外，城市居民的住房情况也大有改善。过去被称为“三百万乞丐国家”的贫穷落后的匈牙利，已一去不复返。

匈牙利的市场社会主义改革在取得非凡成就的同时，也暴露出了如下一些问题。

其一，在扩大企业自主权的同时，尊重企业自主经营权与保持中央宏观控制往往发生矛盾，从而投资与消费增长方面容易出现问题。因此，对于“如何使经济活而不乱，把计划指导与市场调节有机结合起来”这一问题，匈牙利还需要继续探索。

其二，匈牙利的财会体制中存在着非常复杂的补贴关系，不仅补贴名目繁多，办法五花八门，而且对所有企业不加区别地对待。新体制也没能很好地解决这个问题。这个问题给国家带来了沉重负担，造成了企业对国家的严重依赖思想。

其三，由于搞活经济和扩大对外开放，人们的思想开始活跃，西方的思想和生活方式也乘机大量涌入，加上思想政治工作不力，因此社会问题日趋严重，离婚率、自杀率、犯罪率居高不下，酗酒、吸毒、青少年犯罪情况严重。

其四，尽管匈牙利在推进经济体制改革的同时，也努力进行了相应的政治体制改革，但总体来看，政治体制改革的幅度和力度还不能适应经济改革的需要。正如匈牙利科学院拜德伦·伊万所说：

“我们找到了经济改革的模式，但政治结构尚未充分地与之相适应。”①

（四）匈牙利市场社会主义的特点与启示

匈牙利的改革，开启了一条既不同于苏联又不同于南斯拉夫的社会主义发展道路，为社会主义的多样化发展增添了新的绚烂一笔。由于匈牙利的改革主要在经济层面进行，侧重于在社会主义社会制度下对价值规律和市场的运用，因此，对于匈牙利的社会主义发展模式，人们又习惯性地将其称为“市场社会主义”。正如匈牙利学者自己所说：“我们找到了具有自己特色的模式，这就是享有很大自主性的社会主义经济体制。”② 匈牙利市场社会主义模式有如下主要特点。

其一，强调商品生产和价值规律在社会主义经济中的基础作用。

匈牙利没有明确提出社会主义商品经济或社会主义市场经济的概念，但相较于苏联和其他东欧国家，匈牙利却是最早关注商品生产和价值规律，并在后来的经济改革中对商品生产和价值规律认识最深、应用最广的国家之一。匈牙利社会主义工人党认为，在社会主义制度下，不仅消费品是商品，生产资料也是商品。因而，社会主义经济离不开商品生产和价值规律。离开了商品、货币和价值规律，国家就无法对成本、效益、生产率进行科学的核算，无法调动企业和劳动者的生产积极性，也无法把全民利益、集体利益和个人利益有机结合起来。社会主义国家的任务，不是人为地去限制商品生产和价值规律，而是主动地运用价值规律来为经济建设服务，通过大力发展商品生产来促进国民经济的发展。

---

① 〔匈〕拜德伦·伊万：《经济改革与政治改革的相互关系及影响》，《国外政治学》1986年第4期。

② 〔匈〕拜德伦·伊万：《经济改革与政治改革的相互关系及影响》，《国外政治学》1986年第4期。

其二，强调计划和市场的有机结合。

匈牙利并没有放弃社会主义经济是公有制基础上的计划经济这个传统观点，但其同时又认为，在存在多种经济成分和商品生产的条件下，国家在对整个国民经济实行计划调节的同时，必须充分发挥市场的作用。匈牙利社会主义工人党关于改革的决议明确指出，匈牙利经济体制改革的基本特点，就是坚持“国民经济计划和市场在社会经济中的一致性”。怎么实现这种一致性呢？匈牙利社会主义工人党认为，第一，在计划制订的方法上，必须将计划经济的实质同计划经济的形式和方法分开，更多地采用指导性计划的方法。匈牙利社会主义工人党认为，指导性计划和指令性计划都是计划经济的形式和方法，不搞指令性计划不等于放弃计划经济，只要能够使国民经济经常性地保持平衡，就是实现了计划经济。第二，在处理国家计划与企业计划这两种计划的关系时，一方面要坚持国家计划第一、企业计划第二的原则；另一方面要充分发挥市场对计划的积极影响，计划的制订必须建立在对市场的充分调查和科学评估的基础上，同时必须受市场关系的监督，根据市场的变化进行调整。

其三，强调高水平中央管理下的分权管理。

匈牙利社会主义工人党认为，把国民经济当作一个大企业，由国家包揽一切，进行统一集中管理，这些是不可以的，所有者的职能与经营者的职能必须分开。国家、地方和企业之间要进行合理分权。宏观经济的决策权属于国家，微观经济的决策权属于企业；扩大再生产的决策权大部分属于国家，简单再生产的决策权属于企业；分配权国家可以控制得多一些，生产权应更多地下放给企业。在这一理论的指导下，匈牙利企业的自主权进一步扩大，企业不仅可以独立地制订自己的产供销计划，而且有权确定部分产品的价格，有权分配和使用部分利润，以及有权招收和解雇职工等等。与此同时，为提高政府工作效率，克服官僚主义，匈牙利社会主义工人党还对政府部门进行了大幅度的简政放权，将政府的职能部门由过去的18个减为13个，使国家干部的人数1975年比1955年减少50％，1980年又比1976年减少6.2％，全国行政干部人数仅占全国就业人数的1％。

其四，强调以经济手段管理经济。

匈牙利社会主义工人党认为，国家管理经济的方法应以经济手段为主。经济手段包括两个方面的内容，一方面是通过税收、价格、补贴、信贷、收入调节等手段，正确运用经济杠杆的力量，使国家和企业之间的关系处在二者利益一致的基础上；另一方面是通过关切企业和职工的经济利益来调动企业和职工的积极性，使职工关心本企业的经营效果，更好地发挥主人翁的作用。为此，匈牙利对工资制度进行了大幅度的改革，改变了由国家统一规定的等级工资制，根据不同情况，采用了四种工资制：一是取决于企业成绩的平均工资制；二是由中央规定的绝对平均工资制；三是取决于企业工资总额的相对工资制；四是取决于国家工资总额的工资制。不同企业根据各自的情况和特点实行不同的工资制。通过这些措施，匈牙利极大地调动了企业和职工的生产热情和劳动积极性。

其五，主张多种经济成分并存发展。

匈牙利社会主义工人党认为，所有制形式是由生产力发展水平决定的，从匈牙利的现实出发，必须改变过去存在的如下观点和做法：片面强调公有制的优越性，排斥私营经济和个体经济，认为公有制的规模越大越好。该党认为，匈牙利应重点发展国家所有制和集体所有制这两种公有制经济，但是不应当再强调集体所有制经济向全民所有制经济过渡。因为在社会主义公有制内部，两者具有平等的地位，有密切联系，可以同时发展进入共产主义。该党还专门研究了社会主义条件下的个人所有制问题，认为在国家所有制和集体所有制占绝对优势的情况下，各种私人合作经济与个体经济作为国民经济的必要补充，不仅要长期保留，而且要适当发展。个体经济的存在和发展，不仅促进了就业，增加了社会财富，提高了国民经济的活力；而且通过使个体经济参与竞争，可以暴露出公有制的某些弱点，刺激其改变自己，提高经济效率。因此，自 20 世纪 80 年代以来，匈牙利政府采取了许多措施，扶持私人合作社和个体经济，保护它们的正当经济利益。与此同时，匈牙利还通过多种经济手段和法律手段，妥善处理各经济成分之间的关系，保证各经济成分之间在产、供、销方面的有机联系，使它们各得其所，并将它们的发展纳入国民经济计划的范围，从而保证整个国民经济平衡发展。

20 世纪 80 年代末 90 年代初，在戈尔巴乔夫的人道的民主的社会主义掀起的自由化狂潮中，匈牙利社会主义工人党最终没能经受住汹涌而来的反对派的进攻，在 1990 年 3 月和 4 月的全国大选中落败，丧失掉了政权。匈牙利的市场社会主义改革也由此走到了尽头。虽然匈牙利的市场社会主义改革半途中止了，但在国际共运和世界社会主义运动中还是留下了光辉的一笔，给我们以如下重要的启示。

第一，改革需要有一个安定团结的政治局面。

匈牙利的改革是在 1956 年“十月事件”带来的巨大灾难和民族伤痛的背景下起步的。面对紧张的社会关系、散乱的人心以及人民群众对党和政府的极度不信任，匈牙利社会主义工人党首先从稳定政局、理顺各种关系、消除不稳定因素着手，打造一个安定团结的政治局面。在改革的过程中该党也始终以团结和争取最大多数人的支持作为基本方针，以推进政治生活民主化和加强基层民主建设作为重要辅助手段，充分调动广大人民群众参与社会主义建设和改革的积极性。由此，自 1956 年开始的长期改革，虽然途中也不乏曲折，但没有出现重大动荡，一直较为顺利地向前推进。

第二，改革需要选好突破口，稳步推进。

改革是一项艰巨复杂的事业，涉及各方面的利益调整，很容易引发矛盾和动荡，因而选好突破口就显得尤其重要。匈牙利的改革是从农业开始的。匈牙利社会主义工人党之所以选择从农业开始改革，一方面是因为拉科西时期错误的农业政策不仅使匈牙利的农业生产遭到很大破坏，致使匈牙利 40%以上的粮食供应需要依靠进口；另一方面是因为拉科西的激进农业集体化政策造成了农村社会关系的极度紧张，引发了农村广大群众的严重不满。通过调整农业政策和改革不合理的农业管理体制，农业生产迅速恢复，匈牙利仅用几年时间就从一个粮食进口国变成了粮食出口国。农业改革的成功和农业生产的恢复，一方面，给全国人民提供了足够的食品，改善了人民的生活条件，为其他方面的改革准备了充分的物质基础；另一方面，更重要的是，使人民感受到了改革的好处，争取到了人民对改革的支持和信心，统一了全党对改革的认识，积累了改革的经验，为后来经济体制的全面改革做好了准备。

第三，改革需要充分酝酿，做好各方面的准备。

苏共二十大后，苏联和东欧一些社会主义国家纷纷启动改革，由于仓促上马，准备不足，出现了许多曲折和失误。反观匈牙利的改革，其从一开始就采取了一条稳中求进的路线，每一个改革方案的出台，都经过充分的酝酿和广泛的讨论，在实践中也采取先试点后铺开的循序渐进的办法。即便 1966 年通过了关于建立新经济体制的全面改革决议，也没有马上把改革推开，而是经过了两年的酝酿准备期后才正式进行。此后的几次局部调整，也是在经过充分的酝酿讨论，获得党内外最广泛的认同后才着手进行的。所以，纵观匈牙利的改革，虽然没有出现其他社会主义国家那样轰轰烈烈的局面，但却胜在有条不紊，稳步发展，没有出现大的失误和反复，没有引起大的动荡和混乱。

第四，改革需要统筹规划，全面推进。

匈牙利改革的又一个特点，是每次推出改革方案，都包含大量配套措施，并规定同时生效。实践证明，匈牙利的这个做法是非常正确的。国民经济是一个完整的有机体，其中的计划、财政、价格、工资、物资供应都联系密切，互相牵制，互相影响，牵一发而动全身。要使改革能够顺利推进下去，就必须使其各个领域同时作出各自应有的变化，使它们之间的联系也随着新的变化得到相应的调整。不然，旧的问题没解决，新的矛盾又会冒出，从而使得改革处处被掣肘，影响改革的效果。

第五，改革需要持之以恒，不断深入。

匈牙利的改革历程告诉我们，社会主义改革是一个长期的历史过程，其中充满着各种变数，人们必须根据情况的变化，随时作出反应，不断把改革引向深入，不可毕其功于一役。匈牙利在每次改革中，都就改革方案进行充分的酝酿讨论，都尽可能地把方案作得详细、全面，都尽可能地安排配套措施，但就这样也不可能使方案穷尽改革中可能出现的新情况和新变化，因而每过一段时间都会对原来的方案进行调整。自 1968 年正式开始实施新体制以来，匈牙利几乎在每一个五年计划期间都会对其有一个大的调整或修改。正是因为改革方案被不断地进行调整和修改，匈牙利的改革才得以不断深入；匈牙利的新经济体制才得以在改革中不断完善，成为社会主义国家改革大潮中又一个比较成功的亮点。

第六，改革需要争取广大民众的支持。

正如社会主义建设是全体人民的事业一样，社会主义改革也离不开广大民众的参与和支持。匈牙利在改革一开始就十分注意考虑人民的心态，争取人民群众的支持，每次出台改革方案，都要上上下下反复征求意见，同时也将改革可能带来的变化事先告诉人民，争取人民的理解和支持，从而有效地预防了由改革政策的失误或过于激进所带来的动荡。英国《观察家报》在评论匈牙利改革成功的原因时也认为，其基本的要素之一，就是这个政府乐于与人民分享情报。匈牙利政府官员也自豪地说："我们肉类涨了三次，一次都没有出现什么重大的政治后果。"[①] 匈牙利政府官员的这句话是针对邻国波兰讲的。波兰在改革过程中出现过几次大的动荡，其直接原因或导火线，都是粮食和肉类产品价格上涨。所以，匈牙利政府官员才会如此骄傲。由此也可见，就改革方案事前多与人民沟通，将其中的困难、利弊事先给人民讲清楚，只要方案确实是在为国家和人民利益着想，对大家将来的发展有好处，形势再严峻，困难再大，成本再高，也是能够得到人民群众的理解和支持的。一旦有了人民群众的真心支持，社会主义改革就没有迈不过去的坎，爬不过去的山。

三、捷克斯洛伐克的"布拉格之春"

1968 年 1—8 月，捷克斯洛伐克发生了一场无论在深度、广度还是声势上都远超其他社会主义国家改革的改革运动。由于这场改革运动是在 1968 年春季全面展开的，又由于这场改革运动用捷共领导人的话来讲，是在未知条件下"开辟和实验新道路"，是一场"社会主义事业复兴"的运动，因此，它又被形象地称为"布拉格之春"。

（一）捷克斯洛伐克第二次改革的中止与"布拉格之春"改革运动的开启

捷克斯洛伐克共和国成立于 1918 年 10 月，其在第二次世界大

① 鲁和光：《经济发展与经济改革——匈牙利经济改革简介》，江苏人民出版社 1984 年版，第 132 页。

战期间因为《慕尼黑协定》沦为德国占领地，1945年5月在苏军的配合下获得解放，次年5月建立了有捷共参加的联合政府。1948年“二月事件”后，捷共开始单独执政。此后，在捷共的领导下，捷克斯洛伐克建立起了社会主义的经济政治制度，走上了社会主义发展道路。

捷克斯洛伐克在解放前是东欧经济最发达的国家，号称世界第七大工业国，仅次于美国、苏联、德国、英国、法国、意大利。走上社会主义道路后，它理应有自己的特点，但却盲目照搬苏联模式，导致原有的工业结构受到破坏，国民经济发展迟缓，人民生活水平提高缓慢，引发了党内和人民群众的严重不满。斯大林去世后，捷克斯洛伐克党内和国内也发出了要求改革的呼声。苏共二十大后，改革的呼声更汇集成不可阻挡的潮流。1956年6月，捷共召开全国代表会议，成立了改革委员会，专门筹划和领导改革。1958年2月，捷共中央召开全会，讨论改革委员会提交的关于计划和财政管理新体制的改革方案，通过了《关于提高工业和建筑业管理的经济效能的原则》的决议，启动了捷克斯洛伐克社会主义发展史上的第一次改革。但遗憾的是，这次改革不久之后就中止了。中止的根本原因在于这次改革缺乏充分的思想准备和组织准备，党内保守势力强大，捷共中央并没有真正认识到改革的重要性和必要性，更多的是为了解决国内经济困难和追随赫鲁晓夫而采取一种权宜之计。因而改革在实践中遇到困难、受到阻力、出现新的问题后，又自然地回到了旧体制的轨道。

1962—1963年，捷共中央中止改革后，捷克斯洛伐克的经济很快出现滑坡。1962年捷克斯洛伐克的生产性国民收入从1961年的7%下降到1%，1963年下降到－2%；工业生产总产值从1961年的9%下降到1962年的6%，1963年下降到－1%；农业生产总产值从1961年的0下降到1962年的－7.5%；建筑业生产总产值从1961年的7%下降到1962年的0.5%，1963年下降到－9%；整个国民经济总产值的增长率在1963年仅为0.54%，几乎等于零。工业未完成计划，农业发展水平大大低于战前，外贸出现庞大赤字，工人工资下降，人民普遍不满。

经济改革倒退所带来的困难，南斯拉夫等邻国改革取得的成功，苏联“利别尔曼建议”讨论带来的冲击，推动了捷克斯洛伐克党内和国内改革力量的再度崛起。他们认为，捷克斯洛伐克出现糟糕的经济局面主要是因为改革不彻底，许多问题未能得到解决，责任应归于官僚主义和保守势力。他们还从“匈牙利事件”和第一次改革失败中吸取教训，认为经济改革并不是单纯的经济问题，要想进行彻底的经济改革，就必须从思想上理论上根本冲破苏联模式的框框，用新的理论推动人们理直气壮地进行改革。为此，捷克斯洛伐克主张改革的知识分子在这一时期进行了大量的理论探讨和理论创新，以著名经济学家希克为代表的一批学者率先提出了市场机制的原则，得到了捷共党内部分领导人的支持。在他们的支持下，1963年，捷共成立了以希克为主席的捷克斯洛伐克全国经济改革委员会。这个改革委员会不同于1956年的改革委员会，它的权力更大，直接受捷共中央领导，同中央各部平行。它的成员不仅有政府高官，而且有大量主张改革的经济学家和基层干部。

改革委员会经过一段时间的调查和研究，向捷共中央提交了捷克斯洛伐克第二次改革的方案。主要内容是：用方向性的计划代替指令性计划，扩大企业在生产和投资方面的决定权；逐步向市场机制过渡；企业的收入，包括职工的收入，必须同市场上企业实现的经济成果相联系；利改税，企业利润总额中用于投资的比例由国家统一规定，但在比例限度内如何具体使用由企业自己决定。与第一次改革方案相比，这次改革方案除了在经济方面更为全面和彻底外，还提出了一些关于政治改革的建议，如在调整企业领导时不要单纯从政治可靠性角度选拔，还应考虑其专业知识；在扩大企业领导权时，相应地扩大工会的权力；等等。这次改革方案在经过反复修改讨论后，除有关政治改革的建议外，基本为捷共主席团所接受，于 1964 年 1 月以《关于国民经济计划管理新体制的原则草案》之名提交国民议会通过。

正当改革方案通过并推行时，形势发生变化，赫鲁晓夫下台了，以捷共第一书记兼捷克斯洛伐克总统诺沃提尼为代表的捷共党内保守势力再次发生动摇。他们认为，赫鲁晓夫下台的主要原因之一，是进行了政治经济改革，损害了许多人的既得利益，形成了强大的反对力量。政府中的一些部长、计划工作的领导和其他干部，也因担心改革会削弱自己手中的权力而对改革持消极态度。在这种形势下，以诺沃提尼为首的捷共中央以改革要慎重为由，作出了三项决定：第一，全国范围内的经济改革推迟到 1966 年实行；第二，改革工作改由国家计委领导；第三，改革方案先在十几个企业试点。这些决定实际上意味着放弃了改革。因为，国家计委是旧的经济管理体制的产物和代表，其本身就是改革的对象，由它来领导改革，可想而知改革会怎么样。另外，在一些企业中先行试点，在实践中也难以为继。因为在旧体制不动，全国的物资供应、产品供应、价格政策以及管理办法都是老旧一套的情况下，个别企业采用新办法是难以实行的。

1966 年 5 月 31 日—6 月 4 日，捷共召开十三大。诺沃提尼的政策在会上遭到多数代表的反对，他们强烈要求改革派的代表人物、经济学家希克发言，陈述对经济改革的意见。希克在发言中对诺沃提尼阻止改革的政策提出了尖锐批评，获得了与会代表经久不息的掌声。但是，以诺沃提尼为首的捷共中央对代表们的呼声置之不理，继续对国内的改革要求实行压制政策，使第二次改革方案虽然进行了试点，并于 1967 年 1 月 1 日起正式实施，却步履维艰，进展甚缓。

经济改革遭遇到的重重政治阻力，使捷共党内外不少人认识到，如果旧的政治领导和政治体制不发生改变，只进行经济改革，经济改革注定要失败。于是，争取改革的斗争，在捷共十三大后开始从经济领域转向政治领域，向旧的政治领导和政治体制发起了冲击。具有政治敏感性的知识界、理论界率先发出了要求政治改革的呼声。捷克斯洛伐克科学院的 28 名经济学家、社会学家、统计学家、历史学家共同发表了一份题为《处在十字路口的文明》的综合性研究报告，批评捷克斯洛伐克“政治和经济领导不理解现代技术发展的意义，要把国家拉回到粗放式工业化的斯大林方法中去”。对于人民群众要求改革的呼声，诺沃提尼继续采取压制的态度，指责这是一种“错误的政治思想引起的某种不正确的风气”，是对社会主义现实持“片面的、不客观的、否定的观点”，“是虚伪的和同社会主义格格不入的”。

1967 年，捷克斯洛伐克经济陷入更大困难，生产停滞，大量基本建设工程不能完成，财政赤字为 50 多亿克朗（约合 6 亿多美元），人民的不满日益增长，党内外要求改革的呼声更为高涨。1967 年 10 月 30—31 日，捷共召开中央全会，讨论捷共十三大决议拟定的《在社会主义社会发展的现阶段上捷共的地位和作用》问题提纲。会上发生了尖锐的分歧，分歧的焦点是，以党政合一、中央集权为基本特征的政治体制和党的领导方法有没有问题，是否需要改革。主张改革的认为，坚决实行党内生活和整个社会生活的民主化，已成为社会主义进一步发展的首要条件。如果不这样做，党不仅不能实现自己的领导作用，而且将会丧失人民的信任，甚至可能引起社会危机的灾难性爆发。反对改革的认为，经济管理方法可以改变，社会主义民主需要发扬，但现有的一套党的领导方法和国家政治体制是行之有效的，不需要也不应该改变。如果存在什么问题，那也主要是经济领导机构的工作效率低，思想文化战线上有自由化倾向。因此，今后的任务不是改变现有的党的领导方法和政治体制，而是进一步加强集中，加强党对国家机关、经济组织和文化事业单位的直接领导。在两派激烈争论的过程中，捷共中央委员会第一书记杜布切克开始崭露头角。他在发言中对党的主席团和书记处的工作提出了尖锐批评，指责诺沃提尼经济上改革不力，政治上不民主，民族问题上对待斯洛伐克人不公平。杜布切克一时间成为改革派的代表人物。

十月全会后，社会矛盾和党内矛盾进一步激化。同年 12 月中旬，捷共再次召开中央全会。诺沃提尼为了保住自己的地位，与军队、保安部门的一些人密谋，企图采取非常手段来压制党内的改革力量。计划败露后，形势急转直下，原来支持诺沃提尼的阵营发生分化，陷于混乱；反对诺沃提尼而支持改革的力量则迅速扩大，在中央委员会内占了上风。诺沃提尼被撤销了党的第一书记职务。然而，在接替人选上，因为意见不一，直到圣诞节前夕还没有结果，于是会议决定新年以后再作决定。

1968 年 1 月 3—5 日，捷共继续召开中央全会，会议作出了两项重大决定：一是把捷共中央第一书记与共和国总统两项职务分开，辞去诺沃提尼第一书记职务，但保留其总统职务，选举杜布切克为捷共中央第一书记；二是向全党传达中央 1967 年 10 月和 12 月、1968 年 1 月三次会议讨论的内容，并根据这三次会议的精神，拟订捷共行动纲领，指导党的领导体制和国家政治经济体制的改革。至此，经过捷共 1967 年 10 月和 12 月、1968 年 1 月三次全会的较量，党内改革力量最终获胜，从而拉开了捷克斯洛伐克人民盼望已久的政治经济全面改革的序幕，也开启了令社会主义国家震惊的“布拉格之春”改革运动的悲壮过程。

（二）“布拉格之春”改革运动的发展过程

“布拉格之春”改革运动先后经历了酝酿准备、全面实施和“正常化”三个发展阶段。

1. 酝酿准备阶段（1968 年 1 月 5 日—4 月 5 日）

这一阶段的主要任务，是继续为改革运动造势，统一思想，增强改革力量，制定改革方案。

在 1 月 3—5 日召开的捷共中央全会选举杜布切克为捷共中央第一书记后，改革运动迅速向全党全国发展，各地先后召开了党代表会议，改革思想在各地各级党代表会议上均得到了认可，改革力量大增。与此同时，捷共中央决定为 20 世纪 50 年代初政治冤案的无辜受害者平反，撤销了内务部下属的书报检查机构。新闻舆论彻底活跃起来，原本对政治问题漠不关心的群众也纷纷参与到对改革的大讨论中来，讨论的范围也大大扩大，讨论的题目从经济到政治、从国内政策到对外政策、从现实到历史、从维护现制度到否定现制度，几乎无所不包。

面对汹涌而来的改革大潮，以诺沃提尼为代表的保守势力心有不甘。在苏联的默许和支持下，2—3 月，诺沃提尼频繁地以总统身份接见干部，访问工厂，并不断发表讲话，对改革运动发起反击。他甚至指示保安部门的负责人马缪拉准备逮捕改革的主要领导人，还企图拉拢军队高层发动军事政变，但因得不到各军区的支持而未遂。事情败露后，激起了党内外群众新的愤怒浪潮，诺沃提尼被迫于 3 月 21 日辞去总统职务，党政高层中其他一些保守人物也纷纷辞职，改革力量开始在中央领导机构中占据绝对优势。3 月 28 日—4 月 5 日，捷共中央召开全会，讨论并通过了关于全面改革的《捷克斯洛伐克共产党行动纲领》（以下简称《行动纲领》），选举了新的党中央主席团和书记处，通过了新的共和国总统、政府总理、国民议会主席、民族阵线主席的提名，为改革运动规定了目标、原则、方针和政策，形成了改革运动的全国领导核心。以这次全会为标志，一场广泛而深刻的社会主义改革运动在捷克斯洛伐克开始进入高潮，由于彼时正值春暖花开，又因为改革意味着新生，所以由捷共领导的这次改革运动，又被人们习惯地称为“布拉格之春”。

2. 全面实施阶段（1968 年 4 月 6 日—1969 年 4 月 17 日）

在 3 月 28 日—4 月 5 日的捷共中央全会后，“布拉格之春”开始进入全面实施阶段。指导“布拉格之春”的改革方案即《行动纲领》内容广泛而深刻，包括改革党的领导体制，实现党内生活民主化；改革政治体制，实现政治生活民主化；改革国家体制，建立联邦制，实现民族平等；发展社会主义民主，确保公民的权利和自由；改革经济体制，建立充满活力的新经济体制；改革科学政策、教育政策和文化政策，实现文化的人道主义使命；改变外交政策，实行独立自主的外交政策。《行动纲领》宣布的这些改革内容，不仅仅带有显著的独立自主的倾向，更因为其政治改革方案的大胆，引起了苏联的严重不安。苏联担心任其发展下去，不但会加剧东欧各国的离心倾向，更可能导致自由化的泛滥，甚至危及这些国家的社会主义制度。因此，当捷共中央通过《行动纲领》而改革进入高潮时，苏联开始公开干涉捷克斯洛伐克的改革。4 月 12 日，苏联《真理报》在报道捷共中央全会时宣称，在捷克斯洛伐克的一系列发展中可以看出，反社会主义分子以“民主化”和“自由化”的口号为掩护，正在竭尽全力地削弱共产党的领导作用和攻击党组织。该报对捷共“右派的过火行为”和共产主义事业将遭到的危害表示了担忧。5 月 4 日，苏联将杜布切克等人召到莫斯科，就两国形势、两党活动和世界共产主义运动等问题进行会谈，对捷克斯洛伐克的改革措施大加训斥。5 月 8—9 日，苏联又召集保加利亚、匈牙利、波兰和民主德国的共产党领导人在莫斯科举行紧急会议，猛烈攻击捷共新政策，甚至考虑到了军事干涉。

面对苏联施加的压力和军事威胁，捷共中央五月全会作了一些妥协，要求人民克制自己，但在改革上没有作出实质性让步。全会决定于同年9月9日召开党的十四大，完成党的领导体制和党内生活的民主化，这意味着党内保守势力将从中央被彻底清除出去，也意味着苏联利用捷共党内“健康力量”的企图彻底破产。6月27日，作家瓦楚利克起草的告人民书——“两千字声明”发表。这一声明内容十分激烈，甚至号召人民拿起武器，反对外国武装干涉。各界不少人士对这一声明予以支持，其中包括若干中央委员和半数以上的县党代表会议，在声明上签字的有几万人。苏联借此大做文章，作出了强烈反应。7月14—15日，苏联、保加利亚、波兰、民主德国、匈牙利五国首脑在没有捷共代表出席的情况下在华沙开会，讨论捷克斯洛伐克的局势，通过了五国联名致捷共中央的一封最后通牒式的信。信中对捷克斯洛伐克严加指责，甚至提出要对捷克斯洛伐克进行“集体制裁”。与此同时，苏联加紧了对捷克斯洛伐克的军事介入准备。面对苏联和东欧各国的集体高压，捷共中央并未屈服。7月17日，捷共中央给签署了联名信的五个国家分别回信，逐点驳斥了对捷克斯洛伐克的指责。

7月29日—8月1日，捷共、苏共两党高级会议在捷克斯洛伐克东部边境切尔纳小镇举行。双方在谈判桌上唇枪舌剑，互不相让。苏共反复指控捷共背叛了国际共产主义事业，为帝国主义效劳，搞自由化政策，提出了一个涉及250多名“非撤换不可”的捷共党政军官员、报刊和电台工作人员的名单，以及一个涉及数十名在今后党代会上必须进入领导机构的人员的名单。杜布切克对苏共的指责逐一进行了反驳，拒绝了苏共的提议。最后，会议商定，于8月3日在布拉迪斯拉发举行捷克斯洛伐克与苏联、波兰、保加利亚、匈牙利、民主德国五国领导人联席会议。

8月3日，捷克斯洛伐克与五国领导人联席会议在布拉迪斯拉发举行。会上，苏联等国领导人继续对捷克斯洛伐克施压，坚持认为捷克斯洛伐克已经出现反革命形势，要求捷共采取果断措施，撤销《行动纲领》，停止改革，更换领导班子，取缔反动组织，恢复新闻检查，保持原有政治经济体制，忠于苏联，否则就将出面制止捷克斯洛伐克的反革命，保卫社会主义大家庭的安全。但苏联施加的政治压力、军事压力并未能使捷共的杜布切克等人屈服，他们坚持认为捷克斯洛伐克不存在反革命形势，不存在捷克斯洛伐克脱离社会主义共同事业的危险，坚持要将改革继续进行下去。面对捷共领导人的坚决态度，苏共最终下定决心，采取武装入侵的办法将捷克斯洛伐克的改革扼杀在摇篮之中。

8 月 20 日深夜，捷共中央主席团正在开会，苏联纠集波兰、匈牙利、保加利亚、民主德国，以“应捷党和国家活动家的请求”为由，出动 25 万大军，以闪电方式，一夜之间占领了捷克斯洛伐克全境。捷共中央主席团当即起草和通过了《告全国人民书》，谴责苏联等国的入侵“违反了社会主义国家关系的基本原则，破坏了国际法的基本准则”。《告全国人民书》同时号召全国公民保持平静，不要抵抗前进中的外国军队。捷克斯洛伐克总统斯沃博达也发表讲话，声明苏联出兵未得到捷克斯洛伐克合法政府的同意。苏联入侵捷克斯洛伐克的行为，受到了全世界的谴责。

苏联入侵捷克斯洛伐克后，将杜布切克、斯姆尔科夫斯基、切尔尼克、克里格尔等捷克斯洛伐克领导人挟持和绑架到莫斯科，同时企图在捷克斯洛伐克国内扶持亲苏势力上台执政。捷克斯洛伐克国内掀起了大规模的反对苏军占领的群众运动，捷克斯洛伐克人民通过种种形式，包括总罢工，抵制苏军占领，反对亲苏分子组织傀儡政权。8 月 22 日，捷共第十四次非常代表大会在布拉格切卡德工厂秘密召开，出席的代表为 1192 人（选出的代表为 1543 人）。大会通过了《告全国人民书》，抗议苏军入侵和非法囚禁杜布切克等人，要求苏军立即撤军，释放杜布切克等人。大会选举被苏联关押的杜布切克、斯姆尔科夫斯基、切尔尼克、克里格尔，以及苏联所反对的齐萨日、希克等人，为捷共中央主席团委员。大会还号召举行全国总罢工，抗议苏军入侵。苏联扶持亲苏政权的企图受挫，只得同被绑架到莫斯科的杜布切克等人谈判。杜布切克等人参加谈判，开始时仍坚持原先的立场，但捷共领导人中出现了一批以胡萨克为首的“现实主义”谈判代表，他们认为谈判每拖延一分钟，占领军与人民发生冲突的危险就增加一分钟，人民就要多作流血牺牲，因此他们主张适当妥协。在巨大的压力下，杜布切克等人被迫在苏捷《莫斯科协定》上签字，承认苏联出兵并非干涉捷克斯洛伐克内政，苏联何时撤军将视捷克斯洛伐克局势正常化的情况而定，这给苏军长期留驻留下了借口。10 月 16 日，苏联部长会议主席柯西金访捷克斯洛伐克，与捷克斯洛伐克签署了关于苏军“暂时”驻扎在捷克斯洛伐克的条约，进一步使苏军占领捷克斯洛伐克的行为合法化了。虽然迫于捷克斯洛伐克国内人民群众的抗议和捷共党内的抵制，苏联这时还不能撤换杜布切克一班人，但由于苏军入侵，由杜布切克等人发动的这场被称为“布拉格之春”的改革运动实际上已经夭折了。随着苏联支持的保守势力在捷共党内越来越得势，杜布切克等人在捷共党内的支持率开始逐渐走向下风。1969 年 4 月 17 日，捷共中央召开全会，在苏联的操纵和压力下，会议以未能采取有效措施消除社会危机为由解除了杜布切克捷共中央第一书记的职务，决定由“现实主义”的代表胡萨克继任。这正式标志着“布拉格之春”改革运动由全面实施阶段转向“正常化”阶段。

3.“正常化”阶段（1969 年 4 月 18 日—1971 年 5 月）

胡萨克上台后，即秉承苏联的旨意，对“布拉格之春”采取了一系列“正常化”措施。

首先是彻底改组领导班子，在全国进行“大清洗”。杜布切克于 1969 年 4 月被撤去党中央第一书记后，先是改任无任何实权的联邦议会主席，继而于同年 10 月改派往土耳其任大使。1970 年，他又被作为右倾机会主义的代表人物，被停止党籍，不久被开除出党。其他改革派的领军人物，捷共中央主席团委员斯姆尔科夫斯基、切尔尼克、克里格尔等，亦被撤职和开除党籍。比拉克、英德拉等坚决支持苏联出兵的人，接任党中央主席团委员。党中央书记处和政府也被改组，姆利纳日、齐萨日、斯拉维克等为苏联所反对的人下台，什特劳加尔接替切尔尼克任政府总理，英德拉出任议长，副总理希克、外长哈耶克等均被撤换。民族阵线所属各党派、各社会团体也进行了改组，领导人被撤换。基本上可以说，凡拥护改革、反对苏联入侵的领导人，都被赶下了台。与此同时，以反右倾机会主义为名，在全国进行了一场政治“大清洗”。1970 年 2 月，捷共中央决定在全国更换党证，有近 50 万名党员被开除党籍或除名，全国有接近 1/7 的人受到不同程度的牵连，20 多万人逃往西方。虽然这场“清洗”没有像 20 世纪 50 年代初那样采用关监狱、判死刑的办法，但仍然造成了十分恶劣的影响，严重损害了捷共和社会主义的形象，动摇了捷克斯洛伐克人民对捷共和社会主义的信念，为捷克斯洛伐克 20 年后的剧变埋下了种子。

其次是系统批判和全盘否定“布拉格之春”改革。1970 年 12 月 11 日，捷共中央全会通过了《从捷共十三大以来党内和社会上危机局势的发展中吸取的教训》（以下简称《教训》），对 1968 年改革进行了系统批判和否定。《教训》认为，1968 年出现了反革命事件，杜布切克等人在捷共中央形成了一个右倾机会主义中心，民族主义和反苏主义是他们的思想基础。《教训》认为，杜布切克等人的目的是在政治上反对捷共的领导，改变社会主义制度；在经济上取消社会主义所有制和计划经济，为私有制和自发的市场经济开辟道路；在外交上奉行反苏主义以及同社会主义国家和兄弟党分裂的方针。胡萨克等人认为，杜布切克的《行动纲领》是机会主义和修正主义的纲领，反映了右派势力在党内的颠覆活动；在苏共入侵期间召开的第十四次非常代表大会是非法的，它通过的是一个完整的反苏纲领。他们还认为，杜布切克的改革会导致内战和反革命，因此，苏联应捷克斯洛伐克领导人和共产党人的要求，出兵对捷克斯洛伐克进行“国际主义”援助，是正确的，使捷克斯洛伐克“避免了一场反革命政变，保卫了社会主义的成果”。

最后是再度恢复高度集中的政治经济体制。胡萨克在全盘否定1968年改革同时，在实践中也全盘中止了1968年的改革措施，重新恢复了旧的高度集中的政治经济体制。政治体制方面，胡萨克在加强党的领导的口号下，重新实行党政合一，全面加强党对政治、经济和社会生活各方面的控制，以党代政，他自己也在担任了捷共第一书记后，先后又兼任了民族阵线主席与共和国总统，将党政大权集于一身。经济体制方面，他重新推行了一系列集中化的经济政策，逐步把经济权力收归中央，如扩大中央规定的指令性计划指标，将部门的决定权和投资权重新集中于中央，改变销售制和税收制等。但经济上的倒退没有完全恢复到20世纪50年代的苏联模式，与50年代的集中管理体制相比，企业仍拥有一定的生产自主权和投资决定权，同时更加注重企业的利润和效益等。这在一定程度上表明，即便改革受挫，但要完全回到过去也是不可能的，改革终究是不可逆转的趋势。

1971年5月，捷共召开第十四次代表大会。大会对1968年改革再次进行了深度批判和全盘否定，对两年来的“正常化”措施进行了总结，提出了建设“发达社会主义”的总路线。这条总路线的提出，标志着捷克斯洛伐克的社会主义建设进入一个新的时期，同时也宣告了“正常化”阶段的结束。

（三）“布拉格之春”改革运动的主要内容

1. 改革党的领导体制，实现党内生活民主化

杜布切克等人认为，捷克斯洛伐克原有体制的根本弊端，是在

党的地位和作用问题上歪曲了马列主义，把一个自觉自愿地忠诚为工人阶级和全体人民服务的政治组织，变成了凌驾于社会之上而对人民实行统治的特殊集团。党的领导必须坚持，但党不能垄断一切，当社会的"总管家"，到处发号施令。党的领导应以民主的方式集中人民的意志，科学地反映社会的需要，为社会的发展提出正确的方向和目标，通过党的政治工作和组织工作以及党员的先锋模范作用去实现。要彻底改变以党代政、党政合一的领导体制，彻底改变行政命令的领导方法，党政要分开，不能简单地把国家机关、经济组织、文教机构和社会团体看作党的工具和杠杆而直接发号施令，应该通过这四者中的党员和党的组织进行政治上的争取和说服，使党的意愿得到贯彻。要加强党内民主建设，充分保证党员能够有效行使自己手中的民主权利。要充分发挥党内选举产生的机构的作用，坚持集体领导的原则，不要把权力过分集中在某一机构或某一人的手里，以防止出现新的专断。

2. 改革政治体制，实现政治生活民主化

捷共中央认为，消除了阶级剥削和阶级压迫之后，社会主义社会不同阶级之间、不同阶层和不同集团之间，既存在着基本利益的一致，也存在着局部的、非对抗性的利益矛盾。客观存在着的不同利益、不同愿望、不同要求，应当被承认，而不是被压制。要通过政治协商的办法，使各方面的不同利益协调起来，以形成和保证真正的共同利益和长远利益，而不是某种随意解释和确定的共同利益或长远利益。从这个意义上讲，社会主义的政治体制应当是多元化的，各阶级、各阶层和各集团都应有自己的政治代表，在政治上都应有发言权。为实现政治生活的民主化，捷共中央主张对政治体制进行根本性变革：第一，建立符合捷克斯洛伐克政治生活变化的民主选举制度，通过完善选举法和改革选举制度，准确和明确地规定有关选举准备工作、候选人提名和选举方式的民主原则。第二，真正确立国民议会为国家最高权力机关和唯一立法机关，切实发挥它的作用，而不是让它仅仅象征性地通过政府提交的一些议案。第三，建立责任内阁制，政府应真正向通过普选产生的国民议会负责。第四，改组国家保安部门，将其分成两个不同的、互不关联的部分——国家安全机构和公共安全机构，同时明确它们的职责，绝不允许把它们用来解决内部政治问题和社会主义矛盾。第五，实现真正的司法独立，由法院来解决权利争执，包括国家机关的行政决定。法院独立办案，不受其他因素的影响，只受法律的约束。第六，充分发挥民族阵线的作用。捷共认为，捷共领导下的、在社会主义共同纲领基础上建立的民族阵线是社会主义多元化政治体制的体现，组成它的各团体和党派“相互间是伙伴关系”，不分执政党和反对党，要共同协作、彼此批评、相互监督。

3. 改革国家体制，建立联邦制，实现民族平等

诺沃提尼主政时期，捷克和斯洛伐克地区长期以来同布拉格中央存在着矛盾和斗争，斯洛伐克人要求建立捷克社会主义共和国与斯洛伐克社会主义共和国平等联合的联盟。杜布切克当政后，实行联邦制成了改革的目标之一。捷共中央 1968 年 4 月通过的《行动纲领》，肯定了联邦制改革的主张。它指出：“捷克人和斯洛伐克人的权力平等是共和国力量的基础”，以前的“不对等安排本身从原则上就不能体现和保证两个权利平等民族的国家权力关系”，因此，必须改革国家原有体制，建立社会主义联邦制，同时对国内其他少数民族的权利也要给予充分的尊重和维护。苏军入侵后，捷克斯洛伐克建立联邦制的步伐也没有停止。1968 年 9 月 25 日，国民议会通过了筹备联邦制的法律。10 月 27 日，国民议会通过了关于联邦制的宪法性法律和关于国内少数民族的法律。12 月 19 日，国民议会通过了关于成立联邦和联邦委员会的法律，通过了同国家联邦化有关的若干其他措施的法律。1969 年 1 月 1 日，捷克斯洛伐克正式

实行联邦制，总统斯沃博达任命了第一届联邦政府。至此，捷克斯洛伐克完成了建立联邦制的改革。

4. 改革经济体制，建立充满活力的新经济体制

捷共中央认为，捷克斯洛伐克现有的经济管理和组织形式业已过时，必须作彻底改变。捷克斯洛伐克要实现经济民主化，恢复社会主义市场的积极作用；要使企业有自主权、决策权，使企业结构多样化。国家计划应主要考虑长远发展战略，确定重大比例关系，只对重要部门规定若干指令性指标，对其他一切经济活动都利用税收、利润、利率、价格等经济手段，通过市场机制进行调节。国家要反对垄断，开展经济竞争，使企业的全部生产活动和经营活动接受市场的检验和监督。捷共的《行动纲领》尖锐地批评了分配中的平均主义，指出：平均主义的空前膨胀，保护了落后的制度，成为经济发展和生活水平提高的大障碍。它要求充分运用价值法则，使企业的收入同其经营水平挂钩，使个人分配同其劳动效益和贡献挂钩。《行动纲领》批评过去的经济发展战略片面强调重工业，损害了农业和轻工业的发展；提出要调整物价，克服价格比例失调现象，增加工资，提高人民生活水平。它批评捷克斯洛伐克经济多年来脱离世界市场的竞争，提出反对贸易垄断，取消外贸补贴，取消指令性的管理方式，克服捷克斯洛伐克产品缺乏竞争力的状况，使捷克斯洛伐克国内市场与世界市场接近。它指出，在同苏联等经互会国家的经济关系中，捷克斯洛伐克也要充分体现经济核算和互利的交换原则。

5. 发展社会主义民主和法制，确保公民的权利和自由

捷共认为，公民的权利和自由，是社会主义民主的基础。在社会主义社会，公民理应拥有比资本主义社会更多、更真实的权利和自由。这些权利和自由主要有：集会和结社的自由；讨论和影响国家决策的自由；新闻报道的自由；迁徙的自由。捷共认为，公民的

这些权利和自由，过去在宪法里也有规定，但旧体制使得相关规定成为一种形式。因此，要保证公民的权利和自由落到实处，就必须改革旧的体制，大力加强社会主义民主和法制建设，通过具体的、可操作性的民主制度设计以及完备的法律，切实保证公民能够充分运用这些权利监督党和政府，参与国家管理。

6. 调整科学政策、教育政策和文化政策，实现文化的人道主义使命

捷共认为，“社会主义的诞生、生存和胜利是靠工人运动和科学的结合。它们之间的关系不是服从和妥协的关系”①。社会主义社会必须保证科学的自由和不断向前发展，使科学研究成为永不满足于现有认识的新的解决办法，使科学研究者成为新的思想的倡导者。要做到这一点，就必须废除使科学屈从于外部干涉和外部指令的政策，保证科学具有独特的自治地位。自然科学需要紧密跟踪世界最新科技发展潮流；社会科学要改变过去因循守旧、领域狭窄和教条主义的局面，担负起为社会主义发展提供新理论的重担。对于文化政策，捷共特别强调文化的人道主义使命，即它的一般的文化任务和美学任务，反对夸大它的思想作用和政治作用。捷共反对用行政方法和官僚主义方法执行文化政策，强调艺术创造不能接受任何检查，要保证艺术创作的自由。

7. 调整对苏关系，实行独立自主的外交政策

捷共批评捷克斯洛伐克过去的外交政策没有利用一切可能性积极开展活动，对一系列重大国际问题没有主动表明自身的立场。捷共《行动纲领》要求：“捷共中央、国民议会、政府和有关部要迅速克服这些缺点，要多方面关注，使我国外交政策充分反映出

① 《捷克斯洛伐克关于政治与经济体制的重要文献选编》，中国社会科学院苏联东欧研究所1986年编印，第230页。

社会主义捷克斯洛伐克的民族利益和国际主义利益。”① 这句话实际上是在指责捷共过去在外交政策上唯苏联的外交政策和国家利益马首是瞻，没能独立自主地发展对外关系，没能充分争取和捍卫国家利益和民族利益。因此，捷共决定改变过去的外交政策，调整捷克斯洛伐克与苏联的关系，强调在保持与苏联及其他社会主义国家的联盟和合作的基本方针不变的同时，相互之间的关系应当在“互相尊敬、主权和平等、互相尊重和国际主义团结的基础上进一步得到加强”②。对于发达资本主义国家，捷共也以较为独立的姿态，开始积极发展同西方在经济、文化、科学和技术等方面的合作。

（四）“布拉格之春”改革运动的启示

“布拉格之春”的改革理论与改革实践是社会主义改革史上一次空前勇敢的尝试。捷共领导人也强调，他们的改革，是“本着良知”，根据国际共运的经验教训，从捷克斯洛伐克的国情出发所开展的一场“社会主义事业复兴”运动，是在新的、未知的条件下“开辟和实验新的道路”，其目的是建设一种新的、高度民主的、符合捷克斯洛伐克条件的社会主义社会，以重新赢得人民对共产党的信任，恢复社会主义的声誉。虽然这场改革运动在苏联的粗暴干涉下失败了，但捷共及其领导人在这场改革运动中表现出来的不畏强权、不怕困难的大无畏的批判精神和理论勇气，还是不仅赢得了捷克斯洛伐克全体人民的支持，而且赢得了各国共产党人的赞赏，在国际共运史和社会主义国家改革史上留下了光辉一笔，给我们以许多重要的启示。

---

① 《捷克斯洛伐克关于政治与经济体制的重要文献选编》，中国社会科学院苏联东欧研究所 1986 年编印，第 243 页。

② 《捷克斯洛伐克关于政治与经济体制的重要文献选编》，中国社会科学院苏联东欧研究所 1986 年编印，第 242 页。

1. 改革是社会主义自我完善的必由之路，是谁也无法阻挡的大势所趋

社会主义国家有一个普遍现象，即刚建立起社会主义制度的国家，都会有一个经济社会发展的快速期，但一段时间以后，经济社会发展速度都会逐渐减慢，新的社会问题、社会矛盾开始显现，从而迫使国家或早或晚走上改革之路。这表明，社会主义制度相比资本主义制度的确具有一定的制度优势，所以才能一建立就在经济社会建设方面取得较好的成绩。但社会主义制度毕竟是一种新的社会制度，它不可能一开始就很成熟，就很完善。所以，当社会主义社会发展到一定阶段后，其内在的不足和缺陷就会暴露出来，这时就必须对旧的体制和制度进行改革，否则就会阻碍社会主义的进一步发展。这是一个大势，是不以人的意志为转移的客观规律。阻挠越久，改革爆发的声势就越大，不可控因素就越多；拖延越久，困难就越多，改革成本就越高。捷克斯洛伐克的“布拉格之春”一下子来得那么猛，步伐那么大，在很大程度上正是捷共保守派长期压制的结果。20 世纪 50—60 年代，捷克斯洛伐克国内和捷共党内多次出现过改革的呼声，也多次作出过改革的努力，但都浅尝辄止，稍微遇到点风浪就停止了，整个国家又倒退回原样。人民群众的不满、经济社会发展中的问题和矛盾、经济政治体制中的弊端不仅一个没解决，而且越积越多，最后在 1968 年轰然爆发出来。所以，对社会主义国家来讲，绝不能停留于社会主义制度建设一时取得的成绩，更不能迷信社会主义制度天然优越的神话，必须坚持改革，只有通过改革不断消除社会主义政治经济体制中的缺陷和弊端，不断满足人民对经济政治文化新的发展的需要，社会主义的经济政治制度才能一步步走向成熟，才能始终保持蓬勃的生机和活力。

2. 必须正确处理政治改革与政治稳定的关系

“布拉格之春”说起来是一场全方位的改革，涉及政治、经济、

文化、外交、民族关系、社会管理方方面面，但其中最主要、最有特色、最大胆的还是政治改革。各社会主义国家的改革经验证明，在社会主义国家的改革实践中，最复杂、最难的首推政治改革。这是因为，一方面，现实社会主义国家大多是从经济文化比较落后的国家直接进入社会主义发展阶段的，没有经过政治现代化的锤打，建立起来的政治制度和政治体制问题最多，任务最艰巨；另一方面，政治改革牵扯面更广，更容易激发社会各阶层的参与激情，因而更容易引发各种不可控因素，威胁到政治稳定和国家安全。捷共改革的纲领性文件《行动纲领》深刻地分析了捷克斯洛伐克旧政治制度和旧政治体制的弊端，从党的执政方式、领导方式到党的组织活动方式，从国家基本政治制度到思想文化体制和社会管理体制，从国家权力关系到公民基本权利保障，从国内政治关系到对外关系，对捷克斯洛伐克的政治改革方案作了全面的规划，其幅度之宽，尺度之深，力度之猛，胆子之大，都是其他社会主义国家前所未有的，故而更是调动和激发了国内各阶层的参与热情，各种政治组织和社会团体如雨后春笋般纷纷出现，各种声音和观点也如春潮四处泛滥。尽管捷共一再强调改革必须在捷共的领导下，在《行动纲领》的基础上有组织、有步骤地进行，但是在改革过程中还是出现了大量不可控现象。一是新闻舆论界不听指挥，出现了一定程度的失控。媒体上几乎每天都出现耸人听闻的文章和报道，从揭露20世纪50年代政治案件的“内幕”到否定捷共的领导，从主张清理秘密警察到主张解散工人纠察队，从揭发苏联“参与杀害”捷克斯洛伐克前外长到宣扬美军在解放捷克斯洛伐克中的作用，从鼓动群众上街、示威到号召群众拿起武器开展斗争，等等。二是各种政治组织、社会组织不受控制，纷纷成立。这些组织人数不多，全国估计约13000人。主要组织有曾在20世纪50年代初的政治案件中被判入狱的政治犯组织的K231俱乐部，一些非党人士组成的非党积极分子俱乐部，原社会民主党党员成立的重建社会民主党筹委会。这几个组织虽然人数不多，活动能量却很大，有的还与国外势力相勾结，对群众的影响相当大。正是这些政治上的不稳定因素的出现和扩展，加剧了党内保守势力的忧虑，造成了党内的分歧，也给苏联的干预提供了借口。所以，如何处理好政治改革与政治稳定的关系，尤其是在保证充分的言论自由的同时，如何防止极端自由化以及其他偏激情绪、极端情绪的出现，以及在保证公民权利和结社自由的同时，如何防止敌对势力浑水摸鱼、借机乘势而起，这些问题必将成为所有社会主义国家在推进政治改革和政治发展的过程中面对的巨大挑战。

3. 必须建立独立、自主、平等的社会主义国家关系和党际关系

苏联武装入侵捷克斯洛伐克的理论依据，是勃列日涅夫提出的“社会主义国家有限主权论”“社会主义大家庭论”“大国特殊责任论”。所谓“社会主义国家有限主权论”，主张所有社会主义国家都是社会主义大家庭的一员，具有共同的利益，因而虽然每个社会主义国家都有权决定各自国家前进的道路，但是每个社会主义国家的主权，不能同社会主义世界的共同利益、世界革命运动的共同利益相对立。因此，一个社会主义国家的反社会主义的内外势力试图扭转该国社会主义的发展方向、复辟资本主义，该国的社会主义事业遭到了危险，都会对社会主义共同体的安全、世界社会主义事业的发展构成威胁，这时该社会主义国家的内部问题，就不再是该国一国一党的内政问题，而成了所有社会主义国家都应该关心的问题，由此社会主义阵营中的大党大国更应该义不容辞地承担起捍卫社会主义共同事业的责任。武装入侵捷克斯洛伐克，正是为了挽救捷克斯洛伐克的社会主义事业，是捍卫社会主义共同利益的需要。勃列日涅夫的“社会主义国家有限主权论”，不过是当年斯大林的“大党

主义”“大国主义”在新的历史条件下的翻版。当年斯大林的“大党主义”“大国主义”严重地阻碍了各国共产党人独立自主地探索符合各国国情的社会主义革命和建设道路的努力，造成了国际共产主义运动中严重的教条主义和思想僵化，中国革命当年也深受其害。20世纪50年代各社会主义国家改革运动的兴起，在很大程度上正是赫鲁晓夫对斯大林的错误包括“大党主义”“大国主义”行为进行批判和对社会主义国家关系、党际关系主动调整的结果。国际共产主义运动历史证明，世界社会主义运动当然有着共同利益，各社会主义国家和各国共产党人当然也需要互相支持，但这种支持是建立在各国独立自主、平等互利、相互尊重主权和自觉自愿的基础上的。苏联对捷克斯洛伐克的武装入侵，既侵犯了捷克斯洛伐克的主权，也没有得到捷克斯洛伐克的邀请，而且捷克斯洛伐克国内虽然出现了一些反对捷共、反对社会主义的势力和声音，但形势远没有到失控的地步。所以，勃列日涅夫的“社会主义国家有限主权论”，打着维护社会主义国家共同利益的幌子，行的却是大国霸权主义、大国沙文主义的路子，是“大俄罗斯主义”在新的历史条件下的延续。这种理论不否定，这种行为不制止，社会主义国家独立、自主、平等的新型国家关系和党际关系不建立，社会主义国家的改革和社会主义的多样化发展是根本不可能的。

第六章
戈尔巴乔夫与苏东剧变

1985年3月11日，戈尔巴乔夫当选为苏共中央总书记。戈尔巴乔夫上台后，深感苏联政治经济体制存在着巨大弊端，认为其严重阻碍了苏联经济社会的发展，提出了人道的民主的社会主义理论，决心对苏联政治经济体制进行根本性变革。但是，戈尔巴乔夫的人道的民主的社会主义改革非但没能拯救苏联，反而引发了全国性的政局动荡、经济崩溃和激烈的民族冲突，导致了人民群众对苏共的极大失望和对现政权的极大不满，为反对派和民族分裂主义分子乘机上台夺权进而肢解苏联创造了条件。与此同时，戈尔巴乔夫的人道的民主的社会主义也波及东欧各社会主义国家，造成这些国家时局发生猛烈动荡。在反对派的进攻下，这些国家执政的共产党（工人党）毫无还手之力，节节败退，政权迅速落到了反对派手里。1991年12月21日，苏联11个加盟共和国签署《阿拉木图宣言》，宣布成立独立国家联合体，苏联正式解体。12月25日晚7时38分，标志着苏联社会主义制度的镰刀锤子国旗徐徐从克里姆林宫上空降落。一个具有光荣传统的强大的社会主义国家，一个世界超级大国，就这样悄悄地消失了。苏东剧变的惨痛教训给我们以深刻的启示：第一，必须始终坚持以人民为中心的社会主义核心价值；第二，必须始终坚持解放和发展生产力这条根本标准；第三，必须毫不动摇地坚持社会主义的基本原则；第四，必须大力加强社会主义民主和法制建设；第五，必须不断加强党的建设，改善党的领导。

一、戈尔巴乔夫的人道的民主的社会主义

（一）戈尔巴乔夫人道的民主的社会主义产生的历史背景

戈尔巴乔夫是在苏共在不到两年半的时间内连续有3位最高领导人去世这样一个特殊历史背景下上台执政的。1982年11月10日，连续执政18年的苏共中央总书记勃列日涅夫因心脏病去世，终年76岁。勃列日涅夫思想保守，政治中庸，缺乏进取心。在他的领导下，苏联先是停止了赫鲁晓夫的改革，后又扼杀了捷克斯洛伐克的“布拉格之春”，就连他自己提出的不痛不痒的“新经济体制改革”后来也半途而废。所以，在勃列日涅夫时期，虽然苏联保持了长期的政治稳定和经济发展，但经济社会发展战略和体制内的弊端却不断沉淀和固化下来，体制日益僵化，官僚主义越来越严重，产业结构畸形发展，经济发展速度越来越慢，人民生活水平和质量长期得不到提高和改善，人民的不满日益增加。面对国内深刻的矛盾和严重的危机，接替勃列日涅夫担任苏共总书记的安德罗波夫立志消除积弊，改革图新，但遗憾的是，安德罗波夫的改革刚刚启动就突然中止，主要原因是他本就年老多病，担任苏共总书记时已68岁，当政后不久就身患重病。他在1982年11月接任苏共总书记，1983年初就生病住院，1983年9月病情恶化，1984年2月9日去世，总共执政1年零3个月，实际主持工作时间不到1年。接任安德罗波夫担任苏共总书记的契尔年科比安德罗波夫年龄还大，也一身是病，更糟糕的是他属于勃列日涅夫“老近卫军”中的一员，其思想、性格与勃列日涅夫几乎如出一辙。所以，契尔年科当政期间，苏联又回到了勃列日涅夫时期四平八稳的状态，但就这样也没有维

持多长日子。1984 年 8 月，契尔年科身体状况开始恶化；1984 年 12 月，契尔年科主持苏共政治局最后一次会议；1985 年 3 月 10 日，契尔年科病逝。契尔年科总共执政 1 年零 1 个月，比安德罗波夫还短。不到两年半，连续 3 位最高领导人因病去世，在苏联党内和国内产生了巨大震动。广大党员和群众迫切希望有一位年富力强、精力旺盛的党和国家领导人给苏共和苏联带来新的生机和活力，领导苏联除旧布新，开创新局面，再现新辉煌。苏共党内高层也深刻认识到党内这种“老人政治”“病夫治国”的现象不能再继续下去了。正是在这样特殊的历史背景下，戈尔巴乔夫被推到了前台。

戈尔巴乔夫在 1931 年 3 月 2 日出生于苏联南部斯塔夫罗波尔边疆区普利里沃利诺耶村，1952 年加入苏联共产党，1955 年毕业于莫斯科大学法律系。戈尔巴乔夫在大学读书时在政治上就十分活跃，毕业回到家乡后很快受到重视，先后担任了斯塔夫罗波尔市团委第一书记、苏联共产主义青年团边疆区委宣传部副部长、边疆区团委第二书记、边疆区团委第一书记。他于 1966 年 9 月任苏共斯塔夫罗波尔市委第一书记；1968 年 8 月任苏共斯塔夫罗波尔边疆区委第二书记，1970 年 4 月任第一书记；1980 年 10 月任苏共中央政治局委员，时年 49 岁，是苏共当时最年轻的中央政治局委员。进入中央工作后，戈尔巴乔夫的才华很快受到党内高层特别是安德罗波夫的赏识；安德罗波夫风趣地称他是“小灌木丛”，暗喻希望他尽快成长。1983 年 12 月苏共中央准备召开中央全会，安德罗波夫当时的身体健康状况已不允许他出席和讲话，于是他提议让戈尔巴乔夫代替他在全会上讲话。不仅如此，安德罗波夫还给全会写了一封信，其中写道：“苏共中央委员会的同志们：由于众所周知的原因，我现在已不能参加政治局和书记处的领导工作。我认为必须对你们说实话，这个阶段会拖得很长。有鉴于此，我请求中央全会讨论这个问题，并委托米哈伊尔·谢尔盖耶维奇·戈尔巴乔夫同志来主持中央政治局和书记处工作。我相信，戈尔巴乔夫能被委以主持政治局和书记处会议的重任。”可见，安德罗波夫实际上是希望戈尔巴乔夫来做他的接班人的。然而，安德罗波夫信中的这段话，在提交给中央委员会时被契尔年科给删掉了；戈尔巴乔夫也没能在安德罗波夫去世之后就接任苏共最高领导职务。但是在契尔年科去世之后情况发生了变化，一方面，在不到两年半的时间里连续3位最高领导人的去世迫使苏共党内高层不得不考虑广大干部、党员的感受，不得不考虑苏联在国际上的形象；另一方面，当时阻挠戈尔巴乔夫上台的勃列日涅夫“老近卫军”骨干人物老的老、去世的去世，剩下的则多数改换了门庭。于是，在1985年3月11日即契尔年科去世第二天召开的苏共中央非常全会上，戈尔巴乔夫顺利当选为苏共中央总书记、苏联国防会议主席，由此拉开了戈尔巴乔夫在苏联和东欧推行他的人道的民主的社会主义，直接导致苏联和东欧各国社会主义改革失败、共产党下台、政权易帜、国家解体的悲剧大幕。

（二）戈尔巴乔夫人道的民主的社会主义的形成发展过程

戈尔巴乔夫的人道的民主的社会主义的形成过程，大致可分为以下三个阶段。

1. 第一阶段（1985年3月—1988年5月）：戈尔巴乔夫人道的民主的社会主义的孕育阶段

戈尔巴乔夫上台时，苏联的经济形势已经十分严峻。一是经济社会发展呈现停滞趋势。20世纪50年代苏联国民经济平均年增长10%，20世纪70—80年代降为3.6%；国民收入50年代平均年增长10%，70年代上半期降为5.7%、下半期降为4.3%，80年代初降为3.5%。二是经济结构畸形发展。70年代苏联的实际军费开支就已接近美国，但苏联的国民生产总值却只有美国的一半，进入80年代以后，苏联军费开支依然居高不下，年总额为1300亿美元—

1600亿美元，占了国民生产总值的16%以上，几乎75%以上的科学技术费用都用在了军备竞赛上面。三是经济发展质量和效益低下。第二次世界大战后，世界新科技革命迅速发展。在新科技革命的推动下，到70年代，西方主要资本主义国家经济增长的70%以上是依靠科技进步、技术改造和集约化经营的方式实现的，而苏联采取的仍然是粗放式生产。面对新科技革命的挑战，勃列日涅夫也曾经提出推进苏联经济由粗放经营向集约化发展，但效果不佳，到勃列日涅夫去世，苏联经济增长的58%依然是靠增加投资、扩大生产规模、增加产品数量来完成的，整体上仍然没有摆脱粗放经营的模式。

面对严峻的经济形势，戈尔巴乔夫上台后的头三年把自己的主要精力放在了发展经济和改革经济体制方面。1985年4月23日，苏共召开了戈尔巴乔夫上台后的第一次中央全会。戈尔巴乔夫在会上提出了他自己关于加速国家经济社会发展的战略和推进社会主义全面改革的构想。这次会议后来被誉为苏联“转向新的战略方针，转向改革”的起点。1986年2月，苏共召开了二十七大，大会通过了戈尔巴乔夫“加速社会经济发展战略”的构想，确定了经济体制改革的方向和原则，并在经济理论方面提出了一些新的观点，取得了一些新的突破。例如，这次大会批判了社会主义生产关系“自动适应论”观点，强调必须大力改革“生产关系中过时的部分”和“过时的经营方法”；批判了片面追求公有化程度，急于将集体所有制过渡到全民所有制的趋向，强调发展集体经济和个体经济的必要性和意义；批判了把商品货币与社会主义、市场与计划对立起来的僵化观点，认为可以将计划和市场结合起来，把商品货币纳入社会主义经济体制之中；等等。苏共二十七大后，苏共加大了实施“加速发展战略”以及推进经济体制改革的力度和措施，先后通过了一系列法律法规，制定了一系列政策，如《苏联个体劳动法》、《国营企业（联合公司）法》、苏共中央《关于根本改革经济管理的基本原则》等等。但是在现实生活中，改革的阻力仍然很大，成绩不容乐观。改革中的阻力和深层次矛盾，促使戈尔巴乔夫对苏联经济政治体制的弊端进行更深入的理论思考，由此，戈尔巴乔夫的人道的民主的社会主义的一些思想得以初步孕育和产生。

1987 年 1 月 27—28 日，苏共召开中央全会，戈尔巴乔夫在会上作了《关于改革和党的干部政策的报告》。戈尔巴乔夫在讲话中提出，必须对社会进行"真正革命的和全面的改造"，更新社会主义概念，最充分地揭示我们制度的各个方面的人道主义性质；民主是"改革的实质"，只有通过民主与借助民主，改革本身才有可能实现；因此，要把苏联社会的民主化提到首位，要彻底恢复列宁的公开性原则。1987 年 11 月，戈尔巴乔夫出版了他的《改革与新思维》一书。该书对戈尔巴乔夫三年来对社会主义的反思进行了理论整理，对他的人道的民主的社会主义的主要观点作了比较深入的理论阐述。戈尔巴乔夫在书中指出，苏联在 20 世纪 30—40 年代社会主义建设中形成的经济政治体制，已成为经济和社会发展的障碍，要发展经济和推进经济体制改革，首先就要打破这个"障碍机制"，进行政治体制改革；政治体制改革的根本，则是"社会全面民主化"，要"让公开性大放光明"，"使每种报刊上都出现社会主义的多元论"。戈尔巴乔夫还指出，在核时代和经济全球化背景下，世界各国越来越相互依赖，人类越来越被共同命运联系在一起，因此全人类的利益需要置于时代的至高无上的地位。在 1988 年 2 月召开的苏共中央全会上，戈尔巴乔夫进一步讲道，"要校正一个多世纪以来被共产党人视为准则的我们实际行动的主航道"，"主要的事情是民主化"。

戈尔巴乔夫的以上言论表明，虽然他当政头三年的主要精力放在了推进"加速发展战略"和经济体制改革上，但通过对改革阻力和苏联经济政治体制内在问题的深刻反思，他已产生了对人道的民主的社会主义的初步思考，特别是对人道的民主的社会主义思想的几个核心观点——民主化、公开性、多元论——更是有了系统的理论解释，并且他将关注点和精力逐渐由经济建设和经济体制改革转向政治发展和政治体制改革。

2. 第二阶段（1988 年 6 月—1989 年底）：戈尔巴乔夫人道的民主的社会主义的形成阶段

1988 年 6 月 28 日—7 月 1 日，苏共召开第十九次全国代表会议，戈尔巴乔夫在会议报告中第一次提出了“人道的民主的社会主义”概念，并对其基本特征进行了初步描述：第一，它“是一种真正的、现实的人道主义制度，在这一制度下，人真正是衡量‘万物的尺度’”；第二，它“是一种有效的、有活力的经济制度”；第三，它“是一种体现社会公正的制度”；第四，它“是一种具有高度文化和道德的制度”；第五，它“是一种真正由人民行使权力的制度”；第六，它“是一种各民族真正平等，各民族的社会与精神全面繁荣、互为补充的制度”；第七，它是一种“渴望和平”，渴望同各国人民和各个国家建立“正常和文明关系”的制度。戈尔巴乔夫在报告中还再次强调了政治体制改革的重要性和迫切性。他指出，苏联的政治体制已“严重变形”，成了改革的障碍，改革中遇到的许多困难，“其根源也在于这种体制”。因此，政治体制改革已成为改革不可逆转的“关键问题”，必须进行“根本改革”，并把民主化、公开性和社会主义多元论并列为改革的三大“革命性倡议”。

1989 年 11 月 26 日，戈尔巴乔夫在《真理报》上发表了一篇题为《社会主义思想与革命性改革》的长文。《真理报》编辑部特为此文撰写了编者按，称“这篇文章综合并发展了作者最近时期一系列讲话所阐述的思想”，也就是说，这篇文章系统地阐述了戈尔巴乔夫的人道的民主的社会主义，标志着戈尔巴乔夫人道的民主的社会主义思想的正式形成。在文章中，戈尔巴乔夫明确指出，“如果说在初期我们认为这基本上指的只是纠正社会机制的部分扭曲现象，只是完善过去几十年间形成的、已经完全定型的制度的话，那么，现在我们说，必须根本改造我们的整个社会大厦：从经济基础到上层建筑”。戈尔巴乔夫的这段话清楚表明，在他看来，过去的改革都不过是对旧体制的修补和完善，现在的改革，则是要彻底否定旧的体制和制度，在各种经济、社会形式和体制的竞赛中，在各种意识形态倾向的竞赛中，形成一种崭新的社会生活和社会主义的新面貌，形成一个人道的、自由的、理智的社会，亦即戈尔巴乔夫的人道的民主的社会主义。

在文章中，戈尔巴乔夫进一步描述了人道的民主的社会主义的特征，首先是强调自由。戈尔巴乔夫写道，“社会主义思想，据我们今天的理解，首先是自由的思想”。“遗憾的是，正是这种社会主义思想的特征遭到最大的歪曲。为了虚构的集体主义精神，忽视了人的个性，阻碍了个性的发展，在大众优于个体的借口下大大缩小了自由的合理界限，阉割了社会主义社会的人道本质。”其次是强调必须尊重人，关心人。戈尔巴乔夫写道，“社会主义思想的核心是人”，“社会主义新面貌就是社会主义的人的面貌”，“未来的社会就是实实在在的切实实施的人道主义”，“要保证整个社会制度面向人的转折”，要“彻底实现人文标准在我国社会生活一切领域中居先的原则”。再次是强调民主化。戈尔巴乔夫指出，“民主与自由是人类文明的伟大价值观，我们应当继承并用社会主义内容来充实它们”。他认为过去对“民主社会主义”这个词语采取消极态度是不对的，强调“社会主义的实质特点是确立真正的人民政权”，并表达了对西方民主制度的认可，认为苏联“国家和其他政治机构发展的主流，是人民社会主义自治的思想和实践同经过多年经验考验的代表制议会民主机制的辩证结合”，“代表制议会民主机制则保证执行权力与立法权力的严格分开，并保证司法的独立”。

3. 第三阶段（1990 年初—1990 年 7 月苏共二十八大召开）：戈尔巴乔夫人道的民主的社会主义的定型和定性阶段

1990 年后，戈尔巴乔夫的思想进一步发生变化，一是政治立场进一步右转，二是其人道的民主的社会主义思想具体化，上升成为党的行动纲领。1990 年 2 月 5—7 日，苏共中央召开全会，戈尔巴乔夫在大会报告中提出：第一，修改宪法有关党的领导地位的条文，认为党的地位不应当依靠宪法来强行合法化。第二，准备实行多党制，理由是目前的广泛民主化已经带来了政治多元化，苏共应该考虑这些新情况。第三，实行总统制，赋予总统一切必要的权力把改革政策付诸实现。第四，重新考虑民主集中制，把“重点放在民主化、党员群众权力上面”。第五，改革联邦，为实现真正的联邦制创造可行性。在戈尔巴乔夫的操作下，全会通过了戈尔巴乔夫授意起草的准备提交给苏共二十八大的《走向人道的民主的社会主义》行动纲领草案。草案共分为 7 个部分，分别就实行人道的民主的社会主义的原因以及人道的民主的社会主义在经济、政治、文化、民族、外交、党的建设等方面的要求和任务给出了具体的阐述和布置。《走向人道的民主的社会主义》行动纲领的通过，标志着戈尔巴乔夫的人道的民主的社会主义正式成为苏共的指导思想，也标志着这一思想开始进入正式实施阶段。

1990 年 7 月 2—13 日，苏共二十八大在莫斯科召开。尽管大会自始至终存在着激烈的争论和斗争，但总体上还是一次以代表大会的形式来确认戈尔巴乔夫的人道的民主的社会主义成为党的指导思想的大会，是一次将戈尔巴乔夫的人道的民主的社会主义最后系统化和具体贯彻实施的大会。大会经过激烈的辩论，先后通过了《走向人道的民主的社会主义》纲领性声明、新党章，以及关于经济政策、军事政策、农业政策、民族政策、青年政策、文化政策等的 92 项决议。大会宣布，苏共的指导思想是“全人类价值和共产主义理想”，奋斗目标是“人道的民主的社会主义”。大会确认了苏共中央二月全会关于从宪法中取消党的法定地位的方针，重申苏共坚决放弃政治上和意识形态上的垄断主义，将在多党制条件下同其他党派及社会组织平等竞争，通过竞选争取政治领导权和社会先锋队的地位。戈尔巴乔夫在大会报告中肯定了自 1985 年 4 月以来苏联发生的“革命性变革”，声称：“人道的民主的社会主义正在取代斯大林模式的社会主义。政治体制正在进行根本改造，包括自由选举、多党制、人权在内的真正民主正在确立，真正的人民政权正在复兴。造成劳动者同所有制，同其劳动成果分离的生产关系正在解体，社会主义生产者自由竞赛的条件正在形成。”

综上所述，戈尔巴乔夫的人道的民主的社会主义不是一时心血来潮产生的，而是伴随着他对苏联体制的理论反思、对改革阻力的深入思考及其指导思想和政治立场的逐步改变而逐渐形成的。在这一过程中，戈尔巴乔夫经历了一个由坚持马克思主义到取消马克思主义，由改革苏联模式到完全推倒重来，由坚持党的领导到否定党的领导的复杂过程。在这个过程中，戈尔巴乔夫不是没有遇到过反对，但是都凭借他手中的权力强行通过了。他自以为他的人道的民主的社会主义为解决苏联社会主义建设中的深层次问题提供了一个科学的良方，却没有想到正是他的人道的民主的社会主义成为压垮苏联的最后一根稻草，他自己也被他的人道的民主的社会主义“魔盒”释放出的不可驾驭的力量弄得身败名裂，成为历史的笑柄。

（三）戈尔巴乔夫人道的民主的社会主义的主要内容

戈尔巴乔夫的人道的民主的社会主义，内容十分庞杂，概括起来讲，它是一个以个性自由论为指导思想，以抽象人性论为理论基础，以公开性、民主化、多元化所谓三大“革命性倡议”为核心内容，以民主社会主义为目标和重要思想来源的当代机会主义理论。

这个理论的主要内容大致包括如下十个方面。

1. 个性自由论

戈尔巴乔夫认为，社会主义思想“首先是自由思想”，社会主义的特征就是自由，“个性自由是主要的生活价值”，“精神领域的自由自决最为重要”。他批评科学社会主义“为了虚构的集体主义精神，忽视了人的个性”，“在大众优于个体的借口下大大缩小了自由的合理界限”。他鼓吹将“社会主义与自由联姻”，建立“一个人道的、自由的、理智的社会”，建立一个“有高度发达的生产力、个性自由和民主”的社会，等等。

2. 抽象人性论

戈尔巴乔夫声称，“社会主义的核心是人”，“社会主义的主要目的是人”，“社会主义的新面貌是人”，“改革的最终目的”在于“最充分地揭示”社会制度各方面的“人道主义性质”，“社会主义是一种服务于人和使人更加高尚的人道主义制度”。他强调“党的政策中心要永远是人和人的利益，首先要以此来衡量沿着社会主义道路取得的成就”；批评苏联模式是“兵营社会主义”，会导致人发生全面异化；主张彻底实现人文标准在苏联社会生活一切领域中居先的原则，实现“社会结构的人道主义化”，建设人道主义的社会主义。

3. 无限公开论

戈尔巴乔夫鼓吹，公开性是“时代的重要特征”，是“社会主义生活方式的极其重要的特点”；说“社会主义需要公开性就像需要空气一样”，“要让公开性大放光明”；提出在历史和现实问题上不存在任何“禁区”和“空白点”，要“实行最大限度的公开性”，“毫无保留、毫无限制的公开性”；认为“扩大公开性问题……是个原则性问题”，没有公开性就没有社会主义民主，甚至把公开性就等同于社会主义民主。这实际上等于不要任何权威、制度、法律、纪律，听任和怂恿形形色色敌对势力兴风作浪，抹黑苏联党和国家的历史，诋毁党和国家的领袖与英雄人物，大搞历史虚无主义。

4. 全面多元论

戈尔巴乔夫首先是鼓吹思想多元化，主张“坚决抛弃对其他观点与思想的意识形态限制、教条主义和不容忍态度”，“坚决放弃意识形态的垄断主义”和“精神垄断的做法”，要求“发展多元论，促进社会舆论的争鸣和扩大公开性”，“让社会主义的多元论充满每一种出版物”。其次是主张党的指导思想来源多元化，认为苏共应当继承欧洲的人道主义传统和法国大革命的“自由、平等、博爱”精神，并让其大放光明。再次是主张经济多元化，先是主张发展平等的多种经济成分，后来提出发展“混合经济”，最后发展到完全否定公有制而提出“500 天计划”，对苏联进行休克疗法，企图在 500 天内实现全盘私有化。最后是鼓吹政治多元化，声称反对“政党垄断”，主张开放党禁，推行多党制，认为政治多元化、多党制是“真正民主的特征”，宣布“在法律范围内行动的所有政治力量自由竞争”，苏共也将在与其他政治力量的自由平等竞争中谋求保持自身的执政党地位，同时苏共党内也可以建立各种政治组织。

5. 一般民主论

戈尔巴乔夫首先是否定国家和民主的阶级性质，鼓吹建立“完全的全民性”的国家，实现“完整的无条件的民主”；强调民主是“改革的实质”，“社会全面民主化”是“现有政治制度变革的纲领”，要求把“社会的民主化提到首位”，并自我标榜是“民主主义者”，要求按照“完全的全民性”原则划分党政权力。其次是吹捧西方国家的议会制和总统制，主张按照三权分立的原则建立美国式的总统制和“全民的法制国家”，在这个法制国家里，将“排除任何阶级、政党、集团、官僚体制的独裁专政”。

6. 社会主义全面改造论

戈尔巴乔夫全盘否定苏共和苏联社会主义建设历史。他指责列宁时期是“恐怖时期”，斯大林时期是“专制独裁时期”，勃列日涅夫时期是“僵化停滞时期”；认为十月革命后建立的社会主义制度在斯大林时期发生了严重的“扭曲”和变形，变成了一种“专横的行政命令体制”的“国家社会主义”“兵营社会主义”“集权官僚模式的社会主义”，这种社会主义使劳动者与生产资料、人和国家政权的关系发生了严重的异化，导致整个社会结构官僚主义化，使党内民主和人民民主受到践踏；认为苏联社会已经形成了一个阻碍社会进步的严重的“障碍机制”，必须对“整个社会大厦进行根本改造”，“从经济基础到上层建筑到精神生活，都要进行彻底改革”；指出要彻底“打碎”和“摧毁”斯大林的“官僚专横制度”，按照民主化和人道主义原则，实现“从专制集中的社会模式向人道的、民主的、以服务于人为社会方向的社会主义过渡”，建设一个“新质态的社会”。

7. 苏共彻底革新论

戈尔巴乔夫认为，苏共已蜕变成了“行政命令体制的核心”，“几十年来只为专横的官僚体制服务”，为此，必须对苏共进行彻底“革新”，并强调对苏共的革新是一切变革的开始。按照戈尔巴乔夫的意见，苏共二十八大通过的《走向人道的民主的社会主义》纲领性声明和新党章对苏共的奋斗目标、性质、指导思想、组织原则进行了全面修改。在奋斗目标上，将“全人类价值”和共产主义理想并列为党的奋斗目标；在指导思想上，批评过去“不允许异己思想存在”的做法，提出“坚决放弃意识形态的垄断主义”，实行指导思想多元化；在党的性质上，规定苏共“不再是某个阶级的党，而是全体人民的党，它代表的不是某个阶级的利益，而是苏联人民的共同利益”。戈尔巴乔夫更明确地宣称：“今天的苏共是一个全民的政治组织”，“起着议会党的作用”；在组织原则上，提出允许开展党内横向组织活动，“不限制党员在辩论过程中按纲领进行横向联合的权利”，“少数人有权在党的各种会议上利用党的舆论工具捍卫自己的立场”。

8. 阶级斗争过时论和全人类价值优先论

戈尔巴乔夫宣称，“用阶级观点对待一切社会生活现象，是马克思主义的初步尝试”。“但是现在，随着大规模杀伤（普遍灭绝）武器的出现”，核毁灭这一“阶级对抗的客观极限”出现了，因而马克思主义的阶级斗争、阶级分析的方法已经过时，战争是政治的继续的观点也已经过时，在核时代条件下，战争不会有胜利者。他认为，应当跨越阶级、国家利益的差别，将全人类的价值放在优先地位。他还明确指出，新思维的核心就是“承认全人类的价值高于一切”，就是从强调阶级立场和阶级利益转到强调全人类利益，主张“抛弃同全民和全人类价值观相对立的简单化的阶级立场”，把实现“没有暴力和战争的世界、社会进步的多样性、为发展和维护文明而进行对话、走向世界新秩序放在优先地位”，甚至主张“从意识形态中消除‘敌人形象’”。

9. 民族分离论

戈尔巴乔夫歪曲列宁的民族自决理论，鼓吹无条件的民族分离和民族自决，主张“坚决抛弃斯大林的、就其实质来说是单一的国家制度模式”，建立新的“主权共和国联盟”的国家制度，“把国家总体建立在协调关系上，各加盟共和国可以享有主权社会主义国家地位的一切权力”。戈尔巴乔夫还要求苏联共产党也按照“主权共和国联盟”的原则进行改造，使各加盟共和国的共产党也拥有自己“实际的主权”，而今后苏共中央与各加盟共和国共产党中央之间的关系，也不再是上下级关系，而是协调协商的关系。

10. 资本主义质变论和东西方亲密合作论

戈尔巴乔夫认为马克思没有充分估计到资本主义的自我完善能力，“没能预测到未来的科技革命可能成为资本主义发展的新的泉源”；声称当代资本主义的所有制性质和社会结构“已发生了重大变化”，政治制度也日益民主化，今天的资本主义已“远不是从前的资本主义了”；主张“排除现代两大社会体系的对抗性，抽象的形而上学的对立”，“从政策中、从意识形态中清除‘敌人形象’”；强调“大家都是地球这条船上的乘客”，人类不会再有“第二艘诺亚方舟”，大家都要“同舟共济”；鼓吹建立“全欧大厦”，建立“从大西洋到乌拉尔的欧洲合众国”，建立一个没有暴力、没有核武器、没有恐惧、没有猜疑的“四无世界”，实现国际关系的民主化和人道主义化。

对于戈尔巴乔夫的人道的民主的社会主义理论，世界舆论评价不一，戈尔巴乔夫自己将其界定为一种既非资本主义又非苏联原先那种社会主义的中间道路。公正地讲，戈尔巴乔夫的人道的民主的社会主义确实有一些进步的、顺应时代发展要求的思考和观点，在苏联东欧这些长期受教条主义和僵化思想束缚的地方，尤其给人一种耳目一新的感觉，所以一时之间产生了很大的轰动效应，赢得了广泛的支持。但是，从总体上看，它不过是第二国际社会党右翼和当代社会党国际的理论观点在新形势下的表现，然而产生的作用和社会效果却完全不同。如果说老牌民主社会主义的理论观点在资本主义条件下对争取劳动群众的权利、改善劳动人民的生活条件还有一点积极作用的话，戈尔巴乔夫的人道的民主的社会主义在苏东国家的实践只能造成这些社会主义国家的全面倒退。随着东欧剧变、苏联解体、苏共解散，以及苏东各国社会主义制度的消失，历史已经给戈尔巴乔夫的人道的民主的社会主义画上了句号，但其中的教训却是极为深刻的。

二、东欧剧变与苏联解体

（一）东欧剧变

在戈尔巴乔夫的大力倡导甚至是强制推动下，戈尔巴乔夫的人道的民主的社会主义思潮在东欧各国也迅速蔓延开来，并逐渐在各国党内占据主导地位。执政多年的共产党（工人党）纷纷抛弃自己过去的信仰，宣布信奉民主社会主义，匈牙利、波兰、保加利亚、民主德国、阿尔巴尼亚等国的共产党（工人党）甚至把党名也改成了社会党或社会民主党，以表示同过去的一切“彻底决裂”。但是，人道的民主的社会主义不但没能解决东欧各国改革和建设面临的难题，反而更加重了这些国家的问题和困难，搞乱了人们的思想，加剧了国内的矛盾和冲突，引发了更大的社会动乱。人道的民主的社会主义的最严重恶果，是搞乱了广大党员的思想，瓦解和分裂了党的组织，极大地削弱了党的战斗力和凝聚力。据不完全统计，仅保加利亚、匈牙利、捷克斯洛伐克、波兰、民主德国 5 个国家，自 1989 年实施人道的民主的社会主义以来一年，各国共产党（工人党）的党员人数就减少了 529 万人，占原有党员总数的 91.2%。东欧各国共产党（工人党）力量的削弱，给各国反对派反党夺权创造了有利条件。自 1989 年以来，东欧各国反对派与西方反共势力遥相呼应、里应外合，利用各国共产党（工人党）内部思想混乱、组织分裂之机，向党和社会主义发动了全面进攻，掀起了一波又一波反共夺权的浪潮。东欧各国共产党（工人党）在反对派的进攻面前，几乎毫无还手之力，完全丧失了对政治局势的控制力和影响力，只能节节退让。先是承认反对派合法，继而宣布党退出军队、退出国家机关、退出企事业单位，然后是分出部分议会席位和政府职务给反对派，直到最后完全交出政权。到 1990 年底，东欧原 8 个社会主义国家，除阿尔巴尼亚共产党继续执政外，其余7个国家的共产党（工人党）或由这些党演变而成的社会党都已全部或大部大权旁落，国家政权多数落到了中右或右翼党团手里，社会主义事业在东欧遭到了严重的失败。

1. 波兰

波兰是东欧第一个倒下的社会主义国家。1988年12月20日，波兰统一工人党十届十中全会在华沙召开。这次全会是波兰统一工人党历史上具有重大转折意义的全会。在国内经济危机和最大反对派团结工会的巨大压力以及戈尔巴乔夫的干预下，波兰统一工人党十届十中全会经过前后两个阶段，进行了差不多一个月的激烈辩论、争论，最后通过了两个具有关键意义的文件：《党内改革是革新和改革战略取得成功的条件》和《关于政治多元化和工会多元化问题的立场》。第一个文件宣布，坚决消除斯大林时期形成的官僚主义——中央集权的政治和经济管理体制的残余，建立议会民主的社会主义国家和以公民社会为基础的社会政治制度，实行立法、行政和司法的三权制衡，放弃党对国家政权的垄断。第二个文件宣称，政治多元化和工会多元化已经成为波兰社会—政治现实的重要部分，中央委员会认为有必要确定政治多元化的新模式。这种模式的实现有利于国家民主与法制的加强，是符合人民愿望和公民共同负责要求的。

这两个文件的通过，表明波兰统一工人党在指导思想上已完全转向戈尔巴乔夫的人道的民主的社会主义，在政治上向团结工会等反对派妥协、投降。根据十届十中全会精神，1989年2月6日，波兰统一工人党同来自波兰国内各党派、天主教会、团结工会和其他反对派的代表57人，在波兰部长会议大厦召开了被称为历史性妥协的圆桌会议。经过近两个月的艰苦谈判，会议通过了三个文件：关于工会多元化的立场；关于政治体制改革的原则；关于社会和经济政策及体制改革问题的立场。根据文件，波兰政府同意团结工会重新登记合法化，团结工会则保证“遵守宪法，不成为政党，不破坏社会安定，不非法接受西方援助”，波兰的政治体制将实行议会民主，增设参议院，实行总统制。圆桌会议还就第十届议会的议席分配达成了协议。协议规定，议会议席的35%（161票）归反对派，65%（299席）归波兰统一工人党及其盟友；参议院的100个席位则通过自由选举产生。

圆桌会议结束的第三天，即4月7日，波兰议会即通过了宪法修正案、工会法修正案、议会选举法、参议院选举法、农会法、结社法等6项法案，从法律上肯定了圆桌会议的成果。波兰圆桌会议的召开和它通过的历史性决议，不仅根本改变了波兰的历史进程，而且对东欧其他社会主义国家造成了巨大冲击，为这些国家走向政治多元化和多党制开了先河。

按照圆桌会议协议，1989年6月4日和18日，波兰第十届议会选举和参议院选举分别如期进行。选举前，团结工会等反对派在西方经费、舆论的大力支持下十分活跃，做了大量造势工作，势头完全压倒了以波兰统一工人党为首的执政联盟。反观波兰统一工人党，在团结工会咄咄逼人的进攻面前，毫无反击之力，完全丧失了斗志，许多党员表现消极，甚至丧失立场，把票投给了反对派领导人，使得波兰统一工人党在选举中遭到惨败。在6月4日的议会选举中，以波兰统一工人党为首的执政联盟在按比例分配的299个席位中只得到2席；其在6月18日举行的参议院100个席位的自由选举中甚至未获一席。以团结工会为首的反对派却在按比例选举的议会选举中获得了分配给它的161个席位中的160席，在自由选举的参议院选举中获得了100个席位中的92席。

波兰统一工人党6月大选失败后，党内弥漫着“冷漠、消极、失望、丧失信心”的情绪，党员在册人数由300万人减少到不足

200万人，剩下的也大多悲观失望，一盘散沙。波兰统一工人党中央第一书记拉科夫斯基认为这是强加于波兰的苏联模式在大范围内遭到失败造成的，因此他建议结束波兰统一工人党的活动，重新建党。1990年1月27日，波兰统一工人党召开第十一次代表大会。1月29日，大会通过了《关于波兰统一工人党停止活动的决议》，决定建立一个新党，新党叫作波兰共和国社会民主党。大会通过的《波兰共和国社会民主党宣言》和党章摒弃了民主集中制、无产阶级专政和共产主义等词句，宣布把“实现民主社会主义”作为奋斗目标，主张推行议会民主制和多党制，“使波兰成为自由的、平等的、团结的人们的祖国，成为一个社会公正的国家”。但是波兰统一工人党改名重建也无法挽救其失败的命运，加入新党的波兰统一工人党党员只有不足5万人，另有少部分党员准备建立其他政党，但人数更少。面对以团结工会为首的反对派的猛烈进攻，波兰统一工人党根本毫无还手之力。

1989年9月12日，以马佐维耶茨基为首的第一届团结工会政府成立，这是40年来在东欧建立的第一个非共产党政府。按照圆桌会议协议，原波兰统一工人党总书记雅鲁泽尔斯基仍担任共和国总统，新成立的团结工会政府中仍有4名原波兰统一工人党党员，波兰统一工人党还没有完全被排除在政权之外。但马佐维耶茨基政府成立后，根本置圆桌会议协议于不顾，在政治上疯狂反攻倒算。1989年12月29日，波兰议会通过宪法修正案，将波兰人民共和国改名为波兰共和国，国徽由红底白鹰改为红底戴王冠的白鹰，即恢复波兰以前的国名和国徽。1990年4月5日，波兰议会决定，把波兰的国庆节由7月22日改为5月3日，即波兰过去的国庆节日。1990年7月6日，马佐维耶茨基对政府进行改组，波兰统一工人党仅剩的4名部长3人被解除职务。这一系列措施，都旨在彻底消除波兰人民共和国成立以来的历史痕迹和波兰统一工人党的政治影响。1990年12月，波兰提前举行总统直接选举。经过两轮投票，瓦文萨当选为波兰共和国总统。至此，波兰统一工人党被彻底赶出了波兰政权。

2. 匈牙利

匈牙利是继波兰之后东欧第二个垮掉的社会主义政权。与波兰不同的是，匈牙利社会主义工人党的倒台，主要是匈牙利社会主义工人党内部围绕是否为1956年“纳吉事件”（以下称1956年事件）平反和是否实行多党制而产生分裂造成的。在戈尔巴乔夫的影响和支持下，匈牙利社会主义工人党内部从1988年起就出现了一股强大的为1956年事件和纳吉平反的思潮。在1988年5月匈牙利社会主义工人党全国代表会议上，匈牙利社会主义工人党中央高层的大换班和卡达尔的去职为这股思潮的迅速壮大扫清了最后障碍。1989年2月10—11日，匈牙利社会主义工人党中央全会就1956年事件作出决议，决议称1956年事件是一次“真正的起义，人民的起义”，在这场起义中民主社会主义力量发挥了重要作用，但也混入了一些“企图复辟的力量、社会渣滓和声名狼藉的分子”；肯定了这场起义前半期是“人民起义”，后半期“反革命行动增多”。1989年6月14日，匈牙利政府就重新安葬纳吉等人发表声明，称赞“纳吉·伊姆雷是杰出的国家领导人”，“纳吉及其拥护者的思想以及所追求的具有民主、人道和民族特色的目标是现今匈政府政策的最重要的组成部分”。

在就是否为1956年事件和纳吉平反发生分歧的同时，匈牙利社会主义工人党内部就是否实行政治多元化和多党制的分歧也在进一步加剧。1988年5月匈牙利社会主义工人党全国代表会议通过了在坚持党的领导下实现社会主义多元化的方针，但激进派要求的不是坚持党的领导下的社会主义多元化，他们要求的是彻底的政治多元化和多党制。因此，5月全国代表会议后，匈牙利社会主义工人党内围绕是否实行多党制的分歧和斗争更加尖锐起来。以波日高伊为代表的激进派主张尽快实行多党制和确立三权分立的西欧型议会民主；以时任匈牙利社会主义工人党总书记的格罗斯为代表的“团结革新派”则强调在一党制条件下发挥党的领导作用，但他也作出了退让，认为“从法律上说，我们不能否认匈牙利也可以存在多党制”。1989 年 2 月 11 日，匈牙利社会主义工人党中央全会公报正式宣告：“中央委员会决心继续深化政治体制改革。它深信，在匈牙利特定的情况下，政治体制多元化可以在多党制的范畴内实现。”虽然格罗斯这时仍然强调即便实行了多党制，匈牙利社会主义工人党也应继续发挥领导作用，必须坚持马克思主义的指导思想，但毕竟多党制的大门已经打开，之后匈牙利的政治局势如何发展，就再也不是格罗斯等人所能够控制的了。

匈牙利社会主义工人党中央同意实行多党制后，匈牙利的各种反对党和政治团体如雨后春笋一样涌现出来，其中主要有民主论坛、自由民主者联盟、青年民主者联盟、社会民主党、独立小农党、基督教民主人民党等。1989 年 4 月 8 日，这些反对派组织成立了名为“反对派圆桌会议”的联合组织，同匈牙利社会主义工人党所倡议的“民族圆桌会议”对抗。

政治多元化和多党制不仅在社会上催生出了大量反对党，而且助推了匈牙利社会主义工人党党内各种流派的产生，名目繁多的党内反对派组织出现了。其中自称主张彻底改革的激进派力量于 1989 年 5 月成立了改革俱乐部，组织遍布全国，成员主要是知识分子，人数为十几万人，主张用“民主社会主义的纲领彻底更新党”。改革俱乐部的主张和行动得到了匈牙利社会主义工人党党内高层领导波日高伊、内梅特和霍恩等人的支持。到 1989 年 9 月，改革俱乐部实际上已经成为党内最强大的一股政治势力。8 月 19 日，匈牙利社会主义工人党中央发表了《匈牙利社会主义工人党纲领宣言（草案）》。

该文件宣布，党的最主要目标是“和平地、渐进地向民主社会主义过渡”；“党首先同斯大林主义一切变种划清界限”；党“信奉左翼社会党人和人道主义的思想”；党“将以民主社会主义的纲领为全民族并同社会一道探索摆脱危机的出路”。该文件的通过和发布，表明激进派已在匈牙利社会主义工人党内占据主导地位，民主社会主义已经成为匈牙利社会主义工人党的指导思想。到这时，匈牙利社会主义工人党的分裂和失败，实际上已经不可避免了。

1989 年 10 月 6—10 日，匈牙利社会主义工人党非常代表大会召开。出席大会的代表共计 1276 人，代表当时在册的匈牙利社会主义工人党 72 万名党员。大会就是否更改党名、制定新的党纲党章以及进行组织人事安排等问题发生了激烈争论，一项决议往往要表决几次才能通过。经过激烈交锋，最后改革派联盟的主张获得了胜利。大会最后通过了把匈牙利社会主义工人党改建为社会党的决议。决议指出，“作为国家党的匈牙利社会主义工人党的历史业已结束。为了全面、彻底地进行社会、经济和政治复兴，在此基础上建立新党是必不可少的。……这个新党同时将自己视为匈牙利社会主义工人党内历次改革事业的继承者。它毫无保留地承认人类发展的普遍价值、人道主义、自由、民主和尊重创造价值的劳动。”大会接着又通过了新党的纲领和章程。新的纲领称：“党首先要同斯大林主义和新斯大林主义的所有变种划清界限”；党的目标是“民主社会主义”，建立“以混合经济所有制、社会市场经济的自治体制为基础的多党议会民主”。新的党章规定，“匈牙利社会党是靠自己劳动而获得收入者、小经营者、匈牙利族和其他民族同胞的党”，不再提坚持马克思主义指导思想以及为工人阶级和劳动人民服务，从而改变了党的性质。

匈牙利社会党成立后，遭到以原社会主义工人党总书记格罗斯为首的一部分党员的反对，他们号召“重新组织一个工人、农民和知识分子团结的马克思主义政党，以便捍卫40年来以巨大牺牲为代价所取得的成果，战胜令人窒息的危机和探索通向发展社会主义思想的道路”①。1989年12月18日，格罗斯等人重新组织召开匈牙利社会主义工人党十四大，有4万多名原社会主义工人党党员表示愿意加入重组的匈牙利社会主义工人党。至此，原拥有72万名党员的匈牙利社会主义工人党分裂为各自拥有4万～5万名党员的匈牙利社会党和重组后的匈牙利社会主义工人党。

匈牙利社会党成立后一星期，匈牙利国会通过了宪法修改案，将匈牙利人民共和国改名为匈牙利共和国，同时取消了宪法关于马克思主义政党的领导作用的条款。1990年3月25日和4月8日，匈牙利分两轮举行了多党制实行后的第一次全国自由大选。全国登记注册的52个政党中有19个参加了竞选。经两轮选举，以民主联盟为首的反对党大获全胜，共获得83.42％的选票，其中民主论坛得票42.75％；而社会党仅得票8.55％，社会主义工人党得票不足4％。根据选举结果，由民主论坛负责组阁。5月2—3日，新国会举行首次会议。会议选举自由民主主义者联盟的根茨·阿尔巴统为国会主席，并由其代理总统职务，然后由其授权民主论坛主席安托尔·约瑟夫组阁，成立由民主论坛、独立小农党和基督教民主人民党组成的联合政府，匈牙利社会党和匈牙利社会主义工人党被完全排除在联合政府之外。至此，匈牙利继波兰之后成为东欧第二个倒台的社会主义政权。

3. 民主德国

波兰、匈牙利的变化迅速波及东欧其他社会主义国家。从1989年8月开始，民主德国政局迅速恶化，各种示威游行不断，大批公民涌向联邦德国。9月，民主德国最大反对派组织“新论坛”成立，其要求开放党禁和参加议会选举。10月7日，戈尔巴乔夫出席民主

① 转引自刘祖熙：《东欧剧变的根源与教训》，东方出版社1995年版，第479页。

德国成立40周年庆祝大会并与民主德国统一社会党总书记昂纳克会谈，强调社会主义现在需要进行“第二次呼吸”。同日晚，数千名民主德国青年在会场不远处游行示威，高喊“民主”“自由”“戈尔比（戈尔巴乔夫）救救我们”。面对国内外、党内外的巨大压力，昂纳克态度坚决，断然拒绝同反对派组织举行任何会谈和革新党的建议。他在民主德国成立40周年庆祝大会上讲话指出：民主德国已是世界十大发达工业国之一，生活水平近乎居于世界第二十四位。民主德国将以各种形式继续推进社会主义民主，它不需要那些“改进社会主义的建议，这种建议实际上是要置社会主义于死地”。但是，昂纳克的态度在民主德国统一社会党内没有得到多数支持，民主德国局势继续恶化。10月18日，民主德国统一社会党中央委员会召开第九次会议，昂纳克被迫辞职，会议选举克劳茨为民主德国统一社会党总书记。克劳茨上台后对反对派和党内激进派作了一系列让步，包括放宽对新闻和旅游的限制，承认“新论坛”等反对派组织合法，开放“柏林墙”，允许公民自由出境，同意反对派参加选举，组建联合政府，等等。但克劳茨的让步并没有换来他希望的反对派的谅解和稳定，反而更加剧了国内的动荡。12月17日，民主德国统一社会党召开特别代表大会，大会决定将党更名为德国统一社会党——民主社会主义党，翌年2月4日再次将之改名为民主社会主义党。特别代表大会通过的新党纲和新党章宣布：党的目标“是在德国建设一个新的‘人道主义的、民主的社会主义’”；党的“基本价值是和平、团结、环境保护、社会公正、民主和社会主义多元化”；党不再是“阶级政党，而是坦诚地对待人民中所有赞成建立一种具有社会正义和人与人之间相互团结的关系的社会力量”；“它既不打算成为一个阶级的先锋，也不想成为一个阶层的先锋。它不谋求对权力的垄断，也没有对真理进行垄断”。但是，民主德国统一社会党的全面退让依然未能挽救其失败的命运。1990年3月18日，民主德国举行自由选举，民主社会主义党在大选中失败，基督教民主联盟上台执政。同年10月3日，两德实现统一。至此，民主德国不但社会主义事业遭受失败，甚至国家也不复存在。

4. 捷克斯洛伐克

捷克斯洛伐克的剧变是从1989年11月人民群众要求为1968年“布拉格之春”改革运动平反的活动迅速扩大化开始的。自1968年8月捷克斯洛伐克的“布拉格之春”改革运动被以苏联为首的华约国家武装干涉中止后，捷克斯洛伐克党内国内就一直没有停止过为1968年事件平反的呼声。对于党内国内要求为1968年事件平反的呼声，捷共领导一直持冷漠和拒绝态度。但是，随着苏联、波兰、匈牙利等国局势的发展以及这些国家党内高层包括戈尔巴乔夫对1968年事件的反思和检讨，捷克斯洛伐克国内要求为1968年事件平反的呼声在进入1989年以后迅速高涨，但以捷共总书记雅科什和捷克斯洛伐克总统胡萨克等人为首的捷共高层鉴于波兰、匈牙利等国的教训，仍不愿对反对派妥协。局面僵持到1989年底，随着波兰、匈牙利和民主德国的剧变，捷共领导人处境更加困难。捷克斯洛伐克的最大反对派组织“七七宪章”宣称，捷克斯洛伐克当局“越来越孤立”，“末日已经临近”；号召在全国举行更大规模的示威游行和罢工罢课，继续给当局施加压力。11月19日，“七七宪章”等12个反对派组织宣布实行联合，成立“公民论坛”，组成全国委员会，由“七七宪章”创始人之一哈维尔负责，由他直接组织和指挥反对派的所有活动。11月26日，“公民论坛”发表政治纲领，谴责捷共垄断国家所有重要位置，致使社会瘫痪、人权遭到破坏，要求捷共放弃在国家中的领导地位，使捷克斯洛伐克成为“民主法制的国家”。面对反对派咄咄逼人的进攻，捷共领导层开始发生分化。捷共总书记雅科什等人坚持强硬立场，强调绝不能拿原则做交易，坚决要同反对派作斗争，但另一些捷共领导人如莫霍里塔、阿达麦茨等却主张同反对派进行“坦诚的民主对话”，甚至参加反对派的集会。

11 月 23 日，“公民论坛”在布拉格组织了 30 万人的大示威，并呼吁于 11 月 27 日举行全国总罢工。面对严峻的形势，捷共中央于 11 月 24 日召开了非常全会，为平息党内的分歧，维护党的团结，雅科什等人表示主动辞职。全会选举 48 岁的乌尔班内克为总书记，主席团也进行了大改组。乌尔班内克上台后对反对派作出了一些让步，承诺同所有尊重宪法的人对话；改组政府，吸收其他党派和非党人士参加；各政党和社会组织权利平等；起草新宪法，起草集会、结社和请愿法；等等。11 月 29 日，捷克斯洛伐克联邦议会修改宪法，取消了有关共产党领导作用的条款。12 月 3 日，捷克斯洛伐克联邦政府改组，吸收了 5 名非党人士参加。但反对派根本不买捷共退让的账，认为这些都是表面文章，要求更加彻底地改组政府。与此同时，反对派的游行示威和其他抗议活动一直没有断过，继续给捷共施加压力。迫于压力，捷克斯洛伐克总统胡萨克任命党内所谓“革新势力”的代表、原政府第一副总理恰尔法组建“民族谅解政府”。在恰尔法的“民族谅解政府”中，有其他党派和无党派人士 11 人、捷共党员 10 人，捷共第一次在政府中居于少数。不久，恰尔法和一些捷共党员部长宣布退出捷共，捷共党员在联邦政府中只剩下 3 人，同时联邦议会中的捷共党员也从 68%下降到 40%以下。在此期间，捷共中央主席团已停止了党组织在军队、边防和检察院等的活动，全国有 3000 多个党的基层组织解散，7 万多名党员退党。捷共实际上已处于瓦解状态。在此严峻形势下，捷共于 12 月 20—21 日召开了非常代表大会。大会决定取消现行党章，为 1968 年事件彻底平反，为当时所有受害者恢复名誉，通过了《争取捷克斯洛伐克的民主社会主义社会》的行动纲领，宣称捷共致力于建立民主社会主义社会，旗帜鲜明地同党的和社会的苏联模式决裂，

“摈弃对马克思主义理论的歪曲”，放弃任何形式的思想“教条”和“垄断”，支持实行政治多元化，主张在各政治力量和团体平等参与下建立基于代表比例制的民主选举制度。但是，捷共的这些措施同样没能挽救其失败的命运。12 月 28 日，已退出捷共的杜布切克当选为捷克斯洛伐克联邦议会主席。12 月 29 日，“公民论坛”的负责人哈维尔当选为捷克斯洛伐克联邦共和国总统。1990 年捷克斯洛伐克举行 40 多年来的第一次自由大选，“公民论坛”大获全胜，哈维尔再次当选捷克斯洛伐克联邦共和国总统并授权已退出捷共的恰尔法重新组阁，捷共被彻底排除出政府之外。就这样，执政 40 多年的捷克斯洛伐克共产党，在短短一个多月的抗议示威和罢工浪潮的冲击下，迅速丢掉了政权，成了在野党。之后，捷克斯洛伐克分裂为捷克共和国、斯洛伐克共和国两个国家，捷克斯洛伐克共产党也随之解散。

5. 保加利亚

保加利亚曾经一直是东欧国家中政局比较稳定的国家。但在波匈剧变的冲击下，保加利亚也在 1989 年末激烈动荡起来。1989 年 10 月 20 日，保加利亚开始出现“支持工会”“生态公开性组织”“争取人权独立协会”等持不同政见者组织。10 月 21 日至 11 月上旬，持不同政见者组织连续在首都索非亚举行集会，要求政府承认它们合法，改革政治体制，放宽舆论，举行公民投票等。11 月 10 日，保加利亚共产党中央召开全会。全会免除了执政达 35 年之久的日夫科夫保共总书记职务，同时建议国民议会解除他的国务委员会主席职务；选举佩·姆拉德诺夫担任保共总书记。姆拉德诺夫担任保共总书记后一两个月，连续召开了多次中央全会和十余次政治局会议，大力纠正过去的冤假错案，大力改组中央领导机构，取消领导干部的特权，审查日夫科夫等人的违法犯罪行为，开除日夫科夫父子和其亲信的党籍，积极开展与社会各界的对话，以求挽回党的威信和增强社会主义的凝聚力。1990 年 2 月，保共召开第十四次非常代表大会。大会通过了保共《民主社会主义宣言》和新党章。《民主社会主义宣言》宣称，保共当前面临的主要任务是“进行非斯大林化和建立新型的现代的马克思主义政党”即民主社会主义的党，为建立“人道的民主的社会主义社会”而奋斗。大会还决定就保共改名征求全党意见。同年 4 月，根据保共全体党员投票结果，保加利亚共产党正式改名为保加利亚社会党。

在保共竭力改革自保的同时，保加利亚国内各反对派组织亦加强了对保共的进攻。1989 年 11 月保共中央全会后，保加利亚一下出现了 100 多个政党和组织。为了集中力量反对它们最大的敌人——保加利亚共产党，反对派组织中最大的十余个组织于 12 月联合成立了民主力量联盟，以求同保共抗衡。民主联盟成立后一方面继续在全国各地举行声势浩大的群众集会给政府施压，另一方面公开提出自己的政治主张，要求实行多党制，取消宪法中关于保共领导地位的条款，甚至公开喊出“打倒共产党”“打倒社会主义”的口号。在反对派的压力下，以保共为一方、以民主联盟为另一方的“圆桌会议”于 1990 年 1—4 月在保加利亚国民议会大厦举行，经过两个多月会内会外的反复较量，会议最后就宪法修改、政党法和大选日期达成妥协。根据“圆桌会议”精神，保加利亚国民议会随后对宪法进行了修改，删去了有关保共领导地位和社会主义的词句，规定在保加利亚实行总统制；通过了政党法，规定在保加利亚实行多党制；选举时任保加利亚国务委员会主席的姆拉德诺夫担任保加利亚首届总统，决定在 6 月 10 日举行大国民议会选举。

之后，保加利亚两派围绕六月大选展开了激烈的斗争。斗争的结果是由保共转变而来的保社会党一方获胜。保社会党共获得大国民议会 52.75%的席位，民主联盟获得 36%的席位，其他席位为一些独立参选的小党获得。但民主联盟不甘心失败，拒不承认选举结果，宣称选举有诈，要求总统姆拉德诺夫辞职，这在全国掀起了又一轮罢工罢课和示威游行的浪潮。1990年7月，保加利亚社会冲突升级，姆拉德诺夫被迫辞去总统职务。8月，在等各党派协商的基础上，大国民议会选举民主联盟的领导人热列夫为新总统，但新政府仍由保社会党组阁。民主联盟等反对派仍然不甘心，百般抵制、诋毁和阻挠社会党政府的施政措施和施政纲领，使得保社会党组阁后步履维艰，不得不继续退让。12月下旬，由无党派法官波波夫组建的和平过渡政府成立。过渡政府共有19名成员，其中无党派人士7人，社会党党员6人，民主联盟成员4人，农民联盟成员2人。1990年7月，保加利亚新宪法获保加利亚大国民议会多数通过。新宪法规定保加利亚实行三权分立和政治多元化原则，不以任何政党的意识形态为国家的意识形态；规定共和国总统由全民直选产生，成立宪法法院，以保障宪法的执行。新宪法通过后，大国民议会随即解散，经各党派协商，定于同年10月召开新一届国民议会和进行总统选举。在酝酿选举过程中，保加利亚各大政治力量不断分化组合，保社会党也没能幸免，其内部出现了十余个派别组织，进一步削弱了保社会党的力量，使得保社会党在选举中以微弱劣势(33.1%)输给了民主联盟（运动派）(34.6%)。选举结束后，由民主联盟为主组成了协调委员会主席迪米特洛夫为总理的新一届政府，至此，保加利亚总统、议会主席、政府总理完全落在了民主联盟手中，保社会党彻底丧失了保共执掌46年之久的政权，成为在野党。

6. 阿尔巴尼亚

阿尔巴尼亚是东欧最贫穷落后的一个国家。在铁腕人物恩维尔·霍查的高压治理下，阿尔巴尼亚长期处于封闭孤立状态，然而1989—1990年的东欧剧变也不可避免地波及阿尔巴尼亚。自1990年7月起，阿尔巴尼亚开始爆发难民潮，一批又一批阿尔巴尼亚公民特别是青少年强行逃向国外。从1990年7月到1991年8月，仅逃向国外的青少年就有近30万人，占了阿尔巴尼亚青少年总数的30％～40％。与难民潮同时发生的是学生罢课、工人罢工和街头集会。成千上万的学生、工人、市民涌向街头，高呼打倒霍查，呼吁政改，阿尔巴尼亚全国形势迅速陷入动荡不安和急剧变化之中。为了平息人民的愤怒和稳定局势，阿尔巴尼亚劳动党于1990年12月11日召开九届十三中全会，决定允许成立独立的政治组织，这实际上结束了阿尔巴尼亚解放以来坚持的劳动党一党独存的局面，允许实行多党制。就在阿尔巴尼亚劳动党允许成立独立的政治组织的第二天，阿尔巴尼亚第一个反对党民主党宣告成立。该党成立后便联合全国各地的反对派在全国发起了一系列反对阿尔巴尼亚劳动党的活动，目的是推翻阿尔巴尼亚劳动党，建立反对派政府。面对反对派的进攻和施压，阿尔巴尼亚劳动党被迫同意于1991年3月31日提前举行人民议会换届选举，这是阿尔巴尼亚解放以来的第一次多元差额选举，也是一场阿尔巴尼亚劳动党与民主党之间夺权与反夺权的较量。选举结果，在全部250个议席中，劳动党得到169个，民主党得到75个，劳动党取得了胜利，组建了以法·纳诺为首的劳动党政府。但民主党并不甘心失败。它联合支持它的独立工会于1991年5月16日发起了全国总罢工，要求成立多党联合政府和提前举行议会大选。这次席卷全国各地的大罢工导致了阿尔巴尼亚首都地拉那和全国主要城市工厂停产，交通中断，报纸停刊，食品和能源供应陷入困境，国家生活几乎陷入瘫痪。在罢工和绝食的双重压力下，阿尔巴尼亚劳动党不得不屈服，于6月3日宣布以法·纳诺为首的政府辞职，另组各党参加的新政府，这实际上结束了解放以来阿尔巴尼亚劳动党一党执政的历史。6月10—13日，阿尔巴尼亚劳动党召开十大，决定改名为阿尔巴尼亚社会党，宣布“放弃马克思列宁主义作为党的指导思想”，宣布自己是“欧洲民主社会主义理想的党”。但是，阿尔巴尼亚劳动党的妥协、退让以及改名换姓仍然没有挽救得了自己失败的命运。1992 年 3 月，阿尔巴尼亚再次提前举行人民议会大选，结果民主党在议会 140 个议席中赢得 92 个议席，约占全部议席的 65.7%，赢得了选举的胜利，上台执政，而阿尔巴尼亚社会党被排斥在了政权之外，沦为在野党。

7. 罗马尼亚和南斯拉夫

在东欧 8 个社会主义国家中，罗马尼亚和南斯拉夫的剧变情况比较特殊。罗马尼亚是通过类似于一场军事政变的方式导致罗马尼亚共产党（简称“罗共”）下台、组织解体的，南斯拉夫则是因为民主化、多党制催发的民族分裂主义浪潮导致南共分裂、国家解体、政权易帜的。罗共领导人齐奥塞斯库是东欧各国共产党（工人党）领导人中唯一公开批评戈尔巴乔夫改革思想的人，他对 1989 年以来席卷东欧各国的民主化、多党制浪潮持坚决抵制态度。1989 年 11 月，罗共召开十四大。大会着重强调了四个问题：加强党的领导作用，重申罗共是全民族的政治领导力量；加强思想政治教育，反对放弃阶级斗争；坚持社会主义公有制和按劳分配原则，反对任何私有化改革；加强国家对国民经济的统一领导，反对搞市场经济。齐奥塞斯库在大会讲话中严厉批评了一些共产党内的改良主义者、革新家借革新和完善之名，行修正主义之实；指责他们否认计划经济、恢复市场经济是放弃了社会主义原则，是企图动摇社会主义而回到资本主义道路上去；批评那些鼓吹削弱党的领导、淡化党的意识形态的理论是向资本主义投降，是反社会主义、反共产主义和反科学的。但是，齐奥塞斯库的强硬立场并没能挡住东欧剧变对罗马尼亚的冲击和影响。罗共十四大结束后不久，1989 年 12 月 16 日罗马尼亚西南部城市蒂米什瓦拉便爆发了反政府的示威游行。游行群众喊出了“打倒齐奥塞斯库”的口号，并焚烧了他的照片和著作。示威者还与警方发生了激烈冲突，在冲突中警方使用了高压水龙和步枪，造成了一定的人员伤亡。齐奥塞斯库对蒂米斯瓦拉发生的骚动刚开始没有给予足够重视，仍然按原计划于18日启程前往伊朗进行国事访问。后见情况不对，齐奥塞斯库于20日中断访问提前回国，随即宣布对蒂米斯瓦拉实行紧急状态。21日，齐奥塞斯库在首都召开群众大会，谴责蒂米斯瓦拉事件是西方帝国主义分子、间谍和民主主义分子的阴谋，企图颠覆罗马尼亚人民政权。齐奥塞斯库本以为人民会响应他的号召，团结到以他为首的罗共周围，不料反而引发了反对他的大规模示威游行。仓促之下，齐奥塞斯库下令出动军队镇压，但却引发了部分军队的倒戈。当晚，首都爆发了支持齐奥塞斯库的军队与反对齐奥塞斯库的军队的激烈枪战。战斗持续到22日，反对齐奥塞斯库的军队逐渐控制了局势。22日中午，齐奥塞斯库夫妇仓皇出逃，于当晚被捕。22日晚，以罗共前中央委员会书记扬·伊利埃斯库为代表的部分党政军官员宣布成立“救国阵线”，接管全国政权。23日，“救国阵线”发布十大纲领，包括：取消一党制，建立多党制；在翌年4月举行自由选举；实行三权分立；将罗马尼亚社会主义共和国改名为罗马尼亚共和国；制定新宪法；取消中央集权经济；发展多种所有制成分经济；等等。25日晚，特别军事法庭进行秘密审判，判处齐奥塞斯库夫妇死刑，并立即执行。1990年5月，罗马尼亚举行大选，“救国阵线”主席伊利埃斯库当选为罗马尼亚共和国第一届总统，罗马尼亚共产党在经过这一系列事件之后，悄然自行解体，停止了活动。

南共联盟在领导南斯拉夫人民抵挡苏联的压力和西方的诱惑，探索更加符合本国国情和更能体现社会主义基本价值的社会主义发展道路上曾经取得很大成绩，得到了南斯拉夫各民族群众的热烈拥护和坚定支持，使得南共联盟在南斯拉夫各族群众中拥有相当广泛而坚实的基础。但是进入20世纪80年代后，南斯拉夫经济开始出现危机，与西方国家已经缩小的差距又在逐渐拉大，而南共联盟作为唯一执政党长期未能扭转局势，造成党的威信下降，党员人数减少，更是给一些持不同政见者鼓吹自由化、多元化提供了可乘之机。1988年末至1989年初，较为发达的斯洛文尼亚、克罗地亚、塞尔维亚、伏伊伏丁那等，先后成立了许多政治组织和协会。它们有的宣布参加南斯拉夫劳动人民社会主义联盟（统一战线组织），在内部与南共联盟争夺群众；有的宣布不参加社会主义联盟，不承认南共联盟在思想上和政治上的引导作用，公开与南共联盟唱对台戏。在东欧邻国的影响下，南共联盟内部也出现了大量支持实行政治多元化和多党制的呼声，有的共和国共盟，如斯洛文尼亚共盟，甚至出台了支持取消一党制、实行多党制的正式文件。在内外双重压力下，南共联盟于1989年10月21日召开第二十八次中央全会，决定把多党制引进南斯拉夫政治生活。1990年7月25日，南斯拉夫联邦议会通过了《政治结社法》，正式实行多党制。在此之前，各共和国也制定了类似的法律。实行多党制后，南斯拉夫各地一下子出现了数百个大大小小的政党，战前在政治舞台上起过重要作用的党派、具有保皇色彩和宗教色彩的团体也纷纷复活，大肆开展活动。特别是各种民族主义政党，打着代表和维护本民族利益的旗号，大肆宣扬民主沙文主义，煽动民族仇恨，鼓动民族分离情绪。甚至联邦总理马尔科维奇也自立门户，成立了南斯拉夫改革力量联盟。与此同时，各反对党纷纷要求取消宪法中关于南共联盟地位的规定，取消共盟在企业、机关、军队中的组织，实现“企业非政治化”“国家机关非政党化”“军队国家化”。

面对反对派的进攻，本该团结一致的南共联盟此时爆发了严重分歧。以斯洛文尼亚共盟和克罗地亚共盟为代表的一派认为各共和国共盟应该是独立自主的政治组织，主张在南共联盟内部取消民主集中制，将南共联盟变成“联盟的联盟”。1990年1月，南共联盟召开第十四次代表大会。大会的主旨本来是讨论如何应对经济危机和抵御反对派的进攻，但由于斯洛文尼亚共盟要求把南共联盟改组成为“联盟的联盟”的动议没有被大会通过，斯洛文尼亚共盟集体退出代表大会，使大会准备好的文件无法通过，会议被迫中断。斯洛文尼亚共盟退出代表大会后，于1月23日发表声明，冻结与南共联盟的关系，宣布南共联盟十四大的决议对它无任何约束力。2月11日，克罗地亚共盟也宣布，只有在南共联盟放弃民主集中制并允许党内存在政治竞争倾向的条件下，克罗地亚共盟才能留在南共联盟内。至此，南共联盟作为维护南斯拉夫联邦统一和民族团结的核心力量，实际上已经分裂。直至1991年1月完全解体，南共联盟再没能成功地以一个统一的组织形式开展活动，行使权利。

就在南共联盟内各共和国共盟为闹独立争得不可开交之际，南斯拉夫联邦各共和国反对党加快了争夺各共和国政权和争取各共和国独立的步伐。1990年是南斯拉夫的选举年，按惯例应在4月进行联邦议会选举。但联邦议会选举因遭到各反对党的抵制没能如期举行，而各共和国的选举却如火如荼地开展起来。在1990年各共和国的选举中，除塞尔维亚共盟（后改名为塞尔维亚社会党）和黑山共盟（后改名为黑山社会主义者民主党）在选举中获胜保住了政权外，斯洛文尼亚共盟（已改名为斯洛文尼亚共盟—民主改革党）、克罗地亚共盟（已改名为克罗地亚共盟—民主改革党）、波黑共盟（已改名为波黑共盟—社会民主党）、马其顿共盟（已改名为马其顿共盟—民主改革党）均遭到失败，沦为在野党。各共和国反对党上台执政后进一步加快了独立步伐。1990年，斯洛文尼亚举行全民独立公投，94%的投票人赞成独立。1991年5月19日，克罗地亚举行全民独立公投，94%的投票人赞成独立。1991年6月25日，斯洛文尼亚和克罗地亚正式宣布独立。1991年9月8日，马其顿举行全民独立公投，74%的投票人赞成独立。同年11月20日，马其顿共和国议会宣布独立。1992年2月29日和3月1日，波斯尼亚和黑塞哥维那举行独立公投，99.43%的投票人赞成独立。同年3月3日，波黑议会宣布独立。在4个共和国先后宣布独立和分离出去的情况下，剩下的塞尔维亚和黑山两个共和国组成新的南斯拉夫联盟共和国。至此，由铁托在1943年创立的南斯拉夫联盟共和国一分为五，彻底瓦解。

（二）苏联解体

东欧剧变的同时，苏联国内形势也日益恶化。1990年是戈尔巴乔夫在苏联正式实施人道的民主的社会主义的第一年，同时也是苏联局势逐渐失控而走向彻底崩溃的开端。

一是各种各样的反对派组织如雨后春笋般在全国猛然崛起，迅速发展成为一股难以控制的力量。自1988年起，苏联就出现了大量未经政府批准的“非正式组织”，如“公民尊严”“民主联盟”“无政府工团主义联盟”“莫斯科人民阵线”等等。在1989年戈尔巴乔夫提出“民主化”和“政治多元化”后，这些“非正式组织”发展到6万多个。在1990年正式开始实施人道的民主的社会主义并允诺实行多党制和同意各“非正式组织”登记合法后，不但这些“非正式组织”纷纷从地下走向前台，有的还发展成为政党，数量更是上升到9万多个，甚至一些在十月革命后被取缔的反动组织如“社会革命党”“立宪民主党”也死灰复燃，公然登上了苏联的政治舞台。这些反对派组织性质庞杂，其中1万多个带有政治色彩，900多个具有政党性质，其领导人大多是持不同政见者、人权活动分子和民族主义者。大多数政治性组织主张实行多党制和议会民主，很多组织的纲领和活动具有明显的反对苏共、反对社会主义制度和反联盟中央的性质。这些组织成立后，向苏共和联盟中央发动了疯狂的进攻，它们在1990年春夏举行的地方苏维埃选举中，同苏共的地方组织和基层组织展开了激烈的夺权斗争，而苏共许多地方组织和基层组织在选举中遭到失败，政权落在了反对派手中。5 月，叶利钦当选为俄罗斯联邦最高苏维埃主席，他的盟友波波夫和索布恰克亦同时当选为莫斯科和列宁格勒的苏维埃主席。此外，立陶宛、爱沙尼亚、拉脱维亚、亚美尼亚、格鲁吉亚、乌克兰、摩尔多瓦等的反对派也通过选举“和平”地夺取了政权。苏联国内最大的加盟共和国、两个最大的城市以及接近一半的加盟共和国的领导权落入反对派手中，使苏联的政治力量对比发生了深刻变化。

二是苏共党员队伍人心涣散、信念动摇，党员人数从 1985 年时的 1900 万下降到不足 1500 万，党的组织原则受到践踏、组织系统受到破坏，党内形成了众多的派别组织，主要有：第一，以利加乔夫和雷日科夫为代表的“传统派”。这一派的主要力量是政府、军队、克格勃、内务部的一些上层官员，以及维护联盟统一的广大干部和群众。该派表示拥护改革，但反对戈尔巴乔夫的改革方针，尤其反对戈尔巴乔夫取消党的领导的行为和鼓吹“政治多元化”“全人类利益高于阶级利益”的观点，提出要“恢复经典的马克思主义”，肯定十月革命是“历史的必然”，指责“民主纲领派”的领导人是要复辟资本主义，主张维护国家政权和法制的权威、维护联盟国家的统一，强调在改革中要加强党的领导，必要时甚至可以采用“强硬的手段”来稳定社会秩序和经济秩序。但该派组织松散，人员老化，意见不一，并被打上了“保守派”和“反对改革”的标签，所以虽然该派的许多成员身居高位、掌有大权，但在党内斗争中该派却是势力最小的一派。第二，以叶利钦、波波夫和索布恰克为代表的“民主纲领派”。该派成立于 1990 年 1 月，其成员包括“跨地区议员团”、“民主俄罗斯”、一些加盟共和国的民族主义分子，以及各种反共、反苏、反社会主义的自由化分子。该派在党内人数最少，但能量和影响却极大。该派主张实行多党制，修改苏联宪法第六条，即关于苏共领导地位的条款；要求改革意识形态，抛弃对马克思主义的教条式解释，向民主社会主义过渡；提出取消民主集中制，在党内恢复派别、集团、思想流派的自由；主张实行所有制多元化，全面向市场经济过渡；要求取消政府机关和武装力量中的政治工作机构。其基本目标，是抛弃社会主义制度，对整个社会进行“更激进的改革”，建立西方模式的国家。第三，以戈尔巴乔夫、谢瓦尔德纳泽、雅科夫列夫为代表的“主流派”，该派在党内占了多数。该派虽然肯定了十月革命的理想，肯定了社会主义、共产主义的发展方向，但坚持要走人道的民主的社会主义道路，提出“人是社会发展的目标”，赞成“全人类的利益高于阶级利益”，主张“分阶段向市场经济过渡”，支持公开性、民主化和多党制，同意放弃政治上和意识形态上的“垄断主义”，强调用法制和协商对话解决社会中的矛盾和冲突，同时认为必要时也可以采用强硬手段维护社会秩序和经济秩序。1990 年 7 月，苏共召开二十八大，党内派别斗争达到白热化。各派力量共提出 30 个纲领和 50 个党章草案。由于“传统派”和“主流派”的影响，会上坚持团结、反对分裂的要求占了上风，但“传统派”的要求也没有被大会接纳，大会最后通过了“主流派”的《走向人道的民主的社会主义》纲领和党章。会后，叶利钦宣布退出苏共，标志着“民主纲领派”与苏共在组织上彻底决裂，而“传统派”的代表利加乔夫也在选举中落选，被排挤出了苏共的领导核心。

三是舆论完全失控。自 1988 年戈尔巴乔夫开始倡导公开性和舆论多元化以来，苏联各种非正式的、未经注册的出版物便如雨后春笋般冒了出来。截至 1990 年上半年，各种反对派办的非正式出版物就有上千种。1990 年 6 月苏联最高苏维埃通过的《新闻出版法》从法律上肯定了苏联每个公民、社会团体、群众组织、劳动集体、政党都有创办自己的舆论阵地的权利后，这些非正式出版物更有了合法化的依据。到这一年 10 月，就有 700 多家报刊，包括 13 家反对党的报刊进行了登记。与此同时，在戈尔巴乔夫的“自由化”“多元化”思想的鼓励和放纵下，许多原来由苏共和国家掌控的报刊纷纷宣布“独立”，如《莫斯科新闻》和《论据与事实》分别宣布脱离苏联新闻社和知识协会，作协《文学报》、工会《劳动报》、苏共莫斯科市委机关报《莫斯科真理报》等都删去了报头上的“机关报”字样，以标榜自己是独立的报刊。甚至作为苏联最高苏维埃公报的《消息报》也宣布抛弃政府机关报性质。这些报刊说是独立，实际上纷纷落入了反对派的手里，如《消息报》成为“改革激进派”的传声筒，《莫斯科新闻》被认为是“民主激进派”报纸的“旗舰”，《星火》被尊为戈尔巴乔夫的“大炮”，等等。舆论失控的结果是，在苏联剧变的两年间，报刊、电视、电影、戏曲等媒体和文学舞台上充斥的尽是批判苏共、抹黑苏联历史、丑化苏联英雄、宣传西方价值、歪曲历史事实、鼓吹民族分离、煽动民族主义情绪的作品，不仅苏共“传统派”，甚至戈尔巴乔夫“主流派”的声音都被淹没在了这些铺天盖地的讨伐之中，苏共的形象被彻底摧毁，苏联历史被彻底抹黑，苏联的社会主义制度被说得一无是处，苏共的历代领袖被描绘成了历史的罪人，叶利钦等反苏反共的先锋成为新时代的英雄，民族分离主义分子成为各民族的救星，广大党员心中的支柱和信念彻底崩塌，人民的思想被彻底搞乱。

四是民族矛盾激化，甚至发展成为流血冲突。早在 1989 年 2 月，纳戈尔诺-卡拉巴赫的亚美尼亚人与阿塞拜疆人就因该地区的归属问题矛盾激化，演变成流血冲突，甚至发展到将亚美尼亚和阿塞拜疆当局都卷入进去。后来还是苏联最高苏维埃主席团发布命令，组成特别管制委员会，对纳戈尔诺-卡拉巴赫临时实行特殊管理，才将冲突暂时平息下来。但进入 1990 年后，纳戈尔诺-卡拉巴赫的民族矛盾再度激化。1 月 13 日，阿塞拜疆巴库市爆发有 15 万人参加的反亚美尼亚的大规模群众集会。亚美尼亚也毫不示弱，第二天，亚美尼亚首都埃里温爆发了有20万人参加的反阿塞拜疆群众集会。与此同时，两国边境爆发武装冲突，双方动用了本国所能拥有的常规武器，装甲车、直升飞机，直至地对空火箭，几天时间，就导致80多人死亡，500多人受伤。阿塞拜疆一些极端分子还袭击居民区、政府机关，抢夺部队武器，炸毁电视台，企图阻止苏军进入巴库。苏联最高苏维埃主席团不得不宣布对巴库实行紧急状态，同时对两国边境采取行动，解散双方的一些武装集团，收缴大批武器，由此才将事件暂时平息下来。

但是，一波未平一波再起，亚美尼亚和阿塞拜疆边境的枪声还未停息，波罗的海三国的独立浪潮又再度掀起。波罗的海三国——立陶宛、爱沙尼亚、拉脱维亚是在第二次世界大战前根据苏联与德国的秘密条约并入苏联的，三国一直存在着强烈的独立倾向。从1989年起，借助戈尔巴乔夫民主化、自由化的东风，三国的独立倾向再度抬头。1989年8月23日，借《苏德互不侵犯条约》签订50周年之机，三国组织了大规模的群众示威，参加人数达三国人口的40%，200万人跨越国界，手拉手组成600多公里的人链，被称为“波罗的海之路”，用这样的方式表达他们对使三国并入苏联的《苏德互不侵犯条约》的抗议和要求民族独立的愿望。1989年12月19—22日，立陶宛共产党二十大在维尔纽斯召开。大会通过了《立陶宛共产党独立宣言》和《关于立陶宛共产党地位的决定》，再次强烈表达了民族独立的愿望。1990年初，立陶宛争取改革运动“萨尤季斯”在选举中获胜，立陶宛的独立步伐进一步加快。1990年3月11日，立陶宛率先宣布独立，并改国名为立陶宛共和国。当立陶宛独立运动进入高潮时，拉脱维亚、爱沙尼亚也加快了独立的步伐。1990年初，两国共产党分别召开代表大会并通过决议，将共和国党组织独立，与苏共脱离关系。同年5月初，拉脱维亚、爱沙尼亚分别改换国名，将加盟共和国改为独立的共和国。

纳戈尔诺-卡拉巴赫的枪声和波罗的海三国的独立浪潮，像一剂春药，极大地刺激了苏联其他加盟共和国的民族极端主义分子和民族分离主义分子。1990 年 2 月 12 日，塔吉克首府杜尚别发生针对逃难而来的亚美尼亚人的大规模骚乱。6 月 3—4 日，乌兹别克费尔干纳州发生针对当地土耳其族居民的骚乱。6 月初，居住在吉尔吉斯奥什州的吉尔吉斯族与乌兹别克族发生民族冲突，当局不得不宣布实行紧急状态。10 月下旬，摩尔多瓦出现紧张局势，部分居民要求摩尔多瓦脱离苏联，与罗马尼亚合并。6 月 12 日，俄罗斯人代会通过了《俄罗斯联邦国家主权宣言》，宣称俄罗斯联邦是一个主权国家，俄罗斯联邦宪法和法律在俄罗斯全境至高无上。7 月 16 日，乌克兰最高苏维埃通过了《乌克兰共和国国家主权宣言》，宣称乌克兰是一个主权国家，共和国的权力在其领域内是自主的、完整的和不可分割的，在对外交往中也是独立和平等的。继俄罗斯和乌克兰之后，到 1990 年底，又有乌兹别克、摩尔多瓦、白俄罗斯、亚美尼亚、土库曼、塔吉克、哈萨克、吉尔吉斯分别发表了主权宣言。苏联联盟国家的完整统一受到了极大威胁。

五是经济建设出现苏联历史上的首次负增长，日用消费品和副食品由长期紧缺变为全面短缺。据苏联国家统计局发布的数据，与 1989 年相比，1990 年苏联国民收入下降 4%，国民生产总值下降 2%，劳动生产率下降 3%，对外贸易额下降 6.9%，财政赤字由 1989 年的 4000 亿卢布增加到 1990 年的 5500 亿卢布，外债由 1989 年的 550 亿美元上升到 1990 年的 700 亿美元。消费品的供应方面，在 1200 多种基本消费品中，95%以上的商品供应经常短缺，在 211 种食品中有 188 种不能自由买卖，几乎所有大中城市都实行凭票供应商品的制度。1989 年苏联居民的实际生活水平下降 7%，生活在贫困线以下的居民为 4100 万人，占总人口的 14%，1990 年增加到 34%，也就是说翻了一倍还多。改革前苏联是号称没有失业人口的国家，可到了1990年，苏联的失业人口达到了创纪录的2000万人。到1990年底，苏联的经济状况已陷入非常险恶的境地，就连政府领导人也公开警告“国民经济正在加速崩溃”。

面对日益严重的局势和东欧剧变的教训，苏共党内的“传统派”从1990年秋冬开始“走出战壕”，加强了对苏联国内反共反社会主义反联盟国家统一的势力的反击。雷日科夫在苏联最高苏维埃两院联席会议上指出，苏联的“国民经济正处在深刻的危机之中”，“政治体制实质上已陷于瘫痪”，“国家已退到最后一步”。军队领导人也纷纷出来揭露以叶利钦为代表的激进派势力企图搞垮联盟、搞垮军队、夺取政权的事实，批判激进派鼓吹“军队非政治化”的主张。苏联总统军事顾问阿赫罗梅耶夫发出警告：如果苏联宪法遭到践踏，苏军将使用武力确保国家统一，拯救社会主义制度。党内外一部分干部对戈尔巴乔夫的政策日益不满，一些州委书记直接上书中央要求戈尔巴乔夫下台。苏军总参谋长莫伊谢耶夫和科学文化界53名著名人民代表联名上书，呼吁整顿秩序，要求在民族冲突的热点地区实行紧急状态和总统直接治理。在多方压力下，戈尔巴乔夫也承认苏联局势的确在恶化，宣称不能再退让了，再退让会出现经济崩溃、国家解体和政治结构解体。他表示要采取强硬立场和严厉措施，保持政治稳定，彻底克服党的休克和瘫痪状态，维护苏共的执政地位。

1990年12月17—27日，苏联召开了第四次人民代表大会。大会通过了《关于国内局势和克服经济政治危机的决定》，确定了整顿秩序、稳定形势、反对分裂、保持国家统一的基本方针，并授权总统在必要的情况下，可行使一切权力来控制局势。大会还就是否保持联盟国家和保留“苏维埃社会主义共和国联盟”的名字进行了表决。表决结果为，有1657票赞成，20票反对，61票弃权，通过继续保持联盟的决定；有1365票赞成，189票反对，170票弃权，通过继续保留联盟原名的决定。以叶利钦为代表的激进民主派在人民代表大会中的势力第一次受到沉重打击。针对波罗的海三国越来越激烈的独立倾向，1991年1月11日，戈尔巴乔夫第一次采取强硬措施，授权内务部的军队占领立陶宛出版大楼和立陶宛边疆保卫局，并与立陶宛武装力量激烈交火，双方伤亡近200人。1月26日，戈尔巴乔夫签署了“关于保证与经济怠工和经济领域内其他犯罪活动作斗争的措施的命令”，授予内务部和国家安全委员会的人员可以到有关机关、所有企业和银行进行广泛检查的权力。2月1日，苏联军队和警察被授权正式在全国各大中城市实行联合巡逻。2月21日，绝大多数苏联中央报纸和莫斯科市的报纸发表社论和文章，谴责叶利钦“挑起政治危机”，“利用民主满足权欲”，表示支持苏联总统，要叶利钦下台。2月23日，莫斯科举行了有30万人参加的建军节庆祝会，苏联国防部长、内务部长和克格勃主席均出席了大会。大会通过了维护国家和军队统一的呼吁书，表示支持苏联总统的政策，支持新联盟条约和全民公决，谴责了叶利钦的“政治冒险”。2月27日，白俄罗斯、乌克兰和俄罗斯三个加盟共和国的党中央联合发布呼吁书，谴责反社会主义势力公开力图改变苏联的国家制度并破坏联盟。3月17日，苏联全国就是否保留革新后的联盟国家举行全民公决，投票结果为，76.4％的投票人赞成保存联盟。这是苏联有史以来第一次也是最后一次以全民投票的形式来公决国家大事。

在此期间，反对派也不甘示弱，组织起了一轮又一轮新的进攻。1991年2月，叶利钦在电视台发表讲话，指责戈尔巴乔夫是在搞“军事独裁”，要求戈尔巴乔夫辞职，把权力交给集体机构——联邦委员会。与此同时，各地反对派也纷纷举行支持叶利钦的集会和罢工，参加者达50万人次。3月1日，煤矿工人的大罢工爆发，到3月底，全国1/3的矿井停产，参加罢工的人数达到30万人。在

“民主派”的操纵下，罢工工人提出如下要求：苏联总统和政府辞职，解散苏联人民代表大会，把最高权力交给联邦委员会，军队、克格勃和内务部实行非政治化。3 月 10 日，30 万人在莫斯科练马场举行声援叶利钦的集会，大会播放了叶利钦 3 月 9 日的讲话录音，讲话号召莫斯科市民在 3 月 28 日举行俄罗斯非常人民代表大会时到莫斯科市中心集会以支持和保护叶利钦，并要求戈尔巴乔夫下台，呼吁各地群众有组织地夺权，不仅在市、区、州，还要在克里姆林宫夺权。在这样一个关键时刻，本该按照苏联第四次人民代表大会决议精神，继续对叶利钦等反对派进行强烈反击的戈尔巴乔夫，却在 4 月以后突然转变立场，急速向右翼激进势力靠拢，再度实行“戈叶联手”，苏联局势开始急转直下。4 月 23 日，戈尔巴乔夫撇开内阁和人代会，与叶利钦联手召开了“9＋1”会议（9 个加盟共和国＋苏联总统），研究签署新联盟条约，删去了联盟中的“社会主义”四个字，意味着改变苏联国家的性质。6 月 12 日，俄罗斯举行总统选举，叶利钦当选为第一届俄罗斯联邦总统，反对派的势力更是大增。叶利钦上台后发布的第一个总统令，就是在俄罗斯联邦国家机关、军队、企事业团体实行非党化，意图尽快把军队和政权完全掌握在自己手里。7 月 1 日，戈尔巴乔夫授意谢瓦尔德纳泽等人成立“民主改革运动”，进一步加剧了苏共内部的分裂，这实际上是在为戈尔巴乔夫退出苏共做准备。7 月 29—30 日，戈尔巴乔夫、叶利钦和纳扎尔巴耶夫（哈萨克总统）就新联盟条约达成一致，新联盟条约将苏维埃社会主义共和国联盟改名为苏维埃主权国家联盟，规定组成联盟的每个共和国都是主权国家，共和国有权决定本国大事，在共和国职权范围内，共和国的法律至高无上。这一条约的达成，意味着各共和国的权力大大增加，联盟将成为一个松散的联合，联盟中央将失去其权力中心的地位。这一系列事件表明，苏联演变已经到了最后关头。在这紧要关头，苏共内部再次分裂，不仅

“传统派”感到严重不安，而且原属于戈尔巴乔夫“主流派”的一些关键人物，如副总统亚纳耶夫、总理帕夫洛夫、国防部长亚佐夫、克格勃主席克留奇科夫、内务部长普戈等人也对戈尔巴乔夫的政策产生了严重不满。他们多次向戈尔巴乔夫进言，要求停止签署新联盟条约。但戈尔巴乔夫不顾党内同志和社会上的反对，恣意要在8月20日签署新联盟条约。在这种情况下，亚纳耶夫等人因不愿看到国家解体、经济崩溃，于8月19日凌晨采取紧急措施，宣布成立以亚纳耶夫为首的国家紧急状态委员会，由亚纳耶夫代行总统职权，在全国部分地区实行紧急状态。但由于行事仓促、准备不周、措施不力、优柔寡断，紧急状态委员会只维持了3天便宣告失败。

“8·19事件”后，戈尔巴乔夫与叶利钦完全合流，针对苏共发布了一道又一道命令。他们宣布解散苏共中央，暂停或终止苏共和各加盟共和国共产党的活动，命令在全国范围实施非党化，查封或没收苏共和各加盟共和国共产党的办公场所、财产、资金、档案，全面改组国家和各加盟共和国的政权机构，解散苏联人代会。短短几天时间，具有93年历史、在苏联执政达74年之久的苏联共产党就这样被摧垮了。由于苏共是维系苏联各民族团结统一的精神纽带和组织纽带，苏共被摧垮的结果，自然是加速了苏联的解体。12月8日，俄罗斯、白俄罗斯、乌克兰三个加盟共和国的领导人在明斯克以西的别洛韦日森林签署协议，宣布成立独立国家联合体，并宣称苏联作为国际法主体已不复存在。12月21日，苏联原11个加盟共和国的领导人在哈萨克首都阿拉木图签署《阿拉木图宣言》，宣布组成独立国家联合体，同时再次宣布苏联不复存在，并致信戈尔巴乔夫，向他通知他的苏联总统职务已被取消。12月25日晚，戈尔巴乔夫在电视上最后露面，宣布辞去苏联总统职务。接着，苏联国旗从克里姆林宫上空徐徐降落，一个世界超级大国就这样从地图上消失了。

三、苏东剧变的教训与启示

苏东剧变的原因和教训有许多，自苏东剧变以来，中西方学者对此进行了大量研究。有的认为是戈尔巴乔夫的人道的民主的社会主义引导苏联东欧的改革走了邪路和歪路，把改革变成了对自己的“革命”，自己否定自己，直接导致了苏联解体和东欧剧变；有的认为苏东剧变的根本原因在于苏联东欧的经济建设没有搞好，人民生活水平长期得不到有效提高，消费品供应奇缺，导致了人民对社会主义的动摇，苏联在经济竞争中输给了西方资本主义；有的认为苏东剧变的直接原因在于戈尔巴乔夫贸然启动政治体制改革，在政治体制改革中又盲目迷信民主社会主义的政治理念和政治价值，轻易放弃了马克思列宁主义的国家理论和政治原则，放弃了党的领导，导致改革失控；有的认为苏东剧变的内在原因是这些国家内部出现了一个类似“第三纵队”的庞大的既得利益阶层，这些人掌握了党和国家大权，向往资本主义生活方式，希望利用手中的权力通过制度剧变攫取更多的利益并使得这些利益合法化，他们与国内外敌视苏联东欧社会主义制度的势力遥相呼应、里应外合，成为埋葬苏联东欧社会主义的主要推手。此外，还有人认为，苏东剧变的原因是民族问题没有处理好，党的建设没有搞好，干部腐败，舆论失控，西方实行和平演变，等等。不可否认，以上这些分析和总结都是事实，都是导致苏东剧变的原因，但笔者认为这些并不是最重要的原因。苏东剧变的最重要的原因，在于苏联在 20 世纪 30 年代社会主义建设中形成的社会主义模式在经过近半个世纪的发展后已耗干了自己的所有潜力，走到了历史的尽头。从苏东剧变的过程中可以看出，苏东各国的反对派，不论党内的还是党外的，无一不是在批判和反对斯大林和苏联社会主义模式的过程中逐渐集聚自己的声望、壮大自己的力量，进而开始攻击现有制度和执政党，猖狂反共夺权的。苏东剧变后的一段时间里，虽然国家更加混乱，经济更加糟糕，人们生活更加窘迫，但大多数人却并不愿意回到过去。正如苏共领导人利加乔夫在重建后的俄罗斯联邦共产党第四次代表大会上强调的那样：俄共主张国家回到社会主义的发展道路，但不是要向过去的社会主义“倒退”，而是向新的社会主义前进。俄罗斯总统普京也说过，对苏联解体，要说不心痛是没有良心；但要回到过去，是没有头脑。

为什么会出现这种情况呢？本书第三章中分析过，苏联社会主义模式是在一个特殊的历史环境中形成的，其中既有当时俄国布尔什维克党人对马克思主义的不是十分成熟的理解，也有俄国国家主义传统的深刻印象；既有党内激烈的路线斗争，也有浓厚的斯大林个人色彩；既有严峻的国际形势的逼迫，也有俄国广大人民群众急于强国富民的迫切愿望。因此，这一模式从一开始就存在着高度集权、国家至上、强迫命令、简单粗暴等特点，所以其又被西方攻击为“兵营式社会主义”。这一模式在其发展初期在经济发展速度、提高人们生活水平、维护社会公平方面表现出了较大的优势，从而得到了人民的普遍拥护，然而，随着时间的推移以及该模式体制机制的日益僵化，不但这些优势不再能够保持，反而内部的各种问题日益尖锐起来，如经济生活越来越缺乏活力，政治生活死气沉沉，官僚主义和腐败现象日趋严重，个人意志和权利长期受到压制，人民生活水平提高越来越慢，等等。总之，苏联社会主义模式从一开始就存在着许多重大缺陷和弊端，其所取得的一时成就也是苏联人民通过付出巨大的社会成本和社会代价而换来的。对于该模式的缺陷和弊端，苏联党内和国内也不是没有人提出反对意见，但这些意见在苏联早期社会主义建设的巨大成就以及斯大林的个人威望和强力压制下被遮掩住了，人民得到的都是这一模式的各种神话宣传。但是，随着斯大林问题的不断揭露以及该模式的缺陷和弊端的日益加深，该模式的神话在人们心中不可避免地逐渐崩塌，改革或变革也就越来越成为苏东各国人民的普遍要求。针对苏联社会主义模式的弊端，顺应人民希望变革的要求，自斯大林去世后，苏东各国先后开始了不同程度的改革，这些改革除了南斯拉夫的自治社会主义探索和捷克斯洛伐克的“布拉格之春”试图根本改变苏联社会主义模式之外，其他改革基本都局限在苏联社会主义模式体制框架之内，试图通过对旧体制的修补和完善让该模式再次焕发出生机和活力。但是遗憾的是，从赫鲁晓夫到勃列日涅夫再到安德罗波夫，从哥穆尔卡到卡达尔再到昂纳克进而到日夫科夫，所有企图通过对旧体制的修补和完善而让苏联社会主义模式再现辉煌的努力都失败了。失败的根本原因不是这些国家的领导人不够聪明，不够努力，而是苏联这种以高度集权的政治体制、国家统制式的经济体制、言论一律的思想文化管理体制、政治动员型发展机制、数量扩张型经济社会发展模式为特点的社会主义模式已经完全无法适应第二次世界大战后以信息技术为核心的第三次科技革命带来的经济全球化、社会多元化、生活多样化、政治民主化、交流无障碍化变革的挑战。事实上，戈尔巴乔夫也不是一开始就要全面否定苏联社会主义模式。他上台后实施的“加速发展战略”，初心也是力图在不根本变革旧体制的前提下寻找一条加快经济社会发展的道路。只是在经济体制改革受挫，“加速发展战略”收效甚微，同时通过亲自实践对旧体制的弊端认识不断加深之后，戈尔巴乔夫才逐步产生和形成了他的人道的民主的社会主义理论并转向首先推进政治体制改革，彻底抛弃了苏联社会主义模式。戈尔巴乔夫的人道的民主的社会主义之所以一出来就在苏东各国引发强烈反响乃至轰动反应，固然因其思想大胆、语言犀利、辞藻华丽，给人以耳目一新的感觉，更重要的还是在于其对苏联社会主义模式弊端的反思和批判，促使人民去重新思考苏联社会主义的未来和命运。他的人道的民主的社会主义也不是完全一无是处，其中许多观点单从理论上看并无多大错误，他本人也不是有的人说的那样是西方安置在苏共内部的“间谍”，早就存心要背叛苏共和国际共产主义运动事业，至少1991年“8·19事件”以前不是。否则也难以解释为什么自1989年以来戈尔巴乔夫就遭到党内越来越多人的反对，但却依然能够得到多数人的支持，始终没有动摇他在党内的主流派地位。笔者认为，戈尔巴乔夫的错误不在于他彻底抛弃了旧的苏联社会主义模式，希望探索一条新的社会主义发展道路，而在于他缺乏开拓新路的政治智慧以及控制事物发展和驾驭全局的能力。这主要表现在如下五个方面。

第一，没能正确引导苏联人民客观辩证地对待苏共和苏联历史。虽然苏联社会主义模式存在着这样那样的弊端，苏共和斯大林也的确犯过许多错误，有些错误甚至是不可原谅的，如强制集体化、大肃反、民族问题上的粗暴做法，对斯大林问题的揭露和对苏联社会主义模式的深刻反省也是改革过程中必不可少的，但苏联社会主义建设的成就也是举世共瞩的，苏共和斯大林的历史功绩更不是可以轻易否定的。然而，戈尔巴乔夫对苏联历史和斯大林采取了全盘否定的态度。在他的暗示、怂恿甚至支持下，整个社会充斥着一片对苏共、斯大林、苏联社会主义历史的歇斯底里的讨伐，所有的事情全部颠倒过来了，白的变成黑的，黑的变成白的，导师变成叛国者，“慈父”变成暴君，英雄成为罪人，罪人反而成了英雄，他认为，苏共在苏联社会主义革命和建设历史上就几乎没有做过什么好事，苏共领导集团中也几乎没有几个好人。这样简单地、虚无主义地对待历史，不但极大地搞乱了党心民心，摧毁了苏共和社会主义在人们心中的形象，更是从根本上动摇了苏共执政的合法性，为反对派反共夺权、复辟资本主义提供了最好的理由。

第二，对改革的艰巨性、复杂性和长期性认识不足，特别是没能充分预料到改革可能带来的新的矛盾和冲突。在戈尔巴乔夫看来，改革既然是党内外的共识和历史的潮流，那么只要找准了旧体制的弊端，制定出了针对性的措施，改革就必然能够得到人民的支持，就能够顺利推进下去。但是他没有认识到，改革也是一场新的利益调整，每个群体对改革的要求和预期是不一样的，因而任何改革措施的出台都会产生不同的反应，有支持的，有观望的，有不满足的，甚至还有反对的。此外，改革要能够成功，不仅需要人民的拥护，而且需要相应条件的支持，如人们的心理承受能力，国家的物质储备基础，改革组织者的内部凝聚力，等等。因此，一个成熟的政治家或政治集团，在推进改革时一般都会采取循序渐进、由浅入深、先点后面的办法，待改革取得初步成效，人民获得初步实惠，一定的经验和威望被积累起来后，再继续将改革推向深入。然而，戈尔巴乔夫不是这样。当他的“加速发展战略”初步受阻时，他不是认真检讨“加速发展战略”自身的问题，而是简单归因于政治体制的弊端。经济体制改革的成功，当然需要政治体制改革的配合，但政治体制改革的进度和力度却应当与经济体制改革的进程相适应、相配套。然而，戈尔巴乔夫不是这样。他贸然启动的政治体制改革是一场整体的、根本性的变革，是要自上而下彻底“炸毁”“改造”阻挠改革进行的一切“障碍机制”。结果不仅更加造成了经济的衰退，而且带来了社会的急剧动荡和国家的混乱。在这种情况下，戈尔巴乔夫又轻易启动了所谓的“休克疗法”，妄图在500天内完成苏联经济的私有化改造和市场经济转型，更是导致了苏联经济的崩溃和社会分裂的加深，导致了人民群众对现有制度和执政党的极度失望，为反对派成功夺权创造了条件。

第三，盲目轻信和引进西方的所谓民主、自由、人权等“普世价值”和制度设计。高度集权、缺乏民主和自由、法制不健全、个人权利得不到有效保护，是苏联政治体制最大的弊端。如果说这些弊端在苏联社会主义建设初期还不太严重，人民还能忍受的话，随着生活环境的改变以及苏联政治体制的日益僵化，这些弊端则越来越严重，人民的不满亦越来越强烈。这一问题成为苏东各国反对派和西方敌对势力攻击苏联社会主义以及煽动人民反对苏共和现政权的最有力的借口。戈尔巴乔夫认识到了苏联政治体制的这些弊端，感受到了苏联人民要求改革政治体制并加强社会主义民主和法制建设的强烈愿望，也看到了第二次世界大战后西方国家在政治发展方面取得的进步，下决心对苏联的政治体制进行重大改革，这些都是可以理解的。戈尔巴乔夫的错误在于不该根本否定马克思列宁主义的国家理论，盲目轻信西方所谓的民主、自由、人权等“普世价值”，草率地改变苏联的国家制度，全盘接受西方的政治制度和游戏规则。他没有看到世界上从来没有一个关于民主、自由、人权的统一标准，更没有一个可以通行四海的、标准的政治制度和游戏规则。事实上，每个阶级、政党、群体对民主、自由、人权的理解和诉求都是不一样的，每个阶级、政党和群体也都无一不试图把本国的政治制度和游戏规则打上自己的烙印，因而每个国家的政治制度和游戏规则都不外是这个国家各种政治力量相互博弈的结果，从而也就使得每个国家的政治制度和游戏规则都呈现出不同特点。即便西方资本主义国家也是如此。同样是议会制，英国不同于德国，不同于意大利，不同于加拿大和日本；同样是实行总统制，美国不同于法国，不同于巴西和阿根廷，更不同于剧变后的俄罗斯和东欧各国。所以，世界上从来没有什么普遍的、超阶级的民主、自由、人权，有的只是每个阶级、政党、群体对民主、自由、人权的不同要求；也从来没有什么通行天下、“包治百病”的政治制度和游戏规则，有的只是各个国家不同政治力量相互妥协后形成的政治制度和游戏规则，而这些政治制度和游戏规则又无一不是由这些国家的在经济上、政治上最强大的政治势力来主导的。所以，一个国家的政治制度和游戏规则当然要顺应时代的潮流，反映不同群体的政治诉求，但也必须符合本国的国情，体现本国统治阶级的意志和利益。社会主义是人民当家作主的国家，发展社会主义民主是社会主义的题中应有之义，但对于如何发展，却要根据社会主义民主的自身要求，结合本国国情实际，通过艰苦、细致、长期的努力，才有可能获得成功。类似戈尔巴乔夫那样盲目崇拜西方所谓的自由、民主、人权等“普世价值”，全盘照搬西方的政治制度和游戏规则的做法，只能造成国家政治生活的动荡和混乱，导致改革的失败，直至最后葬送社会主义。

第四，轻易放弃了列宁的建党思想，放弃了党对改革进程的领导。列宁的建党思想是依据马克思恩格斯的建党思想，结合 20 世纪初国际形势的发展变化和俄国的具体国情，在总结国际工人运动建党经验的基础上，创造出的一种新型无产阶级建党理论。这一新型建党理论突出了无产阶级政党的先进性、组织性和纪律性，把俄国布尔什维克党建设成了世界上第一个政治坚定、思想统一、组织严密并具有强大组织力号召力战斗力的无产阶级政党，保证了当时弱小的俄国布尔什维克党推翻沙皇俄国的反动统治，粉碎国内白匪军的叛乱和十几个帝国主义国家的武装干涉，取得十月革命的胜利。但是列宁的建党思想也存在着一些不足，主要是不利于发展党内民主，不利于充分发挥党员个人和基层组织的积极性，容易产生官僚主义和形成个人集权，特别是对于执政条件下如何搞好党的建设几乎是一个空白。这些不足在革命和战争年代不是那么突出，但在和平时期和执政条件下就日益凸显出来，甚至出现了斯大林个人的家长式统治，出现了巨大的党内特权阶层以及严重的官僚主义和腐败问题。戈尔巴乔夫看到了这些问题，但他把这些问题的产生直接归因于列宁的建党思想和建党原则，声称要对苏共进行“彻底革新”。怎么“彻底革新”呢？实际上就是全面放弃列宁的建党思想和建党原则，按照社会民主党的建党理论和西方的政党模式“全面改造”苏共。这不仅放弃了苏共的无产阶级政党的先进性质，放弃了党的民主集中制原则；而且让党的组织退出军队、退出国家政权机关、退出企事业单位，甚至允许在党内按照不同纲领建立党的组织，把党变成了一个松散的、仅仅在选区内活动的政治团体，放弃了党对国家政治生活和社会生活的领导。历史表明，任何重大的社会变动和改革，都离不开一个坚强的领导核心和来自社会力量的支持，这是一个基本的常识。在社会主义国家，一个意志统一的具有强大组织力的无产阶级政党就是这样的坚强核心。实践证明，在社会主义建设历史上，只要这个核心不被削弱和破坏，任何风险和挑战都是能够从容应对的。但戈尔巴乔夫对苏共的“全面改造”却彻底搞垮了苏共组织，破坏了这个核心，使得曾经在历史上无比坚强、不被任何反动力量打垮、不为任何困难和挫折所屈服的苏共，竟然在国内反对派的进攻下节节败退，毫无还手之力，轻易就被取缔和解散了，从而也使得苏联再没有任何力量可以阻止反对派的上台、苏联的解体、资本主义的复辟。

第五，性格软弱，思想摇摆，缺乏做大事的魄力和能力。笔者前面讲过，戈尔巴乔夫是在苏共领导班子青黄不接，“老人政治”实在维持不下去的特殊历史背景下骤然担任苏联党和国家最高领导人的。在主持苏共中央工作前，戈尔巴乔夫仕途一帆风顺、青云直上，基本上没有受过什么挫折，这造成戈尔巴乔夫虽然才华出众，很快得到党内元老的赏识，脱颖而出，但却没有经受过严格的党内政治生活的锻炼，政治经验欠缺，政治意志不够坚定。在实践中则表现为政治上左右摇摆，思想上前后矛盾，工作上好大喜功，做大事而惜身，见小利而忘义。为了击退苏共党内“传统派”对他的人道的民主的社会主义改革的反对，戈尔巴乔夫先是与叶利钦等党内“激进派”合作打压“传统派”。当叶利钦势力大涨而威胁到戈尔巴乔夫时，戈尔巴乔夫又于1990年秋冬联合“传统派”对叶利钦展开了强势反击。然而当“传统派”的反击在1991年初春取得明显效果，大家都以为形势会继续好转时，戈尔巴乔夫又突然转弯，与叶利钦再度携手，使得苏联的局势急转直下，迫使苏联国家高层部分不愿意看到苏联解体的“大腕”仓促发动“政变”，反而更加加速了苏共的垮台和苏联的解体。对于急遽进行政治体制改革和实行“休克疗法”可能引发的动荡，戈尔巴乔夫也不是一点没有准备。在戈尔巴乔夫的操作下，苏联于1990年3月正式宣布实行总统制，戈尔巴乔夫担任第一届苏联总统，将国家军政大权集于一身，并通过人代会赋予总统采用包括紧急状态在内的一切手段处理国内各种非法集会、罢工、民族冲突的权力。戈尔巴乔夫也颁布了一系列总统令，表示要动用一切手段制止国内的动乱，恢复国家正常的秩序。但是当真正面对反对派的各种非法集会和罢工、民族分裂主义分子的分裂活动时，戈尔巴乔夫又总是一再妥协退让，他实际上是爱惜自己的羽毛，不愿意落下所谓“镇压人民”的罪名。但反对派和民族分裂分子可不跟你客气。你不是不愿意动用国家机器阻止我们的行动吗？那我们就乘机大搞非法集会、串联、罢工，煽动民族仇恨，挑起民族冲突，让国家陷入混乱和无政府状态中，然后乘机夺取政权。正是戈尔巴乔夫这种想做大事又珍惜自己的羽毛，见到一点好处便放弃根本原则的幼稚做法，导致苏共和苏联失去了最后阻止反对派上台、挽救苏联免于解体的最后机会。

苏东剧变的教训是深刻的，给我们以下有益的启示。

其一，必须始终坚持以人民为中心的社会主义核心价值。

社会主义核心价值，是指在社会主义价值体系中起决定作用，最能体现社会主义本质、决定社会主义性质、彰显社会主义目的的价值。社会主义核心价值与社会主义特征的关系，本质上属于事物的内容与形式的关系问题。内容决定形式，形式表现内容。本书第一章分析过，在马克思看来，社会主义是生产力、生产关系和社会价值的统一体。其中，生产力是基础，生产关系和在其基础之上的上层建筑是区分社会主义与其他社会形态的重要标准，社会价值是社会主义的内在属性和要求。在三者关系中，社会价值处于核心地位，而人的自由与发展又是社会主义社会价值中最重要的价值。这是因为，共产党人的奋斗目标不是仅仅建立一个与资本主义不一样的社会，而是要解放全人类，最终实现人的自由而全面的发展。解放和发展生产力，建立社会主义的生产关系和上层建筑，都是为这一最终目标服务的。马克思恩格斯讲的“人”，绝不是抽象的、一般的人，而是具体的、现实的人，具体到社会主义革命时期和社会主义建设的第一阶段，则集中表现为人民的利益和要求。这就要求我们在制定革命和建设的路线方针时都必须始终坚持以人民为中心，以人民满意不满意、高兴不高兴、答应不答应作为我们所有政策的出发点和落脚点，让人民从社会主义革命和建设的每一步发展中都得到实惠。只有这样，社会主义才能始终得到人民的支持和拥护，才能立于不败之地。苏联社会主义模式会被苏东各国人民抛弃，其中的根本原因，就在于苏联在社会主义建设进程中，严重忽视了人民的利益和需求，以领导意志“代表”了人民意志，以“富国强兵”代替了人民需求，国家是发展了，军队是强大了，但人民的生活水平却长期落后于经济的发展，消费品供应长期短缺，人民参与政治生活和经济生活的积极性长期受到压制，人民的主人翁地位和权利流于形式。由此，人民产生了普遍和严重的失落感，对党和国家越来越感到失望，直到最后抛弃了苏共，转而寄希望于反对派给他们带来新的生活。

其二，必须始终坚持解放和发展生产力这条根本标准。

根据历史唯物主义基本原理，生产力是人类社会发展的决定性力量，是新社会能够战胜和取代旧社会的决定性因素。马克思恩格斯在《共产党宣言》中论述“两个必然”原理时讲得十分清楚，资产阶级之所以能够战胜封建阶级，资本主义之所以能够代替封建主义，并不是因为其在道德上多么伟大、多么高尚，而是因为其创造了先进的、巨大的生产力。同样，资本主义之所以必然灭亡，社会主义之所以必然代替资本主义，也不仅仅因为资本主义在道德上多么堕落而社会主义在道德上多么进步，而根本在于资产阶级已不能继续驾驭它自己仿佛用符咒呼唤出的巨大生产力了，在于无产阶级和社会主义代表了先进生产力的发展方向和必然要求。在马克思恩格斯看来，社会主义是比资本主义更高级、更先进的社会形态，但这种更高级、更先进的基础，首先是比资本主义更发达的生产力和更高的劳动生产率。如果生产力没有发展起来，就算我们建立起了单一的公有制和完全的计划经济，实现了彻底的按劳分配，这样的社会主义也只能是贫穷的社会主义和不合格的社会主义，最终会在与资本主义的竞争中败下阵来。因此，坚持社会主义，不是简单地坚持社会主义的生产关系和基本制度就行了，关键是要这种生产关系和基本制度符合先进生产力的发展要求，若不符合，就要去改革，没有现成的，就要去探索和寻找。同样，社会主义必须始终坚持以人民为中心，不断满足人民的利益和需求，但这也要以发展生产力为前提。如果生产力没有发展起来，经济没有搞上去，物资储备匮乏，你拿什么去满足人民的利益和需求，去提高人民的生活水平？苏联社会主义模式失败的一个重要原因，就是没能跟上第二次世界大战后先进生产力的发展要求，及时对20世纪30年代形成的经济体制和生产关系进行改革，即便进行了一些改革，也仅仅停留在对旧体制的修补和完善层面，从而使得经济发展的效率越来越低，成本越来越高，速度越来越慢，最后在经济竞争中败给了西方资本主义发达国家，进而导致了人民对苏联社会主义前途的动摇、失望直至放弃。

其三，必须毫不动摇地坚持社会主义的基本原则。

原则，《辞海》第6版中的解释是观察问题、处理问题的准则，《现代汉语词典》第7版中的解释是说话或行事所依据的法则或标准，二者的意思差不多。既然原则是人们观察和处理问题的准绳，在阶级社会中，不同的阶级和政党，因为立场不同，对同一事物的看法和标准自然也会不同。因此，我们这里讲的社会主义基本原则，只能是以马克思主义为指导思想的无产阶级政党对如何建设科学社会主义的看法和标准。比如解放和发展生产力，社会主义与资本主义都说要发展生产力，但社会主义说的发展生产力，强调的是以人为本、和平发展，发展的成果由人民共享，实现共同富裕；资本主义说的发展生产力，强调的是以利为本、掠夺扩张，发展的成果大部分为少数人享有，形成两极分化。又如民主，社会主义与资本主义都强调要发展民主，但在坚持民主本义的前提下，社会主义强调的民主是共产党领导下的人民民主、协商民主，强调民主与集中的统一；资本主义强调的民主是多党竞争条件下的多元民主、竞争性民主，强调民主的超阶级性质。再如人权，社会主义与资本主义同样讲人权，但社会主义在尊重和保护个人人权的基础上更加突出集体的生存权和发展权；资本主义讲的人权，更多的是绝对人权、超阶级的人权，人权甚至被置于生存权、发展权和主权之上。所以，坚持社会主义基本原则，不是撇开其他国家的做法自己完全另搞一套，而是在尊重人类社会发展规律和借鉴人类社会优秀文明成果的基础上，结合本国国情实际，坚持体现社会主义的价值要求。戈尔巴乔夫的错误就在于他看到了民主、自由、人权等对社会主义的重要性，但却忽视了不同阶级、政党、社会制度对民主、自由、人权的不同诉求和标准，简单地将西方关于民主、自由、人权的观点和做法全盘照搬到苏联的改革中来，其结果自然不言而喻。

其四，必须大力加强社会主义民主和法制建设。

社会主义是人民当家作主的社会，大力加强社会主义民主建设，是社会主义的本质要求和题中之义。十月革命胜利之初，列宁曾经大力肯定苏维埃民主，认为苏维埃民主为俄国人民提供了比资本主义国家更广泛、更真实的民主权利，是比资本主义更高类型的民主。但是，在苏联20世纪30年代的社会主义建设中，列宁所赞赏的苏维埃民主发生了变异，不仅人民的民主权利没有得到认真落实，而且出现了斯大林大规模破坏社会主义民主和法制的事情。不仅苏联，第二次世界大战后的东欧各国也不同程度地出现过大规模破坏社会主义民主和法制的事情，这极大地败坏了社会主义的声誉，成为苏东各国人民坚决抛弃苏联社会主义模式的主因。对于苏联模式缺乏民主和法制的弊端及危害，斯大林之后的苏东各国领导人也不是没有认识，也不是没有试图进行纠正和弥补，但与经济体制改革相比，如果说经济体制改革还多多少少取得了一些成果、得到了人民的认同，大多数社会主义国家在社会主义民主和法制建设上取得的成就则乏善可陈。之所以出现这种情况，主要是因为，社会主义民主和法制建设不可能孤立进行。加强社会主义民主和法制建设必然要对苏联模式的政治体制进行改革，必然涉及国家同公民和社会之间、中央与地方之间、党和国家之间、国家部门之间、执政党内部一系列权力的重新分配和调整。调整幅度小了，社会主义民主和法制建设的成效不大；调整幅度大了，又很容易诱发各种不安定因素，引起社会动荡，从而不得不紧急叫停，就如当年捷克斯洛伐克的“布拉格之春”一样。事实上，苏东剧变的直接原因，正是戈尔巴乔夫贸然大幅度启动政治体制改革，引发大规模社会动乱，造成改革进程完全失控。但是，不改革苏联模式的政治体制，不大力加强社会主义民主和法制建设，也同样不行。在苏联东欧剧变过程中，罗马尼亚是唯一一个坚持不对苏联模式的政治体制进行改革的国家，但仍然没有坚持下来，而且是通过流血和政变这种悲惨的方式收尾的。这就造成了一种两难处境，不大幅度进行政治体制改革，社会主义民主和法制建设成效甚微，人民不会满意；大幅度进行政治体制改革，又容易诱发不安定因素，造成改革进程失控。两种情况都可能导致执政党下台，政权易帜，江山变色。但是，从长远来看，不管多么困难，有多大风险，大力加强社会主义民主和法制建设还是必须进行的，这是社会发展的大趋势，是社会主义的本质要求，是任何人力都不可以阻挡的。事实上，在苏联和东欧国家，也不是没有通过根本改革苏联模式的政治体制，大力加强社会主义民主和法制建设取得成功的例子，南斯拉夫自治社会主义的探索就是比较成功的案例。虽然南斯拉夫社会主义联邦共和国最后也发生了剧变和解体，但南斯拉夫剧变和解体的主要和直接原因是民族分裂主义势力膨胀，因此，南斯拉夫的剧变和解体并不能否定当年南共联盟在加强社会主义民主和法制建设方面进行的探索和取得的成绩。所以，尽管戈尔巴乔夫的政治体制改革失败了，但各社会主义国家加强社会主义民主和法制建设的步伐不能停止，各社会主义国家共产党人的责任和使命，就是要通过深刻总结戈尔巴乔夫政治体制改革失败的原因和教训，探寻符合本国实际的社会主义民主和法制建设之路，把社会主义民主和法制建设不断推向前进。

其五，必须不断加强党的建设，改善党的领导。

苏东剧变的教训深刻说明，改革要取得成功，社会主义要坚持下去，就离不开共产党的坚强领导。但是，苏东剧变还同样深刻说明，坚持党的领导不是说坚持就能坚持得了的。坚持住党的领导，前提是搞好党的建设。列宁的新型无产阶级政党理论和建党实践，为我们加强党的建设提供了科学的理论指导和丰富的建党经验。但是，列宁的建党理论和建党经验主要是为无产阶级革命和夺取政权做准备的。对于和平与建设时期执政党的建设问题，列宁虽然也进行过一些思考，提出过一些想法，但毕竟时间太短，许多问题暴露得还不够，因而这些思考和想法还很不成熟、很不系统。比如，如何面对权力和地位的诱惑，继续保持党的优良作风，坚定党员队伍信念？如何在继续坚持民主集中制原则的前提下加强党内民主建设，防止权力过于集中？如何在大权在握情况下防止权力异变，消除腐败？如何在地位发生改变后防止脱离群众，防止官僚主义滋生？……这些问题实际上留给了后来者，期待他们给予回答和解决。遗憾的是，列宁以后的苏共领导人不仅没能较好地回答和解决这些问题，而且因为斯大林的错误以及他们自身的不重视和认识上的短视，使得这些问题更加严重了，导致苏共后来在一定程度上发生了变异。所以，戈尔巴乔夫指责苏共已蜕变成了行政命令体制的核心，几十年来只为“专横的官僚体制”服务，也并非毫无道理。我国学者黄苇町在他的专著《苏共亡党十年祭》中也分析指出，苏共内部上下级关系的畸变、干部和党员队伍的普遍麻木、贪图西方生活方式的“精英分子”的大量出现、腐败问题和官僚主义现象的严重化，是导致苏共亡党的主要原因。正是因为苏共自身建设出现了这些严重问题，严重削弱了苏共的凝聚力、组织力和战斗力，严重脱离了人民群众，失去了人民群众的信任和支持，加上戈尔巴乔夫对苏共的“全面改造”造成的苏共思想上和组织上的一片混乱，所以，即便后来苏共内部的“传统派”或健康力量自发“走出战壕”，对国内反共反社会主义势力展开反击，试图挽救苏联，但也于事无补了。此外，坚持党的领导还必须改善党的领导。党的领导是一个广泛概念。在取得政权前，党的领导主要通过思想领导、政治领导、组织领导来实现。在取得政权后，又多了一个通过执掌国家政权来实现党的领导的途径和手段。比较起来，通过行使国家权力实现党的领导显然更加直接、简单、有力，但思想领导、政治领导、组织领导，即便在和平与建设时期依然重要。然而，从苏共和东欧各国共产党几十年执政经历来看，他们更多的是依靠掌握和行使国家权力来实现党的领导，党的思想领导、政治领导和组织领导的作用被严重忽视和削弱了。以至于一旦这些国家对军队和国家机关实行非党化，要求所有政党退出军队、退出国家机关、退出企事业单位，党的领导一下就落空了，所有党员和党的干部一下就不知道该如何坚持和实现党的领导了。所以，加强党的领导，还必须改善党的领导。改善党的领导包括两个方面：一是改善党对国家政权的领导。党的机关毕竟不同于国家政权机关，更不能取代国家政权机关。从社会主义法治建设的角度讲，党对国家政权的领导，只能在宪法和法律范围内进行。因此，改善党对国家政权的领导，最主要的就是探索如何通过加强社会主义法治建设，找到一条使党能够更加有效地对国家政权进行领导的依法执政的路子。二是研究探索在和平与建设时期继续发挥党的思想领导、政治领导、组织领导的途径和方法，进一步加强党的思想领导、政治领导和组织领导。只有将党对国家政权的领导同党对整个国家的政治生活、经济生活和社会生活的思想领导、政治领导和组织领导有机结合起来，坚持党的领导才会真正有可靠的保证。

结 语
路在何方？

苏东剧变后，共产党领导的科学社会主义在全球范围内遭受重大挫折。一是苏联和东欧各国。作为苏东剧变的直接受害者，不仅苏联和东欧社会主义国家的政权多数落到了右翼反对派手里，而且党的组织和队伍受到了根本性摧毁。各右翼反对派上台执政后，对共产党人展开了疯狂的迫害。许多国家的共产党被宣布为非法的，甚至宣传共产主义也要被判 1—5 年的徒刑。党的财产被没收，党的办公场所被占领，党的刊物被查封，党的领导人被逮捕、判刑，党的组织被解散，国家机关和企事业单位的共产党员被层层“清洗”，不仅政治权利被剥夺，有的连起码的生活权利也得不到保障。苏联和东欧国家的共产党在剧变前有差不多 2800 多万名党员，剧变后党的组织和队伍走的走，散的散，改名的改名，仍然坚持马克思列宁主义和共产主义信仰的十不存一。二是西欧国家的共产党人。由于西欧紧邻苏东国家，西欧各国共产党受苏东剧变的影响也最大。在苏东剧变的强烈冲击下，短短两年，西欧各国共产党减少了十来个，党员减少了 150 多万人，选民减少了 1000 多万人，议员减少了一半多。三是亚非拉国家非执政的共产党，在苏东剧变的冲击下，其也出现了大量党员退党、组织分裂、改旗易帜的现象。例如，巴西共产党于 1992 年 1 月召开第十次代表大会，宣布放弃马列主义，解散巴西共产党，成立民主左派党，不久后又更名为社会主义人民党；哥斯达黎加人民先锋党分裂为“民主社会主义派”、“正统派”和“取消派”三派，“取消派”更于1991年9月从党内分裂出去另组新党；乌拉圭共产党也发生了分裂，总书记海梅·佩雷斯率领一部分支持者离开乌拉圭共产党而宣布另建新党；其他如阿根廷共产党、智利共产党、秘鲁共产党、哥伦比亚共产党等也都不同程度地发生了分裂。此外，原来一些在第二次世界大战后独立的、受苏联社会主义影响的、宣称愿意走苏联社会主义道路的“民族社会主义国家”，如非洲的刚果、安哥拉、莫桑比克、津巴布韦，美洲的委内瑞拉、尼加拉瓜，中东的也门、利比亚、叙利亚、伊拉克等，也纷纷宣布与苏联模式的社会主义分道扬镳。

对于苏东剧变后共产党领导的科学社会主义在全世界遭受的重挫，西方资本主义国家的反共势力、反动政客、文人一个个兴高采烈、欣喜若狂，断言“共产主义遭到了历史性失败”，“走进了死胡同”。其中最有代表性的是弗朗西斯·福山，其著作《历史的终结》宣称，苏东剧变表明作为西方核心价值的自由主义取得了历史性胜利，共产主义遭到了彻底失败，延续了若干年的自由与专制的斗争，现在可以画上句号了。历史真的如同福山宣称的那样，科学社会主义真的就由此一败涂地了？世界社会主义也将因此而消沉下去了？事实并非如此。

第一，苏东国家的共产党人在渡过剧变初期的震惊、彷徨、混乱之后，开始重新聚集力量，整顿队伍，调整策略，展开新的斗争。其中最有影响的是俄罗斯联邦共产党、乌克兰共产党、捷克—摩尔达维亚共产党（简称“捷摩共”）。1991年“8·19事件”后，时任俄罗斯总统的叶利钦迅速签发了“中止苏共和俄共活动”的法令，接着又宣布了没收苏共和俄共全部财产、禁止其活动、解散其组织的“禁共令”。但是，具有光荣历史和传统的俄罗斯共产党人并没有被这些禁令吓倒，他们纷纷行动起来展开反击，要求取消“禁共令”。经过激烈斗争，俄罗斯宪法法院于1992年11月30日作出了一个折中裁决，实际上是承认了俄共可以合法开展活动。1993年1月9日，俄共召开第二次（非常）代表大会，代表全国45万名党员，宣布重建俄罗斯联邦共产党。在这前后，俄罗斯还成立了其他一些共产党组织，如俄罗斯共产主义工人党、全联盟布尔什维克共产党、俄罗斯共产党人联盟、俄罗斯共产党人党等，但人数不多，大致为1万～5万人。俄共第二次（非常）代表大会通过的新党章和《政治宣言》宣布：俄共将是一个按照列宁主义原则开展工作的党，它将继承苏共和国际共产主义运动经验中的所有精华；它忠于工人阶级、劳动农民、人民知识分子和全体劳动者的利益；它坚信“历史未来的理想是社会主义和共产主义、自由和社会平等、集体主义、社会公正和真正的人道主义，为人民服务”。俄共重建后立即投入了反对俄当局“休克疗法”和种种倒行逆施的活动，积极参加1993年底的国家杜马选举，并在选举中获得了12.35%的选票，成为俄议会第三大政党。1995年俄罗斯举行第二届国家杜马选举，俄共在选举中共获得157个席位，占全部450个席位的34.88%，一跃成为议会的第一大党。1996年6月俄罗斯举行第二届总统选举，俄共领导人久加诺夫在第一轮选举中得到31.92%的选票，只比叶利钦低了3个百分点。在第二轮选举中久加诺夫得票40.30%，叶利钦得票53.88%，叶利钦当选为俄罗斯第二届总统。虽然俄共在总统选举中失利了，但通过这几年的议会选举和总统选举，我们可以明显看到，尽管俄当局给俄共的活动设置了很多障碍，尽管俄国的反共势力一直没有停止对俄共的攻击和恐吓，但其仍然阻止不了俄共力量的增长，科学社会主义在俄国的深厚基础和影响由此彰显出来。

乌克兰共产党重建于 1993 年 6 月。1991 年“8·19 事件”后，乌克兰当局先后两次颁布了禁止共产党活动的“禁共令”。然而许多乌克兰共产党人不服，他们积极开展斗争，要求乌克兰当局撤销“禁共令”，允许共产党恢复活动。但由于乌克兰议会中的“民主派”（鲁赫运动）的反对，乌克兰共产党人的要求迟迟未能获得通过。在 1992 年俄共恢复合法地位后，受到俄共重建的鼓舞，乌克兰共产党人于 1993 年 3 月 6 日召开了全乌克兰共产党人代表会议，会议一致同意重建乌克兰共产党，并决定成立“争取取消禁共令和恢复共产党活动委员会”。会议结束后，乌克兰共产党人在全国各地展开了要求取消“禁共令”、恢复共产党合法地位的大规模活动。迫于形势的压力，乌克兰最高苏维埃于 1993 年 5 月发表声明：“信奉共产主义思想的乌克兰公民可以在法律许可的范围内创建自己的党组织。”这个声明实际上宣告了“禁共令”被撤销。1993 年 6 月 9—21 日，乌克兰共产党人召开全国代表大会，宣布重建乌克兰共产党。重建的乌克兰共产党有党员 14 多万人，是乌克兰剧变后众多乌克兰共产党组织中党员人数最多、影响最大的共产党组织。该党的新党章和纲领性声明宣布，乌克兰共产党是原乌克兰共产党的“合法继承者”，它“以马克思列宁主义学说为准则”，捍卫劳动者的利益，反对改变社会政治制度和使国家资本主义化。乌克兰共产党重建后即投入反对当局全面倒退政策、发展基层组织和积极争取人民支持的活动中，影响和力量不断增长，在第二年即 1994 年的议会选举中一举夺得 89 席，占总议席的 1/4，成为议会第一大党。

捷摩共成立于 1990 年，原为捷克斯洛伐克共和国的一个地区性政党。捷克与斯洛伐克分裂后，捷摩共成为捷克的全国性政党，拥有党员 20 万人和基层组织 7500 个。东欧八国共产党（工人党）原有 1300 万名党员，东欧剧变后这些国家的共产党（工人党）走的走，散的散，改名的改名，剩下的或重组后仍然坚持共产党（工人党）称谓的政党人数也就40多万人，而捷摩共就占了将近一半。捷摩共在捷克斯洛伐克剧变后一直是捷克议会第二大党，但在1996年5月底至6月初的大选中被捷克社会民主党超过，降为议会第三大党。捷摩共虽然保持了共产党的称谓并表示坚持党的性质，但在奋斗纲领上将目标改成了民主社会主义。捷摩共宣称，党主张摈弃对马克思主义的歪曲，赞同摆脱一切思想教条的创造性的理论思维，党的奋斗目标是“建立民主社会主义社会”，在最大范围内为所有社会成员的自由发展创造条件。捷摩共表示，党赞同政治多元化，因为政治多元化才能确保所有尊重宪法的政党和社会组织有权表达自己的政治立场，开展自己的活动；强调捍卫工人、合作社农民以及广大阶层人民的利益，反对威胁他们在政治、社会、经济和文化上的合理需要和正当利益的任何企图；赞同实行社会市场经济，认为根据社会需求由国家来进行调节的社会主义市场机制是必要的；主张在保持社会所有制占决定性比重的同时使各种所有制形式处于平等地位，反对出卖和侵吞国家资产；赞成国民经济向世界广泛开放，尤其是使捷克尽可能快地融入欧洲市场。可见，捷摩共虽然将奋斗目标改为了“民主社会主义”，但其纲领同其他社会党和社会民主党的纲领之间还是有很大区别的。

第二，欧洲非执政的共产党在经过初期的震惊后也迅速冷静下来，认真总结苏东剧变的深刻教训，深刻检讨自身建设和工作中的问题，稳定阵脚，整顿队伍，统一思想认识，调整斗争策略，在保持自身独立性的同时，加强了同各国左翼力量的联合，实力和影响力均有了新的增长。法共于1990年12月、1994年1月和1996年12月连续召开了党的二十七大、二十八大和二十九大，顶住压力，重申坚持共产主义奋斗目标和保持党的名称不变，坚持党从20世纪70年代中期开始实行的变革，但要同斯大林主义和苏联模式划清界限，提出建立“超越资本主义”的“新共产主义”的奋斗目标和对党进行“民主的运转原则”的改革。法共全国书记罗贝尔·于在他的《共产主义变革》一书中指出，所谓“新共产主义”，是指它既不同于过去苏联主张的、已经死亡的那种共产主义，又比马克思共产主义思想新颖。“新共产主义”不是“通过颁布法令‘突然’消灭资本主义”，也不是“通过将现有的社会打个落花流水”来实现共产主义，而是在现有的资本主义社会的框架内实行深刻的社会变革，依靠发展现有社会的“成果、需求和潜力”，来否定和消除资本的“剥削、异化和统治”，过渡到另一种社会组织。所以它叫作“超越资本主义”。通过上述政策和策略的调整，法共很快稳定下来。法共在1996年共拥有党员274862人，是法国第四大党；在1997年的立法选举中获得选票251万张，得票率为10%；在1998年的省议会选举中获得选票113万张，得票率为10%。葡萄牙共产党受苏东剧变冲击，党员队伍曾一度从20万人下降到14万人，但葡共仍坚持保持党的名称和共产主义理想，坚持党的性质和民主集中制的组织原则。葡共坚持认为，东欧、苏联的演变并不意味着共产主义理想失败，而只是社会主义一种模式的失败，而这种模式失败的主要原因是在政权建设、民主、党的作用和对待马列主义理论的态度等问题上背离了共产主义理想的一些主要方面。通过对苏东剧变进行深刻反思，葡共提出了自己的建立有葡萄牙特色的社会主义的奋斗目标和先进民主的斗争纲领。所谓先进民主，包括政治民主、经济民主、社会民主和文化民主四个方面。政治民主的基本内容是人民当家作主，人民群众直接参与和参加政治生活；经济民主的基本内容是经济权力从属于民主政治权力，国民经济的基础和战略性部门以及主要自然资源实行公有制，允许多种经济形式并存；社会民主的基本内容是切实保障劳动者权利，所有公民都应有享受良好的生活条件、工作条件的权利，都应有享受全面的社会服务和社会福利的权利；文化民主的基本内容是人民群众能够切实进行创作和文化享受，实现文化生产的自由。针对党内“革新派”要求改变党的路线和方针、改变党的性质和信仰的派别活动，葡共于1990年5月和1992年12月先后召开两次全国代表大会，清除了“革新派”的影响，统一了全党的认识，巩固了党的团结，将党的队伍稳定在了14万人左右。葡共在1995年的选举中获得50多万张选票，得票率为8.61%，成为议会第四大党，此外还掌控着全国305个市镇中41个市镇的政权。意大利共产党在苏东剧变后发生分裂，党的主要领导层和大多数党员代表在1991年1月的第二十次代表大会上投票赞同成立“左派民主党”来代替老党，而反对更改党的名称和性质的代表愤然退出会场，宣布准备成立新的组织。1991年2月10日，反对派代表在罗马召开第一次全国性会议，宣布成立“争取共产主义重建运动”。1992年12月，“争取共产主义重建运动”召开第一次全国代表大会，正式宣布成立“意大利重建共产党”（简称意重建共）。意重建共成立后党员队伍一度发展到15万人，但由于建党初期纲领比较激进、策略比较僵硬，加之党内派系较多，因此该党实力和影响力逐渐有所下降。1994年意重建共召开第二次全国代表大会，大会在坚持党的性质和信仰的前提下，对党的纲领和策略进行了一些调整，从一大时确立的做“坚定的反对派”转为“以参政为目标”，同时积极团结和支持所有左翼力量，主张建立广泛的左翼政治联盟，争取大选的胜利，组建共同的左翼政府。经过策略的调整和对组织的整顿，意重建共的实力和影响力开始回升，党员队伍稳定在13万人左右，在1996年的大选中获得3215960张选票，占总选票的8.6%，比上一届大选（1994年）上升了2.6个百分点，成为议会第五大党。法共、葡共和意共是欧洲比较有影响力的三个共产党组织，其发展状况基本上代表了欧洲各国共产党在苏东剧变最初几年的状况。

第三，在亚洲、非洲、拉丁美洲，各个非执政的共产党也普遍调整了斗争策略，加强了同各国左翼力量的联系和合作，积极参加各国争取民主、维护劳动人民群众权利的斗争，很快稳住了阵脚，实力和影响力也开始有了新的回升。例如，尼泊尔共产党在20世纪60年代曾一度分裂为许多派别，苏东剧变后，尼共各派加强了联系，于1990年由七派组成的“左翼联合阵线”积极投身于国内反对封建制度的斗争，成为国内民主运动的主要领导力量之一。印度共产党和印度共产党（马列）［以下简称“印共(马)”］在苏东剧变后也加强了联系，组成了以这两个党为基础的左翼阵线，再以左翼阵线为基础去团结包括新人民党和地方政党在内的全国阵线，以巩固党的阵地，扩大自己的力量。印共和印共（马）还利用地方选举的胜利，在西孟加拉邦和喀拉拉邦采取了一系列推动社会进步、为民排忧解难的民主改革措施，受到了广大人民群众的欢迎。特别是印共（马）在西孟加拉邦实行的土地改革，更是得到了广大群众的支持。1990年11月，拉美地区的16个共产党和工人党在墨西哥举行会议，研究讨论苏东剧变后社会主义的现状和前景，以及拉美革命运动在国际新形势下的目标、战略和战术。会议除重申继续坚持社会主义理想和马克思主义指导外，重点分析了拉美共产党的弱点：一是机械照搬苏共经验和模式，二是内部宗派主义严重。会议认真研究了克服这些弱点的措施，确立了拉美共产党的如下四项主要任务：一是在马列主义原则基础上建立广泛联合阵线，不仅要加强各共产党之间的团结，而且要联合社会各阶层开展共同斗争；二是继续开展反帝、捍卫民族独立和主权的斗争，反对帝国主义的政治干涉、经济干涉和军事干涉；三是寻求独立发展道路，反对现行的私有化经济政策，加强拉美各国之间的合作，走拉美地区一体化道路；四是提高人民生活水平，实现社会生活民主化。这四项任务的核心，是要求拉美国家的共产党人根据拉美的具体情况，将争取未来社会主义的斗争同当前拉美各国人民“争取完全的经济独立和政治独立”、争取改善“群众的生活条件和扩大民主政体”的斗争结合起来，探索符合拉美实际的社会主义革命道路。

第四，苏东剧变也不可避免地给中国、越南、朝鲜、古巴、老挝这五个仍由共产党执政的社会主义国家敲响了警钟。针对苏东剧变的深刻教训，这些国家的共产党一方面大力加强执政党自身建设；另一方面根据各自国家的国情，对内外政策进行了不同程度的调整，纷纷加大了改革的力度，认真研究和解决国内存在的各种矛盾和问题，加快经济建设发展速度。古巴共产党在东欧剧变发生不久，即于1990年2月16日召开中央特别全会，重点讨论了完善国家制度问题。苏联剧变发生后，古共又于1991年10月召开第四次全国代表大会，提出了拯救祖国、拯救革命、拯救社会主义的口号，研究和制定了对付美国经济封锁和可能出现的苏联援助中断的应急措施，提出开展全民生产自救运动。越南共产党于1990年3月召开八中全会，通过了《关于加强党同人民的关系，发挥人民当家作主权，促进革新事业》的决议，决定进一步调整经济结构，扩大对外关系，改进经济管理体制，革新党的领导方式，加强社会主义民主建设，等等。越共还对其外交政策进行了调整，于1991年11月实现了中越两党两国关系的正常化。朝鲜劳动党自20世纪70年代确立“主体社会主义”以来，就一直坚持走朝鲜式的社会主义道路。苏东剧变后，朝鲜劳动党更加坚定了自己的立场，在认真吸取苏东剧变经验教训的基础上，加快了对“朝鲜式社会主义”的探索。根据朝鲜的实际情况，朝鲜劳动党在一手抓党的建设的同时，一手重点加强了对农业和轻工业的投入，以缓解人民生活上的困难。同时，朝鲜劳动党还积极推动朝鲜半岛南北首脑会谈，提出并进行同日本邦交正常化的谈判，申请加入联合国，以改变在国际上被孤立的处境。老挝是社会主义国家中经济发展最落后的一个国家，苏东剧变给执政的老挝人民革命党带来了十分巨大的压力。为顶住苏东剧变的冲击，统一全党思想，老挝人民革命党在德国柏林墙倒塌事件后不久，即召开了四届八中全会（1989 年 10 月底），提出要坚持“六项原则”，即坚持社会主义，坚持马列主义是党的思想基础，坚持党的领导是一切胜利的决定因素，坚持在集中原则基础上发扬民主，坚持增强人民民主专政的力量和效力，坚持真正的爱国主义和纯洁的国际主义相结合。与此同时，老挝人民革命党对自身国情进行了重新认识，认为老挝“尚不具备建设社会主义的物质基础”，还处在建设和发展人民民主制度进而为逐步进入社会主义创造必要条件的历史阶段。并且，该党根据对国情的重新定位，改变了过去的一些极左做法，把解放和发展生产力、发展商品经济、巩固和发展以公有制为基础的多种经济成分作为党在现阶段的主要任务。1991 年 3 月，老挝人民革命党召开第五次全国代表大会，大会重申了党关于老挝所处历史地位的论断和六项原则，并在此基础上确立了“有原则的全面革新”路线。其基本内容是：以老挝人民革命党为领导核心，坚持“六项原则”，继续建设和发展人民民主制度，为逐步进入社会主义创造基本条件。

苏东剧变后，中国成了共产党领导的科学社会主义势力最强、影响最大的一块阵地，中国共产党和中国社会主义建设的一举一动更是牵动着世界各国共产党人的心，影响着社会主义的前途命运。在苏东剧变前，我们党针对当时暴露出来的一些党内问题和部分党组织严重不纯的状况，在全党范围进行了一次全面的清理、清查。在清理、清查工作结束后，又按照从严治党方针，在全党进行了一次做合格共产党员的教育，并在部分单位进行了党员重新登记。同时，党还重点考核、考查了县处级以上领导干部，对一些组织和部门的领导班子进行了必要的调整，开展了广泛的廉政建设，为应对苏东剧变的冲击提前做好了组织准备。在苏东剧变后，我国党内国内也出现了对改革开放政策能否继续下去、中国的社会主义旗帜能打多久等问题的疑惑。针对这些疑惑，邓小平于1992年春发表了重要的南方谈话。邓小平的南方谈话不仅彻底消除了人们的疑惑，而且回答了有关改革开放和社会主义建设的许多深层次理论问题，把我们党对社会主义的认识提升到了一个新的高度，极大地解放了人们的思想。1992年10月12—18日，中国共产党第十四次全国代表大会在北京召开。党的十四大以邓小平南方谈话为指导，以加快改革开放和现代化建设步伐，夺取有中国特色社会主义事业的更大胜利为主题，向全世界表达了我们党坚定不移地推进改革开放，建设中国特色社会主义伟大事业的决心和信心。党的十四大之后，一轮规模和深度都更加宏大的改革开放在我国迅速铺展开来，我国的经济社会发展更由此进入了一个快车道，迎来了一个大变革、大发展的新时代。

总之，世界共产主义运动，或者说共产党领导的科学社会主义在经由苏东剧变最初几年的震惊、动荡、彷徨、消沉之后，于1993年之后逐渐稳定下来，许多国家和地区共产党的实力和影响力还有所恢复和增长。但是，在恢复和增长背后，许多令人担忧的因素仍然存在。一是非执政的共产党，特别是苏东地区的共产党，其基本力量和支持者主要是原来的骨干，其中又以中老年人群和原国家公职人员居多，青年支持者和其他阶层的支持者较少。这一现象不改变，苏东地区共产党的实力和影响力难以持续扩大，甚至可能会因为前一类人群的减少和生活环境的变化而受到削弱。二是一些国家的政权仍然掌握在共产党手里，不是因为这些国家已经找到了解决本国社会主义前进道路上的困难和问题的办法，而是因为这些国家或者还有老一代德高望重的革命家发挥着“定海神针”般的作用，或者因为在政治上思想上控制得很严，或者因为本身还十分落后以至于旧体制的弊端还没有机会充分暴露出来，等等。这些因素都不可能持久维持，老一代革命家总有一天会去世，思想上政治上的控制总有一天会打破，生产力总要顽强地为自己开辟发展的道路，而一旦老一代革命家突然去世，一旦思想上政治上的控制冲开一个缺口，一旦生产力的发展与旧体制发生猛烈碰撞，各种矛盾和冲突就可能激烈地爆发开来，导致类似苏东剧变的事件在这些国家再度发生。

怎样推动各国共产党的实力和影响力继续增长和防止类似苏东剧变的事件在共产党执政的社会主义国家再度发生，未来科学社会主义的路又在何方？笔者认为，还是要回到本书的基本论点：把社会主义置于现实的基础之上，将科学社会主义的价值要求放在首位，从本国实际出发，探索符合本国国情和时代特点的社会主义革命和建设的新路子。

首先是苏东国家的共产党。这些国家的共产党必须面对一个现实，即苏联社会主义模式在这些国家已彻底失败。虽然这些国家可能会有一些人怀念苏联社会主义模式时期的一些好处，但大多数人显然已经抛弃了苏联社会主义模式，他们怀念的只是社会主义的价值理想。这从苏东剧变后这些国家政治局势的演变发展可以明显看出来。由于苏东剧变后上台的右翼政党倒行逆施，这些国家的经济政治局势更加混乱。经济崩溃，货币贬值，物价飞涨，社会冲突增加，人民生活苦不堪言。因此苏东剧变后没过几年，波兰、匈牙利、立陶宛、白俄罗斯、保加利亚、捷克等国家的右翼政党在选举中又纷纷被人民赶下台。但重新上台执政的政党却没有一个是仍然坚持马克思主义的政党，而是由从前的共产党演变而来的社会民主党性质的政党。这充分表明，经过几十年的社会主义建设，社会主义的价值观念和理想信念在这些国家已根深蒂固，不是一些反共反社会主义势力的恶意抹黑可以轻易消除的。然而，人民虽然仍然接受和支持社会主义的价值观念，但他们多数并不想回到过去。在他们看来，苏联社会主义模式不仅不是一个能够充分实现社会主义价值理想的模式，而且使社会主义的价值理想遭到了扭曲。所以，这些国家的共产党，目前面临一个两难处境，坚持自己的性质和信念，可能受以往历史的拖累，导致自己的影响力不断下降；改变自己的性质，放弃自己的信念，可能丧失自己的独立性，被别的政党同化。怎么办呢？笔者认为，既然是共产党，当然要坚持自己的性质，保持自己的独立性，这是前提。但要在坚持自己的性质和独立性的前提下，勇敢地承认过去的错误，划清与苏联社会主义模式的界限，以人民利益为中心，以社会主义价值要求为导向，创新党的理论，加强党的自身建设，制定自己的最低纲领和最高纲领，探寻新的发展道路和发展模式。这样做，可能最初的发展会受到历史的影响，发展较慢，但却能为以后的发展扫除障碍，开辟前进的通道。

其次是仍在执政的共产党。对这些共产党而言，苏东剧变带来的冲击和压力尤其巨大。因为仍由共产党执政的社会主义国家，其经济政治体制和经济社会发展模式在建立之初，无一不受苏联社会主义模式的影响，带有苏联社会主义模式的深刻痕迹，自然不可避免地也存在苏联社会主义模式的弊端。虽然苏东剧变后这些国家的共产党通过总结和汲取苏东剧变的教训，加强了执政党自身的建设，加大了改革开放的力度，围绕人民的需要大幅度地调整了经济社会发展政策，但政治经济体制的弊端不是一下子就能消除的，人民的需要也不是一下子就能满足的。即便是中国共产党，经过长期的改革开放和探索，在社会主义的理论创新、符合中国国情的社会主义发展道路的探索、执政党自身建设方面积累了丰富经验，获得了重大突破，取得了重大成果，也不敢说就已经完全消除了苏联模式的弊端，就可以高枕无忧了。所以，对仍在执政的各国共产党来讲，必须坚定不移地继续推进改革开放、党的理论创新、执政党自身建设和社会主义民主法治建设。通过持续深入的改革开放，彻底消除苏联模式的弊端，探索符合本国国情的社会主义建设和发展道路，解放和发展生产力，加快本国经济和社会建设的步伐，为满足人民的物质文化需要奠定充分的物质基础。通过党的理论创新，一方面，为党的路线方针政策提供科学的理论指导和理论依据；另一方面，更重要的是提升全党认识水平，统一全党思想，巩固全党团结，同时有效地说服人民群众，获得人民群众对现行的社会制度、行为规则和党的路线方针政策的认同和支持，形成全民族的共识，增强党和国家的凝聚力和向心力，为改革开放攻坚破难提供思想和舆论上的有力支持。通过加强执政党自身建设，提升党的执政能力，改进党的作风，改善党的形象，克服和消除腐败现象和官僚主义，保持党同人民群众的紧密联系，增强党的组织力和战斗力，增强人民群众对党的信心和信赖，改善和加强党的领导，为应对国内外的各种挑战提供坚强的组织保障。通过加强社会主义民主法治建设，一方面，为人民群众参与国家政治生活、经济生活、社会生活和文化生活提供广阔的平台和畅通的路径，切实保障人民的民主权利，充分调动人民群众参与改革开放和社会主义建设的积极性；另一方面，探索建立起社会主义民主制度下的公平的竞争机制、平等的协商机制和文明的博弈机制，为改革开放进程中和多元化社会背景下不可避免的大量社会矛盾和利益纠纷提供多种多样的内部化解的机制和平台，化大震为小震，为维护社会稳定、实现社会的和谐发展提供有效的制度保障。

最后是所有国家的共产党。需要根本改变自共产国际以来长期流行的“唯我独革”“唯我独马”的观念。马克思在《共产党宣言》里指出，共产党不是同其他工人政党相对立的特殊政党，不会提出任何特殊的原则用以改造无产阶级的运动；共产党与其他无产阶级政党不同的地方只是在于共产党是各国工人政党中最先进、最坚决的部分，其强调无产阶级共同的不分民族的利益，在无产阶级运动的各个历史发展阶段上始终代表整个运动的利益。[①] 同理，共产党坚持的科学社会主义不应当与其他社会主义流派相对立，也不应当用自己的特殊性去强制要求整个世界社会主义运动。虽然科学社会主义自诞生后就逐渐成为世界社会主义运动中居主导地位的流派，代表了世界社会主义运动的发展方向，但它毕竟也只是世界社会主义运动的一个方面，既不能将科学社会主义等同于世界社会主义，又不能以科学社会主义否定和取代其他社会主义。科学社会主义的价值理念和最低纲领，在许多方面同其他社会主义政党和流派存在着交叉与共同的地方。这些社会主义政党和流派的影响力的扩大，既是世界社会主义运动发展的成果，也可以看作科学社会主义发展的成果。所以，各国共产党都应当放弃过去“唯我独革”“唯我独马”的做法，主动融入世界社会主义运动大潮，同本国其他社会主义政党和团体组成最广泛的联盟，共谋发展。恩格斯晚年在致约·布洛赫和康·施密特关于历史唯物主义的几封通信中提出了一个重要观点：历史是合力推动的。同时他还指出，既然历史是合力推动的结果，那它就绝不会是某一个人或某一方单方意志的产物，而是“一个作为整体的、不自觉地和不自主地起着作用的力量的产物”[②]。事实上，从当前人类社会阶级阶层结构发展变化和社会文明进步发展的趋势看，今后的社会发展，恐怕很难再出现过去那种一个阶级、一个政党按照自己的单方意志主导整个国家社会发展的局面，哪怕是共产党一党执政的国家，在作今后社会发展的计划和目标时，也要吸收社会各阶层、各群体的愿望和要求，综合平衡社会各方的利益。所以，在各国共产党同其他社会主义政党和团体组成的最广泛联盟中，共产党的主要任务应当是用自己的价值理念和纲领

---

① 参见《马克思恩格斯选集》第 1 卷，人民出版社 1995 年版，第 285 页。

② 《马克思恩格斯选集》第 4 卷，人民出版社 1995 年版，第 697 页。

去引导或影响这个联盟，而不是取代这个联盟。哪怕自己在这个联盟中不能占据主导地位，但只要这个联盟的力量在增强，影响力在扩大，那也是一个共赢的局面，也是社会主义运动的胜利，同样也是科学社会主义的胜利。

※欢迎阅读本书姊妹篇《路在脚下——中国特色社会主义一路走来》，中共中央党校出版社 2020 年 6 月版。